QUADERNI DI DIRITTO
DELLE ARTI E DELLO SPETTACOLO

collana diretta da
Fabio Dell'Aversana

Saggi di diritto del mercato dell'arte

a cura di
Fabio Dell'Aversana

prefazione di
Annibale Marini

contributi di
Claudia Barcellona, Francesca Biundo, Giovanna Carugno, Arianna Cordeschi, Fabio Dell'Aversana, Carla Ippolito, Angelica Lama, Annaluce Licheri, Evelyn Grazia Nericcio, Angela Patalano, Matteo Roiz, Maria Rosaria Santangelo, Francesca Salvato

PM EDIZIONI

L'opera si inserisce nell'ambito delle attività scientifiche di

SIEDAS

Società Italiana Esperti di Diritto delle Arti e dello Spettacolo

PM edizioni
via Garibaldi, 3
17019 Varazze (SV)
www.pmedizioni.it

ISBN 978-88-31222-45-7
Prima edizione: ottobre 2020

Indice

A Pina,
con l'augurio di scoprire sempre il bello delle cose

Prefazione

Annibale Marini

Il tema del mercato dell'arte presenta profili di grande attualità, non solo sotto il profilo normativo in senso stretto, ma più in generale istituzionale ed economico. Profili che fanno da sfondo al volume e ai contributi, i quali, opportunamente e tradendo almeno in parte il titolo dell'opera, non si limitano ad un'analisi giuridica, ma affrontano la problematica in modo interdisciplinare. Del resto, il tema dei beni culturali ha sempre spaventato gli studiosi per la sua natura trasversale e, proprio per questo, è stato per molto tempo colpevolmente trascurato, quasi sottovalutando l'impatto che tali beni possiedono sotto un profilo socio-economico. Natura che si è andata arricchendo di ulteriori ambiti di indagine, in parte a causa della progressiva internazionalizzazione della tutela, che non ha più una dimensione solamente statale, ma anche sovranazionale; in parte a causa dello sviluppo delle tecnologie che hanno inciso sulle modalità di tutela e di restauro, nonché sulle possibilità di fruizione dei beni; in parte, infine, per un mutamento di approccio che non è più meramente conservativo, ma dinamico, con l'affiancamento delle attività di valorizzazione a quelle di tutela conservativa.

Ebbene, tale evoluzione si riscontra nelle pieghe dei diversi contributi, nei quali emerge anzitutto la rilevanza che i beni culturali hanno assunto a livello istituzionale. La consapevolezza del collegamento tra tali beni e la formazione di quel senso di appartenenza che rappresenta uno dei fondamenti degli ordinamenti giuridici è espressamente affermato già in sede Costituente nella formulazione dell'art. 9 della Costituzione, il quale non a caso si riferisce alla tutela del patrimonio storico e artistico della Nazione. In altri termini, emerge già a livello costituzionale la natura identitaria di tali beni, che non solo contribuiscono alla formazione e allo sviluppo della personalità umana, ma sono uno degli elementi formativi della nazione, al pari della lingua, della religione, della storia e della cultura in generale. Vi è, dunque, una duplice dimensione pubblicistica della tutela dei beni culturali che ha rappresentato il fondamento delle limitazioni al godimento della proprietà privata previste prima della legge n. 1089 del 1939 e, oggi, dal Codice.

Da questi interventi è stata per molto tempo esclusa proprio la dimensione sovranazionale, nella convinzione che altrimenti si sarebbe andati a incidere non solo sui regimi proprietari, ma addirittura su uno dei fondamenti degli Stati-nazione. Il cambiamento di prospettiva, in qualche modo lungimirante, che si riscontra giù a livello di fonti primarie dell'Unione nasce dal tentativo, non del tutto riuscito, di costituzionalizzare il vincolo e di inaugurare un fase federativa, ovverosia nel tentativo di creare una nazione europea e, dunque, di creare dei beni culturali europei. Non è, cioè, solo la dimensione "mercatoria" che fa da sfondo a queste innovazioni, ma anche un obiettivo propriamente istituzionale.

Di grande attualità sono, infine, anche le nuove forme di utilizzazione della tecnologia sia ai fini della tutela dei beni, sia ai fini della loro valorizzazione. Basti pensare, sotto il primo profilo, alle analisi sull'autenticità delle opere, l'uso dei computer nelle attività si restauro, lo sviluppo del mercato dell'arte attraverso il web; sotto il secondo, agli esperimenti, anche molto recenti, di musei virtuali o di sfruttamento dei beni culturali come brand, attraverso innovative forme di merchandising.

In conclusione, l'opera individua un tema che, diversamente da quanto si potrebbe pensare, è da considerare d'avanguardia e lo analizza in una prospettiva che, per la tradizione scientifica, è del tutto innovativa. Rispetto, infatti, ad un'ingenerosa vulgata che vede nell'intervento pubblico a tutela dei beni culturali un freno all'economia, nel volume si pone l'attenzione sulle virtualità del mercato dell'arte, cercando di coniugare la pluralità di interessi pubblicistici con le esigenze di sfruttamento commerciale delle opere e di valorizzazione della natura anche economica delle stesse.

Capitolo I

La circolazione dei beni culturali tra norme giuridiche e regole di mercato

Fabio Dell'Aversana

1. Per introdurre il tema: poteri pubblici e libertà negoziale

La circolazione dei beni culturali è un tema a cui il legislatore ha prestato particolare attenzione, come dimostrano le varie leggi che, nel tempo, hanno regolato la materia: è possibile, per esempio, rinvenire discipline organiche già nella legge 20 giugno 1909, n. 364, seguita poi dalla legge 1° giugno 1939, n. 1089 (c.d. legge Bottai), e nel più recente d.lgs. 29 ottobre 1999, n. 490 (c.d. Testo Unico delle disposizioni legislative in materia di beni culturali e ambientali[1]). Nel presente contributo sarà analizzata la vigente disciplina contenuta nel d.lgs. 22 gennaio 2004, n. 42, recante il Codice dei beni culturali e del paesaggio, testo normativo organico con il quale sono state introdotte importanti in-

1. Il lavoro di redazione del Testo unico fu affidato ad una apposita Commissione ministeriale, che lavorò a lungo per aggiornare e coordinare le disposizioni della legge del 1939 citata nel testo con quelle contenute nella legge n. 1497 del medesimo anno, in materia di protezione delle bellezze naturali. Il coordinamento riguardò anche alcune rilevanti e sopravvenute disposizioni, *in primis* quelle contenute nel d.lgs. 31 marzo 1998, n 112. Nel Testo unico sono state inserite anche le specifiche norme concernenti le biblioteche e gli archivi, nonché quelle più recenti relative alla nuova disciplina dei biglietti d'ingresso nei musei e negli altri luoghi d'arte. Per un commento al Testo unico si veda G. Sciullo, *La circolazione dei beni culturali pubblici: nuove scelte e antichi problemi*, in «Aedon – Rivista di diritto e arti e on line», 3, 2000. Per un commento alla legislazione previgente si veda la voce di G. Alpa – R. Speciale, *Beni culturali e ambientali*, in *Digesto Discipline Privatistiche, Sezione Civile*, II, Torino, 1988, 93 ss.: il quadro normativo oggetto di commento consentiva agli Autori di affermare che la tematica dei beni culturali determina una nuova concezione del rapporto privato-Amministrazione e di bene privato avente interesse pubblico; un tempo l'attenzione era accentrata sul bene e sui poteri del proprietario, oggi invece sulla fruizione pubblica e sui poteri dell'Amministrazione.

novazioni anche con riguardo alle vicende circolatorie dei beni culturali. Ci soffermeremo, dunque, sulle varie disposizioni inserite in questo testo normativo cercando, però, di non dimenticare che la disciplina continua a mostrare criticità insuperate in via interpretativa ed antinomie che la penalizzano così tanto da spingere la dottrina a formulare proposte di semplificazione e di modifica, anche radicale, dell'attuale impianto normativo. D'altronde, non è un caso che sia stato più volte ricordato che questo attivismo del legislatore – parzialmente descritto dalla sequenza di leggi ricordate in apertura – non ha sempre comportato miglioramenti significativi sul piano della disciplina della circolazione dei beni culturali[2].

Il quadro normativo si è, poi, ulteriormente complicato a seguito della entrata in vigore del d.lgs. 26 marzo 2008, n. 62, che ha modificato molte norme del Codice dei beni culturali e del paesaggio, tra cui quelle contenute negli artt. 54 e ss.: sono state, per esempio, toccate le disposizioni relative all'autorizzazione in caso di alienazione dei beni degli enti pubblici e degli enti senza scopo di lucro, con l'introduzione della regola secondo la quale le clausole contenute nell'autorizzazione devono essere riportate nell'atto di alienazione – assumendo la portata di clausola risolutiva ai sensi dell'art. 1456 cod. civ., espressamente richiamato – e devono essere trascritte (art. 55 *bis*).

Già da questi primi riferimenti si evince quanto sia importante il ruolo del soggetto pubblico nella vicenda circolatoria che coinvolga un bene culturale e quanto possa essere forte la compressione della autonomia contrattuale dei privati, sui quali ricadono specifici oneri sia nella ipotesi in cui essi vogliano acquistare un bene culturale, sia nel caso in cui vogliano cederlo ad altri. A ciò si aggiunga che, spesso, la legge attribuisce una particolare importanza alla natura – pubblica o privata – del soggetto proprie-

2. «Il codice di settore sembra un guazzabuglio. Approcci diversi si intersecano e si sovrappongono». È questo, ad esempio, il giudizio di A. GENTILI, *Quale modello per i beni culturali?*, in E. BATTELLI – B. CORTESE – A. GEMMA – A. MASSARO (a cura di), *Patrimonio culturale. Profili giuridici e tecniche di tutela*, Roma, 2017, p. 227. Ancora più dura, probabilmente, è la posizione degli Autori che mettono in discussione l'adozione nel Codice dei beni culturali e del paesaggio di un modello dominicale: riflessioni sul punto sono formulate da R. DI RAIMO, *La «proprietà» pubblica e degli enti privati senza scopo di lucro: intestazione e gestione dei beni culturali*, in «Rassegna di diritto civile», 2010, 1101 ss.

tario del bene culturale ed è indubbio che questo dato assuma un rilievo ancor più decisivo proprio nell'ambito della disciplina della circolazione[3]. Siamo, dunque, in presenza di uno scenario normativo complesso, che deve essere interpretato alla luce di un metodo multidisciplinare e interdisciplinare[4].

Il diverso regime della proprietà – e la necessità di contemperare le esigenze di tutela dei beni culturali con quelle ascrivibili al diritto del proprietario di godere e disporre liberamente dei propri beni, secondo le ordinarie regole del diritto privato – influisce, in maniera anche sensibile, sulla disciplina giuridica di volta in volta applicabile. Come il regime proprietario è rilevante in sede di dichiarazione dell'interesse culturale[5], così esso rileva ai fini del regime speciale previsto dal Codice dei beni culturali e del paesaggio in tema di circolazione e con riguardo alla disciplina della valorizzazione[6] e fruizione da parte della collettività[7].

---

3. Si vedano sul punto la sempre interessante ricostruzione di V. Cerulli Irelli, *Proprietà pubblica e diritti collettivi*, Padova 1983, 416-432, e la più recente ricostruzione della dottrina civilistica: A.C. Nazzaro, *Trasferimento e circolazione dei beni. Spunti ricostruttivi in tema di possesso al (solo) fine della fruizione*, in «Annali della Società Italiana degli Studiosi del Diritto Civile», 4, 2019, pp. 163-179.

4. G. Recinto, *Editoriale. La "funzione sociale" della ricerca*, in «Rivista di diritto delle arti e dello spettacolo», 1, 2020, 5, afferma che «la complessità caratterizza, da sempre, anche il mondo delle arti e dello spettacolo, che non potrebbe essere correttamente inteso dal giurista ricorrendo ad un approccio meramente formale», rigidamente ancorato ad una suddivisione dei saperi, che molto spesso non è presente nella realtà. Sul tema sia consentito anche il rinvio a F. Dell'Aversana, *Introduzione*, in F. Dell'Aversana (a cura di), *Manuale di diritto delle arti e dello spettacolo*, II edizione, Varazze, 2016, 19.

5. R. D. Cogliandro, *Il procedimento di valutazione della "culturalità" del bene: la verifica e la dichiarazione*, in *Rivista di diritto delle arti e dello spettacolo*, 2018, 1, 9.

6. Il riferimento alle politiche di valorizzazione non deve venire meno neppure nella specifica ipotesi della esportazione di beni culturali, come osserva L. Casini, *Valorizzazione del patrimonio culturale pubblico: il prestito e l'esportazione di beni culturali*, in «Aedon – Rivista di diritto e arti e on line», 1-2, 2012, il quale afferma che «(n)ell'ambito delle politiche dirette a valorizzare il patrimonio culturale pubblico italiano, assumono perciò grande rilievo le misure in materia di circolazione di beni mobili e, in particolare, il prestito di beni culturali a istituzioni estere a fronte di un corrispettivo in denaro o di una contropartita in opere. E la recente apertura di uno spazio espositivo italiano ("Spazio Italia") all'interno del Museo nazionale di Beijing costituisce senz'altro un passo in questa direzione. Tutto ciò al fine non solo di diffondere i nostri valori culturali nel mondo, ma anche di consentire maggiori entrate all'erario: tramite il prestito oneroso oppure grazie all'organizzazione di mostre, in Italia, in cui esporre capolavori provenienti da altri Paesi».

7. Sul tema della fruizione è stato giustamente osservato che una visione fortemente estrattiva del patrimonio culturale porta a far pagare il biglietto per entrare

Questa premessa ci consente di capire le ragioni per cui nel Capo IV del Codice dei beni culturali e del paesaggio, dedicato alla disciplina della circolazione in ambito nazionale dei beni culturali, si riservi un trattamento differenziato ai beni del demanio culturale, ossia a quei beni culturali che appartengono allo stato, alle regioni e agli altri enti pubblici territoriali, come province e comuni, e che rientrano nelle categorie specificate dall'art. 822 cod. civ.: questa norma, infatti, prevede che debbano considerarsi come parte del demanio pubblico gli immobili riconosciuti di interesse storico, archeologico e artistico in base alle norme vigenti in materia e le raccolte di musei, pinacoteche, archivi[8] e biblioteche. Tuttavia, è bene ricordare che l'apparte-

nelle chiese, o a pagare molto caro per entrare nei musei, che nel frattempo sono stati in gran parte privatizzati. Ciò è, indubbiamente, il frutto dell'imporsi di una visione aziendalistica dei beni culturali e del senso nonché dei limiti della loro tutela, che entra in collisione con una visione dei beni culturali come beni comuni. In questi termini, U. Mattei, *Beni culturali, beni comuni, estrazione*, in E. Battelli – B. Cortese – A. Gemma – A. Massaro (a cura di), *Patrimonio culturale. Profili giuridici e tecniche di tutela*, Roma, 2017, p. 152, che richiama l'esperienza della Commissione Rodotà per dimostrare il fatto che «(i) beni culturali superano il modello del qui e adesso tipico della proprietà privata come estrazione di valore».

8. Non è da sottovalutare il grande rilievo che possono assumere gli archivi. La compravendita del "carteggio Vasari" conferma questa idea, come ricordato da A. Gualdani, *La prelazione artistica e il caso dell'archivio Vasari di Arezzo*, in «Aedon – Rivista di diritto e arti e on line», 3, 2010, che ricostruisce, anche da un punto di vista storico, questa complessa vicenda giuridica. Scoperte nel 1908 dal direttore del Museo nazionale del Bargello, le carte del Vasari appartenevano, in virtù di una successione *mortis causa*, ad un privato. In realtà, anche allora, la proprietà di tali documenti fu oggetto di una vicenda controversa: la Pia Fraternita dei Laici di Arezzo, infatti, ne rivendicava la titolarità, tanto che il direttore del Museo e soprintendente alle Gallerie a Firenze, nel 1917, decise, visto il loro pregio, di dichiararle di notevole interesse storico con provvedimento della Pubblica Istruzione. La *querelle* sulla proprietà del bene divenne talmente accesa che l'allora proprietario decise di affidarlo in "deposito perpetuo" al comune di Arezzo, a condizione, però, che esso venisse conservato nella Casa Vasari. Il notevole interesse storico del Carteggio Vasari venne ribadito con decreti del soprintendente archivistico della Toscana del 16 novembre 1990 e del 23 marzo 1991. Successivamente, il proprietario presentò al competente Ministero una proposta di cessione dell'archivio allo stato. Nel 1994, a seguito della promozione di una azione civile da parte della famiglia proprietaria contro il comune di Arezzo per l'annullamento del contratto di deposito ed il riconoscimento del diritto al recupero dell'archivio, il Ministero dispose, con decreto, il vincolo pertinenziale *jure publico* "legando" le Carte Vasari alla Casa Museo Vasari, sull'assunto che esse "costituiscono un bene avente una propria individualità strutturale ed economica, che sono state destinate, fin dall'origine, in modo durevole, al servizio e decoro di Casa Vasari, entrando con la stessa *ab initio* in un rapporto di complementarietà che è risultato oggettivamente valutabile, previo attento apprezzamento tecnico – discrezionale

nenza del bene allo stato (o ad enti pubblici territoriali) non è elemento sufficiente a configurarne il carattere di demanialità, posto che assume autonomo rilievo il criterio della durevole destinazione alla soddisfazione di esigenze della collettività. La giustificazione della demanialità storico-artistica – come è stato autorevolmente sostenuto – va vista nella esigenza di determinare una sorta di "proprietà collettiva demaniale" per quei beni che rispondono ad una funzione culturale, con la precisazione che la destinazione pubblica corrisponde al godimento libero da parte della collettività[9] e ad una fruizione potenzialmente universale cui i poteri pubblici sui beni devono essere preordinati[10].

Tali beni, dunque, non possono essere alienati, né formare oggetto di diritti a favore di terzi, se non nei limiti e con le modalità previste dal Codice dei beni culturali e del paesaggio. Per inalienabilità s'intende, in particolare, l'impossibilità che la proprietà dei beni del demanio culturale sia trasferita a terzi attraverso qualsiasi tipologia di atto negoziale, restando esclusa la possibilità di circoscrivere l'operatività di questo limite al solo

---

dell'Amministrazione come risulta dalla relazione storico-archivistica redatta dalla soprintendenza archivistica della Toscana". Avverso l'imposizione di tale vincolo, nel 1994, fu proposto ricorso dalla proprietà dinanzi al Tribunale Amministrativo della Toscana, che, tuttavia, ne dichiarò la legittimità con la sentenza n. 387 del 21 novembre 1998, vincolando indissolubilmente l'Archivio alla Casa Vasari.

9. L'implicazione reciproca che lega lo sviluppo culturale dei consociati alla conoscenza e alla salvaguardia del patrimonio, che costituisce l'elemento portante dell'identità e della memoria collettiva, e al contesto ambientale nel quale questo si inserisce comporta, d'altra parte, che la tutela prevista dalla Costituzione non si limiti alle misure di polizia o, se si vuole, ai tradizionali strumenti di *command and control*, tipici della legislazione pre-vigente ma debba, guardando al miglioramento del livello culturale dei cittadini, necessariamente garantire il più ampio godimento dei beni, materiali ed immateriali, attraverso i quali la cultura si manifesta, fino ad investire ogni intervento in grado di causare mutamenti nei luoghi e nelle forme di vita delle persone e delle comunità. In questi termini, M.A. Cabiddu, *Editoriale*, in *Rivista di diritto delle arti e dello spettacolo*, 2018, 2, 5-6. Con riguardo allo specifico tema del rapporto tra beni culturali ed interesse religioso si veda la ricostruzione di S. Budelli, *Bellezza e identità: le ragioni della tutela dei beni culturali di interesse religioso*, in G. Albenzio – S. Budelli – G. Cevolin – G. Garzia – M. Giungato – A. Mitrotti – A. Morrone (a cura di), *Tutela e valorizzazione dei beni culturali. Esegesi delle recenti riforme e novità normative*, Tortorici, 2018, *passim*: l'Autore analizza la normativa alla luce della condivisibile idea che l'infinita ricerca del divino costituisce un tratto caratterizzante della nostra cultura.

10. M.S. Giannini, *I beni pubblici*, Roma, 1963, 89 e ss.; spunti sul tema anche in Id., *I beni culturali*, in «Rivista trimestrale di diritto pubblico», 1976, pp. 20 e ss.

contratto di compravendita. Ne discende che il termine alienazione è impiegato in senso ampio, per riferirsi non soltanto alla vendita dei beni del demanio culturale. Tale limite è destinato ad operare con riguardo ad ogni negozio giuridico che sia capace di realizzare, come effetto finale, il trasferimento della proprietà di detti beni: pertanto, una permuta, una donazione o anche un contratto atipico potrebbero produrre un effetto traslativo da considerare come non desiderato in base alla normativa *de qua*.

Questo approccio restrittivo, che incide notevolmente sulla circolazione dei beni del demanio culturale, ha risentito dell'intreccio che legava il regime previsto per il demanio pubblico dall'art. 823 cod. civ. con alcuni successivi interventi legislativi[11], che hanno, appunto, introdotto un sistema autorizzatorio per l'alienazione dei beni del patrimonio culturale, fermo restando il rispetto di certe condizioni. Non è da sottovalutare il fatto che il Codice dei beni culturali e del paesaggio abbia semplificato la materia introducendo un regime organico per i beni del demanio culturale, grazie alla sostituzione delle disposizioni legislative e regolamentari integrative del regime demaniale di cui al Codice civile.

Recentemente è stato affermato che tra le norme in materia di valorizzazione del patrimonio pubblico rientrino anche quelle sull'attribuzione agli enti territoriali di beni immobili a titolo non oneroso (d.lgs. n. 85 del 2010 e art. 56 *bis*, legge n. 98 del 2013). Con specifico riferimento ai beni culturali, era prevista analoga possibilità già prima dell'avvio del "federalismo demaniale". In particolare, l'art. 54, terzo comma, d.lgs. n. 42 del 2004, stabilisce che i beni del demanio culturale possono essere oggetto di trasferimento tra lo stato, le regioni e gli altri enti pubblici territoriali (quindi, anche comuni, provincie e città metropolitane). La norma non specifica la natura onerosa o gratuita del trasferimento: per questo motivo, si ritiene che il trasferimento possa avvenire anche a titolo gratuito, qualora sia possibile produrre una congrua motivazione. Questa normativa è funzionale non soltanto a un migliore utilizzo del patrimonio

---

11. *In primis*, l'art. 32 della legge 23 dicembre 1998, n. 448; il regolamento delegato emanato in virtù di detta disposizione contenuto nel d.P.R. 7 settembre 2000, n. 283, è stato abrogato dall'art. 184 del Codice dei beni culturali e del paesaggio.

pubblico (anche di rilevanza culturale), ma anche ad un'effettiva attuazione del principio di sussidiarietà di cui all'art. 118 Cost. Nessun ostacolo è, dunque, previsto per il trasferimento gratuito ai sensi dell'art. 12, legge n. 111 del 2011 – che per gli enti pubblici ha limitato, in generale, solo acquisti e vendite a titolo oneroso –, anche in virtù della specialità dell'art. 54. Ciò premesso, in linea di massima, si deve ritenere legittimo il trasferimento, a titolo gratuito, previa la sottoscrizione di apposita convenzione, di beni di rilevanza culturale da una provincia a un comune. È necessario, tuttavia, che tale trasferimento, congruamente motivato, non determini la perdita di demanialità del bene e che sia conservata la destinazione culturale del bene stesso. Sul punto, è interessante notare che, in varie occasioni e con opportune cautele, la Corte dei conti si è espressa in senso favorevole in merito all'attribuzione gratuita a terzi, anche soggetti privati, di beni pubblici: lo ha fatto, ad esempio, nelle ipotesi in cui tale attribuzione fosse finalizzata al soddisfacimento di un adeguato interesse per la collettività insediata sul territorio. Nei relativi atti di trasferimento occorrerà, in ogni caso, evidenziare adeguatamente le motivazioni e le finalità pubblicistiche perseguite. Si precisa, infine, che non costituisce ostacolo al trasferimento l'inalienabilità dei beni demaniali (art. 823 cod. civ.): è, infatti, generalmente ammesso il trasferimento di un bene demaniale da un ente pubblico territoriale ad un altro ente pubblico territoriale, purché non venga meno la demanialità del bene trasferito[12].

L'art. 54, secondo comma, del Codice dei beni culturali e del paesaggio, nel testo modificato a seguito dell'entrata in vigore del d.lgs. 156/2006, estende il vincolo della inalienabilità anche ad altre categorie di beni culturali che non fanno parte del demanio culturale – o sotto il profilo soggettivo o perché non rientranti in una delle categorie previste dall'art. 822 cod. civ. – o che, per altre ragioni, non sono soggette alle norme del Codice dei beni culturali e del paesaggio. Rientrano nell'ambito di ap-

12. Corte dei Conti, Sezione regionale di controllo per la Puglia, deliberazione 28 maggio 2014, n. 113, interessante perché ricorda che tra le varie norme in materia di valorizzazione del patrimonio pubblico rientrano anche quelle relative alla attribuzione agli enti territoriali di beni immobili a titolo non oneroso.

plicazione di questa norma le cose appartenenti ai soggetti indicati all'art. 10, primo comma, che siano opera di autore non più vivente e la cui esecuzione risalga ad oltre settanta anni, fino alla conclusione del procedimento di verifica previsto dall'art. 12 (se il procedimento si conclude con esito negativo, le cose medesime sono liberamente alienabili ai sensi dell'art. 12, commi 4, 5 e 6) e i singoli documenti appartenenti ai soggetti di cui all'art. 53, nonché gli archivi e i singoli documenti di enti ed istituti pubblici diversi da quelli indicati al medesimo art. 53.

Completa il quadro normativo l'art. 55, dalla cui lettura si desume che i beni culturali immobili appartenenti al demanio culturale e non rientranti tra quelli elencati nell'art. 54, primo comma, non possono essere alienati senza l'autorizzazione del competente Ministero[13].

Il ruolo del soggetto pubblico è, dunque, centrale nel sistema di salvaguardia dei beni culturali[14], anche se è bene sottolineare sin da ora che con la previsione della facoltà di acquistare, in via di prelazione, i beni culturali che un soggetto intende alienare a titolo oneroso, ferma restando l'applicazione del medesimo prezzo stabilito nell'atto di alienazione, il legislatore non ha inteso prevedere un vero e proprio obbligo di acquisto a carico degli enti nel cui territorio si trova il bene. L'interesse pubblico alla tutela, alla conservazione e alla valorizzazione del bene culturale, pertanto, va sempre contemperato con altri interessi pubblici che risultino prevalenti, cosa che avviene, ad esempio,

13. P. Sirena, *La vendita dei beni pubblici e il codice dei beni culturali dopo la messa in liquidazione della S.C.I.P. s.r.l.*, in «Nuova giurisprudenza civile», 5, 2010, p. 268, ricorda che il contratto mediante il quale un ente pubblico ovvero una persona giuridica privata senza scopo di lucro alieni un bene culturale ovvero lo conceda in godimento deve essere autorizzato dal Ministero, ai sensi degli artt. 55 e ss. del Codice dei beni culturali e del paesaggio (fermo restando che, com'è ovvio, sono invece assolutamente inalienabili i beni del demanio culturale che rientrano nelle categorie di cui all'art. 54, primo comma). Mancando tale presupposto amministrativo – continua l'Autore –, «il contratto è nullo ai sensi dell'art. 164 del codice di settore, anche se è poi fortemente discusso se si tratti di nullità vera e propria ovvero di inefficacia in senso lato, e sono peraltro applicabili all'alienante le sanzioni penali comminate dall'art. 173, lett. a), del codice di settore».

14. Arte, cultura, tutela e promozione sono concetti strettamente collegati tra di loro, come osserva E. Picozza, *Tutela e promozione dell'arte e della cultura*, in «Rivista di diritto delle arti e dello spettacolo», 2, 2018, p. 99.

nell'ambito delle specifiche misure di contenimento della spesa pubblica[15].

In questa prospettiva, diviene fondamentale la individuazione del punto di equilibrio tra l'interesse pubblico alla conservazione, alla valorizzazione e alla fruizione del patrimonio culturale e l'esigenza di non ostacolare la circolazione di beni che siano privi d'interesse o di consentirla, anche per i beni che presentino un tale interesse, quando siano comunque garantite le irrinunciabili esigenze di tutela e la dismissione[16] possa, anzi, assicurare la loro migliore valorizzazione senza che resti pregiudicato il pubblico godimento[17]. Nelle pagine seguenti, dunque, affronteremo il tema della circolazione nella consapevolezza che la differenza di regime deve condurre l'interprete a considerare i beni culturali appartenenti allo stato, alle regioni e agli altri enti pubblici territoriali che rientrino nelle tipologie indicate all'art. 822 cod. civ. come parti del c.d. demanio culturale e, come tali, tendenzialmente sottratti a quelle forme di libera circolazione che, seppur con cautele, operano con riguardo ai beni culturali in proprietà dei privati[18].

---

15. In questi termini, T.A.R. Calabria – Catanzaro, Sez. I, sentenza 10 aprile 2020, n. 563.

16. Come ricordato dalla dottrina che si è occupata del tema, non bisogna trascurare il dato, di per sé rilevante, rappresentato dalla constatazione che, tanto il Codice dei beni culturali e del paesaggio che la stessa normativa sul federalismo demaniale, assumono quale comune obiettivo la necessità che nel trasferimento dei beni si abbia riguardo innanzitutto al potenziamento dell'azione di valorizzazione dei beni (R. Picaro, *Dismissioni di immobili pubblici*, in F. Bocchini (a cura di), *Le vendite immobiliari. Tipologie e tutele*, Volume II, Milano, 2016, 131 e ss., con ampi richiami ad altri contributi su questa specifica ipotesi).

17. Corte dei Conti, Sezione centrale del controllo sulla gestione delle Amministrazioni dello Stato, Collegio II, deliberazione 13 novembre 2006, n. 16. In questa prospettiva, ai fini della realizzazione del contemperamento di interessi, è indispensabile garantire certezza al dato di partenza intorno al quale ruota l'intero sistema della tutela, e cioè l'accertamento dell'effettivo e concreto interesse culturale dei beni del demanio, di soggetti pubblici o privati, superando, così, presunzioni legali di "culturalità", non solo poste in discussione dalla più recente giurisprudenza, ma ritenute, ormai, non più rispondenti alle stesse esigenze di una reale protezione del patrimonio culturale.

18. L'economia del presente lavoro non consente di approfondire la delicata questione della visione pluralista della proprietà, a cui pure si è fatto cenno: per una visione sistematica del tema – che ha indubbiamente molteplici ripercussioni sulla disciplina dei beni culturali – sia consentito il solo rinvio a P. Perlingieri, *Introduzione alla problematica della proprietà*, Camerino-Napoli, 1979 e al più recente Id., «*Funzione*

2. Libera circolazione *vs.* regime autorizzatorio

Come è emerso dalla introduzione, il tema che qui ci impegna è caratterizzato da un ruolo centrale e attivo del soggetto pubblico, il cui intervento è in grado di realizzare, in talune circostanze, una compressione della autonomia negoziale dei privati.

È centrale, dunque, comprendere quale sia il corretto equilibrio tra la libera circolazione dei beni e il sistema autorizzatorio configurato dalla legge: se, infatti, in base ai principi generali dell'ordinamento giuridico, il proprietario ha il potere di disporre in modo pieno ed esclusivo dei beni che costituiscono l'oggetto del suo diritto, è altrettanto vero che la particolare tipologia di beni – *id est*, i beni culturali – può incidere sulla (piena) operatività di quanto stabilito, in termini generali, nell'art. 832 cod. civ. In particolare, è il riferimento all'esercizio dei poteri autorizzatori da parte della pubblica amministrazione a determinare delle conseguenze importanti: l'autorizzazione è, infatti, un atto amministrativo discrezionale con cui un'autorità rimuove i limiti che, per motivi di pubblico interesse, sono posti dalla legge, in via generale ed astratta, all'esercizio di una preesistente situazione giuridica soggettiva; dunque, essa si differenzia dalla concessione, nella misura in cui non attribuisce nuovi diritti ma permette l'esercizio di un diritto già esistente.

Emblematica in tal senso è la disciplina prevista per i beni culturali immobili appartenenti al demanio culturale e non rientranti tra quelli elencati nell'art. 54, primo comma, che non possono essere alienati senza la autorizzazione del Ministero. Il controllo dell'amministrazione è particolarmente penetrante e non è un caso che la legge preveda l'obbligo di fornire tante informazioni all'amministrazione chiamata ad emettere il provvedimento. Per esempio, la richiesta di autorizzazione ad alienare deve essere corredata:

a. dalla indicazione della destinazione d'uso in atto;

---

sociale» della proprietà e sua attualità, in S. Ciccariello – A. Gorassini – R. Tommasini (a cura di), *Salvatore Pugliatti*, Napoli, 2016, pp. 187 e ss.

b. dal programma delle misure necessarie ad assicurare la conservazione del bene;
c. dall'indicazione degli obiettivi di valorizzazione che si intendono perseguire con l'alienazione del bene e delle modalità e dei tempi previsti per il loro conseguimento;
d. dall'indicazione della destinazione d'uso prevista, anche in funzione degli obiettivi di valorizzazione da conseguire;
e. dalle modalità di fruizione pubblica del bene, anche in rapporto con la situazione conseguente alle precedenti destinazioni d'uso.

L'autorizzazione è rilasciata su parere del soprintendente, sentita la regione e, per suo tramite, gli altri enti pubblici territoriali interessati. In particolare, il provvedimento:

a. detta prescrizioni e condizioni in ordine alle misure di conservazione programmate;
b. stabilisce le condizioni di fruizione pubblica del bene, tenuto conto della situazione conseguente alle precedenti destinazioni d'uso;
c. si pronuncia sulla congruità delle modalità e dei tempi previsti per il conseguimento degli obiettivi di valorizzazione indicati nella richiesta.

In base all'art. 55, terzo comma, l'autorizzazione non può essere rilasciata qualora la destinazione d'uso proposta sia suscettibile di arrecare pregiudizio alla conservazione e fruizione pubblica del bene o comunque risulti non compatibile con il carattere storico e artistico del bene medesimo. Il Ministero ha sempre la facoltà di indicare, nel provvedimento di diniego, destinazioni d'uso ritenute compatibili con il carattere del bene e con le esigenze della sua conservazione. È fatta salva la facoltà di concordare con il soggetto interessato il contenuto del provvedimento richiesto, sulla base di una valutazione comparativa fra le proposte avanzate con la richiesta di autorizzazione ed altre possibili modalità di valorizzazione del bene.

L'autorizzazione ad alienare comporta la sdemanializzazione del bene cui essa si riferisce. Tale bene resta comunque sottoposto a tutte le disposizioni di tutela previste per i beni culturali e l'esecuzione di lavori ed opere di qualunque genere sui beni alienati è sottoposta a preventiva autorizzazione ai sensi dell'art. 21, commi 4 e 5, del Codice dei beni culturali e del paesaggio.

Ulteriori ipotesi di autorizzazione sono previste nell'art. 56, che richiama le fattispecie della a) alienazione dei beni culturali appartenenti allo stato, alle regioni e agli altri enti pubblici territoriali, e diversi da quelli indicati negli artt. 54, primo e secondo comma, e 55, primo comma e b) dell'alienazione dei beni culturali appartenenti a soggetti pubblici diversi da quelli indicati alla lett. a) o a persone giuridiche private senza fine di lucro, ivi compresi gli enti ecclesiastici civilmente riconosciuti. L'autorizzazione è richiesta inoltre nel caso di vendita, anche parziale, da parte di soggetti di cui al primo comma, lett. b), di collezioni o serie di oggetti e di raccolte librarie e nel caso di vendita, da parte di persone giuridiche private senza fine di lucro, ivi compresi gli enti ecclesiastici civilmente riconosciuti, di archivi o di singoli documenti.

Quid juris in caso di mancato rispetto delle prescrizioni in tema di autorizzazione ad alienare? Il mancato rispetto delle prescrizioni appena ricordate non è privo di conseguenze, come ricordato, anche di recente, dalla giurisprudenza. Premesso che è sanzionata con la nullità l'alienazione in assenza della prescritta autorizzazione[19], il soggetto che ha provveduto all'acquisto di un bene culturale non può invocare pretese neppure in forza del principio di cui all'art. 1153 cod. civ.[20], poiché tale disposizione non opera in relazione ai beni predetti, né l'avvenuto acquisto degli stessi per usucapione[21], in quanto la legislazione di

19. Le parti e il notaio rogante devono, dunque, rispettare una ben definita procedura giacché l'inadempimento degli obblighi di comportamento imposti ai privati può determinare la mancata realizzazione della funzione identitaria del bene e, quindi, il venir meno della ragione stessa della tutela, come ricorda in più occasioni F. Longobucco, *Beni culturali e conformazione dei rapporti tra privati: quando la proprietà «obbliga»*, in «Politica del diritto», 4, 2016, pp. 547-562.

20. G. Magri, *Beni culturali e acquisto* a non domino, in *Rivista di diritto civile*, 2013, 3, 1074, ricostruisce in maniera dettagliata l'applicazione dell'art. 1153 cod. civ. alla materia *de qua*.

21. L'usucapibilità del bene culturale di appartenenza privata non è questione controversa, non venendo in rilievo né un bene demaniale (che si caratterizza per un vincolo assoluto di inalienabilità ed inusucapibilità, ai sensi dell'art. 823 cod. civ.), né un bene del patrimonio indisponibile dello stato, come ricorda S. Nobile de Santis,

tutela dei beni culturali è informata al presupposto fondamentale dell'appartenenza allo stato dei beni, con la conseguenza che anche gli istituti dei modi di acquisto della proprietà sono derogati in considerazione della peculiarità degli oggetti[22]. In altre circostanze, è stato affermato che la nullità ex art. 164, primo comma, prevista per il caso di vendita di un bene culturale in difetto dell'autorizzazione di cui all'art. 56, è relativa – unico legittimato a farla valere è il Ministero competente al rilascio di detta autorizzazione – e non concerne i contratti preliminari che riguardino la compravendita tali beni, per la cui stipulazione non è prevista alcuna sanzione. È stata, dunque, cassata la sentenza di merito che aveva ritenuto nullo, per contrarietà a norme imperative, un contratto preliminare di compravendita di bene sottoposto a vincolo storico ed architettonico in assenza della prescritta autorizzazione ministeriale, evidenziando, altresì, come la procedura di vincolo del complesso fosse stata avviata solo nel corso del giudizio di secondo grado, non sussistendo al momento della sottoscrizione dei preliminari[23].

L'autorizzazione non opera con riguardo agli atti che comportino una alienazione di beni culturali a favore dello stato, ivi comprese le cessioni in pagamento di obbligazioni tributarie, mentre le norme sopra richiamate – e, dunque, il regime autorizzatorio ivi previsto – si applicano ad ogni procedura di dismissione o di valorizzazione e utilizzazione, anche a fini economici, di beni immobili pubblici di interesse culturale, prevista dalla normativa vigente e attuata, rispettivamente, mediante l'alienazione ovvero la concessione in uso o la locazione degli immobili medesimi.

In base all'art. 58, infine, il Ministero può autorizzare la permuta dei beni indicati agli artt. 55 e 56 nonché di singoli beni appartenenti alle pubbliche raccolte con altri appartenenti ad enti, istituti e privati, anche stranieri, qualora dalla permuta stessa

---

Possesso ad usucapionem *e beni culturali*, in *Nuova giurisprudenza civile*, 2019, 3, 509, in nota a Cons. Stato, sentenza 3 ottobre 2018, n. 5671, in cui viene presa in considerazione la possibilità di applicare il controverso istituto dell'*usucapio libertatis* in una vicenda caratterizzata dall'intervenuta usucapione, da parte degli acquirenti, di un bene immobile gravato da vincolo culturale.

22. Tribunale Roma, Sez. II, sentenza 9 gennaio 2013.

23. Cass. civ., Sez. II, sentenza 27 novembre 2019, n. 30984.

derivi un incremento del patrimonio culturale nazionale ovvero l'arricchimento delle pubbliche raccolte.

3. La denuncia di trasferimento

Tutti gli altri beni culturali privati sono liberamente alienabili, con la conseguenza che non è prescritto il rilascio di alcuna autorizzazione da parte della pubblica amministrazione. Ciò non esclude, però, che la loro circolazione sia comunque assistita da forme di controllo, che, infatti, sono espressamente contemplate nella legislazione vigente.

Posto che il controllo sulla circolazione dei beni culturali è funzionale alla garanzia di conservazione e tutela degli stessi, la conoscenza della collocazione del bene e del soggetto titolare del diritto di proprietà (o della detenzione del bene) costituisce un presupposto ineliminabile di questa tutela ed è indubbiamente funzionale all'esigenza di assicurare una concreta efficacia dei controlli.

In questa prospettiva deve essere considerato l'obbligo di denuncia degli atti di trasferimento della proprietà e della detenzione di beni culturali di cui all'art. 59 del Codice dei beni culturali e del paesaggio, disposizione che – è bene precisare – riguarda non soltanto i beni privati, sia di singoli, sia di persone giuridiche senza scopo di lucro, ma anche i beni degli enti pubblici.

Già la legge Bottai del 1939 aveva a tal fine previsto un obbligo di denuncia degli atti di trasferimento della proprietà o della detenzione di beni culturali, ma soltanto nella ipotesi in cui fosse stato notificato l'interesse particolarmente importante, rilevante o eccezionale. Il Testo Unico dei beni culturali e ambientali del 1999 mantenne l'obbligo di denuncia già previsto dalla legge del 1939, estendendolo, nel contempo, a tutti gli atti di trasferimento della proprietà o della detenzione aventi ad oggetto beni culturali, senza più alcuna distinzione fondata sulla tipologia di bene.

L'art. 59 del Codice dei beni culturali e del paesaggio si inserisce in questo processo di evoluzione dell'istituto nella misura in cui conferma la centralità dell'obbligo di denuncia e, anzi, ne amplia i relativi ambiti di operatività.

Gli atti che trasferiscono, in tutto o in parte, a qualsiasi titolo, la proprietà o, limitatamente ai beni mobili, la detenzione di beni culturali sono, dunque, denunciati al Ministero entro trenta giorni:

a. dall'alienante o dal cedente la detenzione, in caso di alienazione a titolo oneroso o gratuito o di trasferimento della detenzione;
b. dall'acquirente, in caso di trasferimento avvenuto nell'ambito di procedure di vendita forzata o fallimentare ovvero in forza di sentenza che produca gli effetti di un contratto di alienazione non concluso;
c. dall'erede o dal legatario, in caso di successione a causa di morte. Per l'erede, il termine decorre dall'accettazione dell'eredità o dalla presentazione della dichiarazione ai competenti uffici tributari; per il legatario, il termine decorre dalla comunicazione notarile prevista dall'art. 623 cod. civ., salva rinuncia.

L'obbligo di denuncia è, dunque, posto in capo ai soggetti direttamente coinvolti nel trasferimento, anche se nella prassi, sovente, la denuncia è predisposta, nonché notificata, ad opera del notaio incaricato della stipula dell'atto di trasferimento del bene culturale, pur essendo sottoscritta dal soggetto obbligato e, su espresso mandato di quest'ultimo. Ciò pone non pochi problemi: per esempio, è molto dibattuta la possibile configurazione di una responsabilità, ex art. 28 legge n. 89/1913, del notaio che abbia ricevuto l'atto di trasferimento del bene in mancanza del rispetto delle prescrizioni contenute nel Codice dei beni culturali e del paesaggio[24].

24. Particolare attenzione al tema è stata dedicata dalla dottrina notarile. Tra i tanti contributi sia consentito il solo richiamo a P. GUIDA, *Mancata osservanza delle formalità necessarie e ritrasferimento del bene culturale*, in «Notariato», 5, 2012, p. 558 (con ampi richiami agli studi e ricerche condotte dal Consiglio Nazionale del Notariato) e A. PISCHETOLA, *La «nuova» autorizzazione all'alienazione dei beni culturali*, in «Notariato», 2008, pp. 695 ss.

In ogni caso, la denuncia – che va presentata al competente soprintendente del luogo ove si trovano i beni – deve contenere i dati identificativi delle parti e la sottoscrizione delle medesime o dei loro rappresentanti legali, i dati identificativi dei beni, l'indicazione del luogo ove si trovano i beni, l'indicazione della natura e delle condizioni dell'atto di trasferimento, l'indicazione del domicilio in Italia delle parti ai fini delle eventuali comunicazioni previste dalla legge.

È stato giustamente osservato dalla giurisprudenza che l'obbligo di denuncia previsto in caso di alienazione di un bene di interesse culturale ha il preminente scopo di porre il soggetto pubblico nella condizione di valutare l'opportunità dell'esercizio del diritto di prelazione[25], ove ne sussistano le condizioni. Non è un caso che vi sia uno stretto legame tra l'art. 59 e gli artt. 60 e ss. del Codice dei beni culturali e del paesaggio.

La violazione dell'obbligo di denuncia determina la nullità relativa dell'atto traslativo, in quanto la sanzione è tesa a tutelare un interesse pubblico, per cui la proposizione della relativa azione è riservata esclusivamente al relativo titolare. Da ciò discende che il contratto resta pienamente valido ed efficace tra le parti contrattuali, ma non anche nei confronti dello stato[26].

D'altronde, il reato di omessa denuncia di acquisto di opere di interesse culturale (previsto e punito ai sensi dell'art. 173) tutela non soltanto il patrimonio storico-artistico-ambientale la cui valenza culturale è oggetto di formale dichiarazione, ma anche i beni protetti in virtù del loro intrinseco valore, indipendentemente dal previo riconoscimento da parte della autorità competente[27].

Particolare è la situazione che viene a crearsi in virtù della sottoscrizione di un contratto preliminare di vendita di una opera d'arte. Se il contratto preliminare è semplice, senza alcuna produzione di effetti anticipati, è possibile affermare che non sussista un obbligo di denuncia: le parti, dunque, non sono tenute a fare nessun adempimento. Diversamente deve ritenersi con riguardo alla ipotesi del preliminare ad effetti anticipati, fatti-

25. *Infra*, § 4.
26. Tribunale di Ferrara, ordinanza 18 aprile 2019.
27. Cass. pen., Sez. III, sentenza 18 ottobre 2012, n. 45841.

specie in cui la consegna del bene è precedente alla conclusione del contratto definitivo. Per questa specifica ipotesi si è ritenuto opportuno affermare che la consegna del bene mobile e, dunque, il trasferimento della detenzione, anche senza il passaggio del diritto, sia comunque soggetta all'obbligo di denunzia, ex art. 59. Al momento della conclusione del contratto definitivo, si dovrà denunciare l'ulteriore trasferimento della proprietà, con la conseguenza che soltanto in questo momento si potrà attivare il potere pubblico di acquisto in via di prelazione.

Pare importante offrire qualche precisazione sulle tipologie di beni per le quali sussiste l'obbligo di denuncia. Tale istituto opera nel caso di trasferimenti della proprietà o della detenzione che abbiano ad oggetto beni culturali, ossia beni per i quali sia intervenuta la verifica dell'interesse culturale, nel grado richiesto dagli art. 10 e 11 e secondo le modalità definite negli artt. 12 e 13. Tale obbligo sussiste anche per i trasferimenti delle cose di cui all'art. 10, primo comma, fino a che non sia intervenuta la verifica di cui all'art. 12.

È molto utile ricordare che sono obbligati alla denuncia anche gli enti pubblici e le persone giuridiche private senza scopo di lucro. In relazione a questi soggetti potrebbe, invero, ritenersi superfluo l'obbligo di denuncia, dal momento che per le alienazioni di beni culturali da loro effettuate sarebbe già prevista l'autorizzazione di cui agli artt. 56 e 57 del Codice dei beni culturali e del paesaggio. A ben vedere, però, tra queste norme e l'obbligo di denuncia previsto dall'art. 59 non vi è corrispondenza perfetta, sia dal punto di vista delle garanzie, dal momento che la richiesta di autorizzazione non offre certezza alcuna circa l'effettivo trasferimento del bene, sia dal punto di vista dei trasferimenti soggetti ad autorizzazione.

Sotto questo ultimo profilo, pare sufficiente ricordare che l'obbligo di denuncia opera per i trasferimenti del diritto di proprietà e della detenzione, fattispecie accomunate dal legislatore pur nella consapevolezza della loro profonda diversità. Dunque, in base alla normativa vigente, sono oggetto di denuncia anche gli atti costitutivi di diritti reali o personali che comportino il trasferimento della detenzione materiale della cosa o che comunque trasferiscano la detenzione, anche non qualificata:

per esempio, sono soggetti all'obbligo di denuncia i contratti di deposito e i contratti di mandato con obbligo di custodia e conservazione mentre rimarrebbero esclusi dall'operatività dell'art. 59 gli atti costitutivi di diritti reali non traslativi della detenzione, come ipoteca e servitù.

4. La prelazione artistica tra intenzioni del legislatore e prassi negoziale

L'obbligo di denuncia trova perfetta corrispondenza nell'esercizio della prelazione da parte della pubblica amministrazione, istituto disciplinato dagli artt. 60 e ss. del Codice dei beni culturali e del paesaggio, di fondamentale importanza ai fini della circolazione dei beni culturali.

La normativa in esame attribuisce al Ministero o, nel caso previsto dall'art. 62, terzo comma, alla regione o agli altri enti pubblici territoriali interessati, la facoltà di acquistare i beni culturali alienati a titolo oneroso o conferiti in società, rispettivamente, al medesimo prezzo stabilito nell'atto di alienazione o al medesimo valore attribuito nell'atto di conferimento.

La prelazione realizza varie finalità: *in primis*, quella di garantire l'interesse pubblico alla conservazione e alla fruizione dei beni culturali. L'istituto ha un ampio ambito di applicazione: è riferibile, infatti, a varie tipologie di beni e non soltanto alle opere d'arte, poiché concerne la più generale categoria dei beni culturali. Inoltre, pur assumendo una nomenclatura tipicamente civilistica, è innegabile che vi siano molteplici elementi distintivi rispetto al diritto di prelazione *tout court*[28]. Non è

28. G.F. Basini, *La prelazione artistica*, in «Contratti», 4, 2019, p. 462, si sofferma sulle questioni terminologiche ricordando che, per un verso, il vocabolo "prelazione" è ora accettabile unicamente nel significato, ampio e atecnico, di "preferenza". L'Autore prosegue affermando che «(q)uesta "prelazione", infatti, non è accomunabile al diritto di prelazione di natura privatistica, ma più ancora, molto probabilmente, non è nemmeno espressione di un diritto soggettivo, giacché, come meglio si dirà tra poco, quello che il soggetto pubblico ha rispetto all'alienazione dell'opera d'arte è un potere pubblicistico, e non un diritto soggettivo. Si è qui assai lontani, perciò, dalla prelazione privatistica, e, in particolare, dal diritto di prelazione di fonte legale». La conclusione a cui l'Autore giunge è molto netta: «(d)al quadro fin qui sinteticamente tratteggiato, mi pare che già si evidenzi come l'acquisto in via di prelazione in favore

un caso che alcuni Autori abbiano affermato che tale situazione non sia qualificabile alla stregua di un vero e proprio diritto, costituendo più propriamente espressione di un potere ablatorio pubblico. Sembra essere questa la posizione accolta dalla giurisprudenza: l'atto di esercizio del diritto di prelazione artistica spettante alla pubblica amministrazione è un provvedimento amministrativo in relazione al quale, ove si contesti la tempestività della sua adozione, è configurabile la giurisdizione del giudice amministrativo, vertendosi in una ipotesi di carenza di potere in concreto, in quanto attinente al *quomodo* della potestà pubblica, sicché la posizione fatta valere dalla parte privata acquirente che lo abbia subito è di interesse legittimo oppositivo, e non di diritto soggettivo[29].

---

dello Stato abbia assai poco in comune con il diritto di prelazione di matrice privatistica, se non, in alcuni casi, la fonte legale e, appunto, una definizione in cui ricorre il sostantivo "prelazione", ed in cui tale vocabolo è specificato da un aggettivo, così come accade per talune figure di prelazione privatistica». Si sofferma sulla posizione della giurisprudenza di legittimità G. Casu, *Alienazione e utilizzazione del demanio storico-artistico nel d.p.r. 283/2000: una prima lettura*, in «Aedon – Rivista di diritto e arti e on line», 1, 2001: «il diritto di prelazione artistica ha una propria configurazione giuridica che si differenzia nettamente dalla prelazione legale». In quest'ultima – osserva l'Autore –, il soggetto attivo, esercitando il suo diritto, si pone in un rapporto contrattuale rispetto al soggetto passivo, surrogandosi all'acquirente originario; nella prelazione artistica, invece, «lo Stato agisce mediante l'esplicazione di un potere di supremazia e per il conseguimento di un interesse pubblico»; in tal caso il trasferimento del bene si attua non già attraverso un «rapporto negoziale», ma per effetto di una «manifestazione della potestà di imperio dello Stato». Infine, non si può non ricordare che la prelazione culturale è ascritta, da una parte della dottrina, al novero delle prelazioni legali, disseminate dal legislatore ordinario nei più disparati settori dell'ordinamento giuridico: si pensi, tra le varie, alle ipotesi dettate in tema di somministrazione, di trasferimento dell'azienda, di coeredità. Acute argomentazioni in tal senso sono sviluppate da M.R. Cozzuto Quadri, *La circolazione delle cose d'arte*, Napoli, 1997, *passim*.

29. In questi termini, Cass. civ., Sez. Unite, ordinanza 1° aprile 2020, n. 764 ma anche Cons. Stato, Sez. VI, sentenza 30 luglio 2018, n. 4667, che attribuisce all'atto di prelazione artistica la natura tipica del provvedimento amministrativo con la conseguenza che il privato è titolare di un interesse legittimo e deve rivolgersi al giudice amministrativo qualora reclami una tutela giurisdizionale. È opportuno precisare che la giurisdizione del giudice ordinario è configurabile soltanto in presenza di un atto nullo perché adottato in difetto assoluto di attribuzione e, dunque, in carenza di potere in astratto. Inoltre, il giudice amministrativo non può mai accertare, neppure in via incidentale, la simulazione dell'atto di compravendita di un immobile qualificato come culturale, sul quale l'amministrazione abbia esercitato il diritto di prelazione, come affermato dal Cons. Stato, Sez. VI, sentenza 27 febbraio 2008, n. 713.

In termini generali, la prelazione opera con riguardo ad ogni atto oneroso e *inter vivos* che abbia come effetto finale il trasferimento di beni culturali oggetto di vincoli. È possibile affermare con certezza l'applicazione dell'istituto in tante ipotesi – dalla compravendita alle operazioni societarie[30], prese in considerazione in maniera esplicita nella normativa *de qua* –, sia quando venga in rilievo il trasferimento della piena proprietà, sia quando la circolazione riguardi la nuda proprietà. È, tuttavia, indubbio che esistono molteplici atti di diritto privato in relazione ai quali non vi è alcuna certezza circa l'assoggettabilità del trasferimento al potere pubblico di acquisto in via di prelazione. Per esempio, la prelazione può essere esercitata quando il bene sia a qualunque titolo dato in pagamento, come previsto dall'ultimo comma dell'art. 60, e opera in caso di permuta, come chiaramente si deve desumere dalla lettura del seconda comma della medesima disposizione, a mente del quale il valore economico è determinato d'ufficio dal soggetto che procede alla prelazione qualora il bene sia alienato con altri per un unico corrispettivo o sia ceduto senza previsione di un corrispettivo in denaro ovvero sia dato in permuta. Se l'alienante non volesse accettare la determinazione effettuata ai sensi del secondo comma, il valore economico della cosa verrebbe stabilito da un terzo, designato concordemente dall'alienante e dal soggetto che procede alla prelazione. Se le parti non si accordano per la nomina del terzo, ovvero per la sua sostituzione qualora il terzo nominato non voglia o non possa accettare l'incarico, la nomina è effettuata, su richiesta di una delle parti, dal presidente del tribunale del luogo in cui è stato concluso il contratto. Le spese relative sono anticipate dall'alienante. La determinazione del terzo è impu-

30. La dottrina ha chiarito espressamente che anche un bene sottoposto a vincolo storico artistico ai sensi del d.lgs. 42/2004 può essere oggetto di conferimento. Lo ricorda R. Bocchini, *Il conferimento di immobili in società di capitali*, in F. Bocchini (a cura di), *Le vendite immobiliari. Tipologie e tutele*, Volume II, Milano, 2016, 465. Particolare attenzione al tema è stata prestata dalla dottrina notarile: C. Caccavale, *Conferimento in società di beni culturali e diritto di prelazione artistica*, in «Notariato», 6, 2007, p. 685 e P. Divizia, *Il conferimento in società di capitali del beni di interesse storico-artistico. Riflessioni in ordine alla prelazione artistica in ambito societario*, in «Rivista del notariato», 1, 2009, p. 55, i quali svolgono sia considerazione di ordine dogmatico, sia considerazioni di tecnica redazionale dell'atto.

gnabile – per espressa previsione normativa – soltanto in caso di errore o di manifesta iniquità.

L'elencazione delle ipotesi di dubbia soluzione potrebbe essere abbastanza lunga e in questa sede pare sufficiente richiamare soltanto quelle maggiormente discusse in dottrina: divisione, transazione, alienazione di quota indivisa dell'immobile culturale, operazioni societarie straordinarie. È stato, invece, affermato con chiarezza che è da escludere la sussistenza della prelazione laddove il vincolo culturale sia stato apposto soltanto alla facciata dello stabile di cui è parte la porzione alienanda ovvero ad un particolare architettonico di un immobile: è evidente che non sarebbe – materialmente e giuridicamente – concepibile un diritto di prelazione che riguardi soltanto l'androne oppure le scale di un edificio; anche portali, decorazioni e stemmi, considerati in maniera isolata dal manufatto in cui sono inseriti, non possono assumere alcun rilievo ai fini dell'esercizio del potere pubblico. Argomentare in senso contrario – ad avviso di questa autorevole ricostruzione – si porrebbe in aperto contrasto con il principio di conservazione del bene, non potendo quella facciata o quel particolare essere separato dall'immobile nel suo complesso. D'altra parte – e l'argomento non è affatto secondario – non avrebbe senso che lo stato (o altro ente pubblico territoriale) si facesse carico dell'onere di acquistare l'intero immobile o la porzione non culturale, a cui evidentemente non è interessato, ancorché compresa nel fabbricato che presenti una parte vincolata.

È bene ribadire che non sussiste alcun obbligo di esercizio della prelazione in capo alla pubblica amministrazione: pertanto, posto che l'istituto mira a garantire la possibilità di acquisire beni di rilevante interesse storico e artistico, il mancato esercizio di questo diritto (*rectius*, potere) non determina la decadenza del vincolo imposto sul bene oggetto del trasferimento[31].

Gli artt. 61 e 62 stabiliscono le modalità attraverso cui deve essere esercitata la prelazione. In particolare, essi stabiliscono che la prelazione è esercitata nel termine di sessanta giorni dalla data di ricezione della denuncia prevista dall'art. 59 e che nel caso di denuncia omessa o presentata tardivamente oppure in-

31. Cons. Stato, Sez. VI, sentenza 27 luglio 2016, n. 3363.

completa la prelazione sia esercitata nel termine di centottanta giorni dal momento in cui il Ministero ha ricevuto la denuncia tardiva o abbia comunque acquisito tutti gli elementi costitutivi della stessa ai sensi dell'art. 59, quarto comma. Nei casi in cui la denuncia sia stata omessa o presentata tardivamente oppure risulti incompleta, il termine indicato al secondo comma è di novanta giorni ed i termini stabiliti al terzo comma, primo e secondo periodo, sono, rispettivamente, di centoventi e centottanta giorni. Essi decorrono dal momento in cui il Ministero ha ricevuto la denuncia tardiva o ha comunque acquisito tutti gli elementi costitutivi della stessa ai sensi dell'art. 59, quarto comma. Entro questi termini, il provvedimento di prelazione è notificato all'alienante e all'acquirente[32].

Il soprintendente, ricevuta la denuncia di un atto soggetto a prelazione, ne dà immediata comunicazione alla regione e agli altri enti pubblici territoriali nel cui ambito si trova il bene. Trattandosi di bene mobile, la regione ne dà notizia sul proprio Bollettino Ufficiale ed eventualmente mediante altri idonei mezzi di pubblicità a livello nazionale, con la descrizione dell'opera e l'indicazione del prezzo. La regione e gli altri enti pubblici territoriali, nel termine di venti giorni dalla denuncia, formulano al Ministero una proposta di prelazione, corredata dalla deliberazione dell'organo competente che predisponga, a valere sul bilancio dell'ente, la necessaria copertura finanziaria della spesa indicando le specifiche finalità di valorizzazione culturale del bene.

È ipotesi frequente che il Ministero rinunci all'esercizio della prelazione, trasferendone la facoltà all'ente interessato entro venti giorni dalla ricezione della denuncia. Detto ente assume il relativo impegno di spesa, adotta il provvedimento di prelazione e lo notifica all'alienante e all'acquirente entro e non oltre

32. La giurisprudenza ha giustamente affermato che non trova applicazione l'art. 18 della legge n. 241/1990 atteso che ricade esclusivamente sull'istante l'onere di formulare domande in modo completo, indicando chiaramente i presupposti di fatto per l'esercizio del potere (e dando dimostrazione dell'esistenza di fatti che sono nella sua disponibilità), da cui dipende l'attivazione del potere di controllo dell'autorità, non potendo questi pretendere di addossare alla amministrazione l'onere di supplire alle carenze documentali dallo stesso causate. In questi termini, T.A.R. Lazio – Roma, Sez. II quater, sentenza 14 marzo 2019, n. 3402.

sessanta giorni dalla denuncia medesima. Inoltre, trova applicazione l'art. 42, secondo comma, d.lgs. 28 agosto 2000, n. 267, recante il T.U. Enti locali, con la conseguenza che rientrano tre le competenze del Consiglio comunale le relative decisioni[33].

Più problematica è l'ipotesi in cui sia manifestata l'intenzione di esercitare la prelazione da parte di più soggetti. Non è un caso che sia stato utilizzato il termine concorsuale proprio con l'obiettivo di descrivere una situazione che è particolarmente complessa a causa dell'assenza, nella legge, di un criterio di selezione tra gli enti interessati e, magari, di norme che stabiliscano forme di condivisione delle scelte pubbliche e dei relativi oneri economici e di gestione.

La (decisione di esercitare la) prelazione è in grado di incidere in maniera unilaterale sulle posizioni giuridiche dell'alienante e dell'acquirente: infatti, la proprietà passa allo stato dalla data dell'ultima notifica, con la precisazione che le clausole inserite nel contratto di alienazione non vincolano il soggetto pubblico. Il potere di quest'ultimo è espressamente limitato dal legislatore con la norma contenuta nell'ultimo comma dell'art. 60, in base alla quale l'acquirente ha facoltà di recedere dal contratto nel caso in cui il Ministero eserciti la prelazione su parte delle cose alienate.

In pendenza del termine prescritto, l'atto di alienazione rimane sospensivamente condizionato fino al momento del mancato esercizio della prelazione e all'alienante è vietato effettuare la consegna della cosa: viene, dunque, in rilievo una classica ipotesi di condizione sospensiva al cui verificarsi è subordinata la produzione di tutti gli effetti che le parti intendono realizzare con la conclusione del contratto (*in primis*, il trasferimento del diritto).

Il provvedimento di esercizio della prelazione deve essere motivato alla stregua dei principi generali del nostro ordinamento e deve ritenersi assolutamente insufficiente una motivazione di stile da parte della pubblica amministrazione. Può essere sufficiente, invece, richiamare la motivazione che sorregge il vincolo e, in ogni caso, è necessario per le regioni e gli enti

33. T.A.R. Campania – Salerno, Sez. I, sentenza 4 ottobre 2016, n. 2234.

locali indicare le specifiche finalità di valorizzazione culturale del bene che si perseguono.

La prelazione costituisce, dunque, un istituto di fondamentale importanza in tema di circolazione dei beni culturali, che, tuttavia, avrebbe dovuto avere – almeno nelle intenzioni del legislatore – una maggiore incidenza: la prassi – si legge in alcuni documenti del Servizio Studi della Camera dei Deputati suggerisce, ad esempio, di intervenire su alcuni punti, inclusi quelli relativi ad un migliore coordinamento dei tempi previsti per l'esercizio della prelazione[34].

Il grande tema è indubbiamente rappresentato dalla scarsa dotazione finanziaria che nei bilanci dello stato, delle regioni e degli enti locali viene riservato all'espletamento di questa specifica procedura. Senza la previsione di adeguate (e, probabilmente, corpose) poste di bilancio destinate ad acquistare beni di interesse culturale, non vi sarebbe alcuna utilità nel riformare la normativa *de qua*, che, pur con le limitazioni in parte descritte, ha assicurato il raggiungimento delle finalità di interesse pubblico ricordate in apertura di questo paragrafo. Non si vuole in alcun modo sostenere con questa affermazione che quella pubblica rappresenti sempre e comunque la migliore modalità di gestione delle nostre bellezze artistiche, paesaggistiche e culturali ma è innegabile che per garantire la reale possibilità di scelta in capo alle amministrazioni competenti sia necessario organizzare in maniera attenta e dotare in maniera adeguata i bilanci. Soltanto in questo modo potremo essere certi che la decisione pubblica circa l'esercizio del diritto di prelazione sia sorretta esclusivamente dalla volontà di garantire la migliore conservazione e fruizione del patrimonio culturale; se, invece, avremo il dubbio che il mancato esercizio della prelazione sia sorretto da motivazioni di ordine economico, potremmo trovarci nella triste situazione di dover convivere con il dubbio che non sia stato fatto di tutto per garantire il diritto alla bellezza della collettività.

---

34. Ci si riferisce, in particolare, alla scheda del 14 giugno 2006, n. 7, realizzata dal Servizio Studi – Dipartimento cultura della Camera dei Deputati nel corso della XV Legislatura

5. I controlli sul commercio dei beni culturali

Il legislatore dedica poche norme alle attività di commercio di beni culturali, configurando, così, una regolazione scarna e forse non pienamente soddisfacente nella prospettiva di voler assicurare una ottimale protezione dei beni oggetto di scambio, che spesso sono di notevole valore. Eppure, quello del commercio è tema di grande interesse anche per gli studiosi di economia, i quali hanno analizzato le specificità del mercato dell'arte prendendo in considerazione vari fattori tra cui la scarsa elasticità dell'offerta, il carattere soggettivo della determinazione dei prezzi, la scarsa liquidità, le asimmetrie informative e, più in generale, le incertezze che lo caratterizzano, la costitutiva mancanza di standardizzazione degli scambi, i conflitti di interesse e le opacità del mercato, nonché i numerosi fattori di remunerazione non economico-finanziaria dell'investimento. Non sono mancate, poi, riflessioni sul ruolo di determinate categorie di soggetti: per esempio, ci si è chiesto se i restauratori debbano avere un ruolo attivo nelle attività di contrasto della contraffazione e dei traffici illegali di beni culturali[35]. La questione ha un rilievo anche penalistico: le principali ipotesi delittuose in tema di contraffazione di opere d'arte erano già state previste dalla legge n. 1062/1971, i cui artt. 3 – 7 sono stati successivamente tradotti nell'art. 127 del Testo Unico del 1999. I contenuti di tali disposizioni vengono oggi integralmente riproposti nell'art. 178 del Codice dei beni culturali e del paesaggio, la cui applicabilità, dopo un iniziale contrasto giurisprudenziale e l'intervento chiarificatore della Corte costituzionale, va riferita a tutte le contraffazioni di opere d'arte e non soltanto a quelle che riproducano beni culturali.

Gli artt. 63 e 64 del Codice dei beni culturali e del paesaggio trovano applicazione con riferimento ai beni culturali, alle cose indicate negli artt. 10 e 11 e più in generale alle cose di interesse culturale indicate nelle tabelle allegate al Codice dei beni cultu-

35. Si interroga sullo specifico tema indicato nel testo L. Pacelli, *Il ruolo dei restauratori nella contraffazione e nel traffico illegale d'arte*, in «Rivista di diritto delle arti e dello spettacolo», 1, 2017, p. 55.

rali e del paesaggio, indipendentemente dall'avvenuta verifica dell'interesse.

La normativa introduce a carico dei commercianti obblighi che assistono tutte le fasi della attività economica, inclusa quella iniziale gravata da specifici oneri di iscrizione. L'autorità locale di pubblica sicurezza, abilitata ai sensi della normativa in materia a ricevere la dichiarazione preventiva di esercizio del commercio di cose antiche o usate, trasmette, in base all'art. 63, al soprintendente e alla regione copia della dichiarazione medesima[36].

Coloro che esercitano il commercio di tali beni sono tenuti ad annotare quotidianamente le operazioni eseguite nel registro prescritto dalla normativa in materia di pubblica sicurezza, descrivendo le caratteristiche delle cose medesime. Il registro – per espressa previsione di una novella legislativa – è tenuto in formato elettronico con caratteristiche tecniche tali da consentire la consultazione in tempo reale al soprintendente ed è diviso in due elenchi. Un primo elenco è relativo alle cose per le quali occorre la presentazione all'ufficio di esportazione; un secondo elenco, invece, è relativo alle cose per le quali l'attestato è rilasciato in modalità informatica, senza necessità di presentazione della cosa all'ufficio di esportazione, salva la facoltà del soprintendente di richiedere, in ogni momento, che taluna delle cose indicate nel secondo elenco gli sia presentata per un esame diretto. Con decreto adottato dal Ministro per i beni e le attività culturali e per il turismo di concerto con il Ministro dell'interno sono definiti i limiti di valore al di sopra dei quali è obbligatoria una dettagliata descrizione delle cose oggetto delle operazioni commerciali.

Il soprintendente ha un ruolo molto importante in questo ambito perché è chiamato a verificare l'adempimento degli obblighi prescritti dalla legge: in particolare, dell'obbligo di cui al secondo periodo del secondo comma dell'art. 63, per il cui adempimento può essere utile effettuare ispezioni periodiche con l'intervento dei carabinieri preposti alla tutela del patrimo-

36. Tale dichiarazione va presentata da chi esercita il commercio di cose rientranti nelle categorie di cui alla lett. A) dell'Allegato A del Codice dei beni culturali e del paesaggio.

nio culturale. La verifica è svolta da funzionari della regione nei casi di esercizio della tutela ai sensi dell'art. 5, terzo e quarto comma. Il verbale dell'ispezione è notificato all'interessato e alla locale autorità di pubblica sicurezza.

Norme speciali vengono dettate per i soggetti che esercitano il commercio di documenti, per i titolari delle case di vendita e per i pubblici ufficiali preposti alle vendite mobiliari: tali soggetti, infatti, hanno l'obbligo di comunicare al soprintendente l'elenco dei documenti di interesse storico posti in vendita. Allo stesso obbligo sono soggetti i privati proprietari, possessori o detentori, a qualsiasi titolo, di archivi che acquisiscano documenti aventi il medesimo interesse, entro novanta giorni dall'acquisizione. È fatta in ogni caso salva la possibilità per il soprintendente di accertare d'ufficio l'esistenza di archivi o di singoli documenti dei quali siano proprietari, possessori o detentori, a qualsiasi titolo, i privati e di cui sia presumibile l'interesse storico particolarmente importante.

Di grande interesse è anche la norma contenuta nell'art. 64, che risponde non solo all'interesse del privato acquirente ma anche all'interesse pubblico alla salvaguardia del patrimonio culturale ed alla correttezza degli scambi del mercato dell'arte. In questo senso deve essere interpretata la *voluntas* del legislatore di imporre ai venditori di opere d'arte uno specifico obbligo di fornire informazioni trasparenti. Indubbiamente, è questo un elemento che dovrebbe contribuire ad una maggiore responsabilità dei venditori e che discende direttamente dalle peculiari e delicate caratteristiche che presenta il mercato in cui essi operano.

In base all'art. 64, dunque, chiunque esercita l'attività di vendita al pubblico, di esposizione a fini di commercio o di intermediazione finalizzata alla vendita di opere di pittura, di scultura, di grafica ovvero di oggetti d'antichità o di interesse storico o archeologico, o comunque abitualmente vende le opere o gli oggetti medesimi, ha l'obbligo di consegnare all'acquirente la documentazione che ne attesti l'autenticità o almeno la probabile attribuzione e la provenienza delle opere medesime; ovvero, in mancanza di detta documentazione, di rilasciare, con le modalità previste dalle disposizioni legislative e regolamentari in materia di documentazione amministrativa, una dichiarazione recante tutte le informazioni disponibili sull'autenticità o la probabile attribuzione e la provenienza del bene. Tale dichiarazione, ove possibile in relazione alla natura dell'opera o dell'oggetto, è apposta su copia fotografica degli stessi.

La norma ha posto alcune questioni relative al rapporto con la disciplina del diritto d'autore. Del tema si è recentemente occupata la giurisprudenza di legittimità che, in ipotesi di violazione del diritto d'autore, accertata l'esistenza oggettiva di un plagio in ragione dell'appropriazione degli elementi essenziali dell'altrui opera pittorica e creativa e in presenza di determinati ed indubbi elementi di identità, ha affermato che sono solidalmente responsabili tra loro tutti i soggetti che hanno dato un contributo rilevante all'illecito, ai sensi dell'art. 2055 cod. civ., ivi compreso, oltre all'autore materiale del plagio, anche il soggetto che abbia commercializzato le opere plagiarie nell'ambito della propria attività imprenditoriale, rientrando nel dovere di diligenza qualificata, ex art. 1176 cod. civ., gravante sugli operatori esperti del mercato dell'arte, la verifica che le opere poste in vendita non si palesino plagiarie[37]. Anche il gallerista, pertanto, potrà essere chiamato a rispondere – non senza qualche perplessità di ordine sistematico – per eventuali attività illecite compiute dall'artista che abbia esposto all'interno dei suoi spazi.

Una siffatta interpretazione si ricollega direttamente all'esigenza di rafforzare, a carico di chi esercita l'attività di vendita al pubblico, di esposizione a fini di commercio e di intermediazione finalizzata alla vendita di opere, l'obbligo di consegnare all'acquirente gli attestati di autenticità e di provenienza, o, in mancanza, una dichiarazione recante tutte le informazioni disponibili. Una siffatta previsione – sottolinea la Corte di cassazione – trova una duplice giustificazione nella particolare professionalità e serietà che si richiede a chi svolge una simile attività e nella correlata fiducia in essi riposta da tutti gli attori del mercato dell'arte.

---

37. Quanto ricordato nel testo vale anche nella specifica ipotesi di televendita, espressamente considerata in Cass. civ., Sez. I, sentenza 26 gennaio 2018, n. 2039.

6. La circolazione in ambito internazionale tra disciplina interna e norme sovranazionali

Una trattazione della ampia tematica della circolazione dei beni culturali non può non prendere in considerazione i profili internazionalistici, ai quali, a dire il vero, il legislatore dedica particolare attenzione, nella consapevolezza che il mercato dell'arte è per sua natura destinato ad avere una valenza non limitata geograficamente. Quello della circolazione internazionale è, dunque, tema ampio che rimanda ad un autonomo sistema di controlli[38].

Il legislatore fissa, all'art. 65, gli obiettivi da perseguire: in particolare, afferma che il controllo sulla circolazione internazionale è finalizzato a preservare l'integrità del patrimonio culturale in tutte le sue componenti. Tale controllo è esercitato nel rispetto degli indirizzi e dei vincoli fissati in ambito comunitario, nonché degli impegni assunti mediante la stipula e la ratifica di convenzioni internazionali, pur costituendo una funzione di preminente interesse nazionale.

Non tutti i beni possono uscire in maniera definitiva dal territorio nazionale. È, per esempio, esclusa l'uscita dei beni culturali mobili indicati nell'art. 10, primo, secondo e terzo comma. Per altre tipologie di beni, invece, è espressamente prescritto il rilascio di una autorizzazione: è questo il caso degli archivi e dei singoli documenti, appartenenti a privati, che presentino un interesse culturale. Non è soggetta ad autorizzazione l'uscita a) delle cose di cui all'art. 11, primo comma, lett. d) e b) delle cose che presentino interesse culturale, siano opera di autore non più vivente e la cui esecuzione risalga ad oltre settanta anni, il cui valore sia inferiore ad euro 13.500, fatta eccezione per le cose di cui all'allegato A, lett. b), n. 1. Gli artt. 66 e 67 disciplinano, invece, le ipotesi di c.d. uscita temporanea di un bene.

38. Il tema ha sempre riscosso un notevole interesse in dottrina, come dimostrano alcune monografie (G. Magri, *La circolazione dei beni culturali nel diritto europeo: limiti e obblighi di restituzione*, Napoli, 2011; M. Frigo, *La circolazione internazionale dei beni culturali*, Milano, 2007) e riflessioni più recenti (G. Avanzini, *La circolazione intracomunitaria dei beni culturali privati tra tutela del patrimonio nazionale e identità culturale europea*, in «Rivista italiana di diritto pubblico comunitario», 3-4, 2018, pp. 689-704), a cui si rimanda anche per gli ulteriori e opportuni approfondimenti bibliografici.

Con riguardo ai beni per i quali viene chiesta l'uscita in via definitiva è fatta salva la possibilità per l'ufficio di esportazione, qualora non abbia già provveduto al rilascio o al diniego dell'attestato di libera circolazione, di proporre al Ministero l'acquisto coattivo della cosa per la quale è richiesto l'attestato di libera circolazione di cui all'art. 68, dandone contestuale comunicazione alla regione e all'interessato, al quale dichiara, altresì, che l'oggetto gravato dalla proposta di acquisto resta in custodia presso l'ufficio medesimo fino alla conclusione del relativo procedimento. Il Ministero – ai sensi dell'art. 70, secondo comma – ha la facoltà di acquistare la cosa per il valore indicato nella denuncia. Il provvedimento di acquisto è notificato all'interessato entro il termine perentorio di novanta giorni dalla denuncia. Fino a quando non sia intervenuta la notifica del provvedimento di acquisto, l'interessato può rinunciare all'uscita dell'oggetto e provvedere al ritiro del medesimo, conservandone, quindi, la proprietà.

Particolarmente dettagliata è anche l'ipotesi dell'ingresso di opere straniere nel territorio nazionale: anche in questo caso è attribuita una specifica competenza all'ufficio di esportazione (art. 72).

Completano il Capo V le Sezioni dedicate alla "Esportazione dal territorio dell'Unione europea", alla "Disciplina in materia di restituzione, nell'ambito dell'Unione europea, di beni culturali illecitamente usciti dal territorio di uno Stato membro" e, infine, alla "Disciplina in materia di interdizione della illecita circolazione internazionale dei beni culturali", in cui vengono espressamente richiamate la convenzione UNIDROIT sul ritorno internazionale dei beni culturali rubati o illecitamente esportati, adottata a Roma il 24 giugno 1995, e la convenzione Unesco sulla illecita importazione, esportazione e trasferimento dei beni culturali, adottata a Parigi il 14 novembre 1970.

Capitolo II

Protezione e circolazione dei beni culturali nell'Unione europea

Giovanna Carugno

1. La tutela della cultura nel processo di integrazione europea

Agli esordi del processo di integrazione europea, gli interventi delle istituzioni comunitarie in materia di cultura risultavano poco numerosi e privi di organicità.

Tale lacuna costituiva il riflesso dell'esigenza di mantenere riservati al dominio degli Stati membri alcuni ambiti tradizionalmente oggetto di politiche nazionali e soggetti a rapida evoluzione normativa, tra cui figurava quello culturale, *lato sensu* inteso[1].

Nella prima fase di suddetto processo, l'aspetto della cooperazione culturale a livello statale restava inevitabilmente subordinato alla creazione di una base giuridica per le azioni del legislatore comunitario nel settore del commercio[2].

Secondo attenta dottrina, non è possibile tracciare una netta dicotomia tra commercio e cultura, poiché essi risultano legati sotto il profilo della dimensione economica insita nella circolazione dei beni culturali e nelle «attività imprenditoriali connesse in senso lato alla cultura», in primo luogo quelle turistiche[3]; risulterebbe, invece, più corretto concludere per un maggiore

1. La natura "territoriale" della disciplina dei beni culturali è confermata dalla normativa di diritto internazionale privato, che assoggetta questi ultimi alla *lex rei sitae* (cfr., quanto all'ordinamento italiano, l'art. 51 della L. 31 maggio 1995, n. 218).

2. A. Catelani – S. Cattaneo, *I beni e le attività culturali*, in *Trattato di Diritto Amministrativo*, vol. XXXIII, Cedam, Padova, 2002, p. 10.

3. Così, A. O. Cozzi, *Dimensione economica e dimensione culturale europea*, in «Aedon. Rivista di arti e diritto online», 2, 2018, p. 2. L'Autrice, ricostruendo la letteratura sull'argomento, descrive l'«economicità» del patrimonio culturale «come qualità in-

interesse iniziale della Comunità verso il *commercium*, «in modo da creare un solo territorio doganale che andava a sostituirsi a quello degli Stati membri»[4], e alle relative implicazioni rispetto alla realizzazione del mercato unico[5].

Questa ricostruzione trova conferma nella mancanza, nel preambolo e nel testo del Trattato istitutivo della Comunità economica europea (CEE) del 1957, di riferimenti alla competenza nella sfera della cultura[6] e alla disciplina della circolazione dei beni culturali, relegati dalla prima giurisprudenza comunitaria al rango di merci[7].

---

trinseca o proiezione del bene culturale, o ancora come attività che ha come oggetto e ricade sul bene culturale».

4. A. L. Valvo, *Lineamenti di diritto dell'Unione Europea. L'integrazione europea oltre Lisbona*, Amon, Padova, 2017, p. 9.

5. F. Mucci, *La Comunità Europea e il diritto d'autore. Sfida digitale e aspetti culturali*, Editoriale Scientifica, Napoli, 1998, p. 56. La Comunità europea trovava le sue fondamenta nell'unione politica ed economica (in seguito costituenti il "primo pilastro", di cui al Trattato di Maastricht del 1992) e, solo in subordine, nella cooperazione culturale.

6. I redattori del Trattato di Roma non avevano predisposto una disciplina puntuale del riparto delle competenze tra Comunità e Stati membri: è stato quindi concepito come implicito nel sistema del Trattato il cosiddetto "principio della competenza di attribuzione", secondo il quale la Comunità agiva esclusivamente negli ambiti di competenza espressamente assegnati dal Trattato per realizzare gli obiettivi da questo stabiliti. Questo principio è stato codificato nell'art. 5 TUE, il cui secondo paragrafo precisa che «qualsiasi competenza non attribuita all'Unione nei trattati appartiene agli Stati membri». Il metodo di attribuzione delle competenze impiegato nella struttura originaria del Trattato è stato funzionale ad agevolare il perseguimento degli obiettivi tipici del processo d'integrazione europea. Esso si caratterizzava per la presenza di due elementi: la flessibilità, dovuta all'indeterminatezza nel riparto delle competenze, e la conseguente adattabilità, intesa come adeguamento dell'allocazione delle attribuzioni tra Stato e Comunità in relazione agli scopi da realizzare.

7. Il riferimento è all'unica sentenza emanata sul punto dalla Corte di giustizia delle Comunità Europee, causa C-7/68, *Commissione c. Repubblica italiana*, 10 dicembre 1968, in «Raccolta della giurisprudenza della Corte di giustizia», 1968, p. 562. La Corte ha attribuito al concetto di "merce" un'accezione ampia, atta ad accogliere anche «i prodotti che hanno un valore in denaro e che pertanto possono formare oggetto di transazioni commerciali». Il bene culturale, in quanto economicamente valutabile, rientrava a pieno titolo in tale nozione, in contrapposizione alla ricostruzione proposta dal Governo italiano, che escludeva l'assimilazione degli oggetti d'arte "ai beni di consumo o di uso comune", concludendo che l'esportazione di questi ultimi (e l'assoggettamento della stessa alla tassa prevista dalla l. 1089/1939) non avrebbe potuto incontrare il divieto di misure a effetto equivalente di cui all'art. 16 del Trattato di Roma, il cui ambito di applicazione riguardava le sole merci. La soluzione elaborata dalla Corte riecheggiava, in parte, la questione della "assai problematica inclusione del bene culturale in qualsiasi patrimonio che, indicando esclusivamente un complesso di beni con valore economico, rifletterebbe l'originaria coincidenza, nel diritto

L'unica menzione alla cultura era contenuta nel Titolo II, Parte III del Trattato di Roma, concernente le politiche dell'Unione e le azioni interne, in particolare all'art. 30 TCE – attualmente art. 36 del Trattato sul Funzionamento dell'Unione Europea (TFUE) –, che ammetteva una deroga al divieto di restrizioni all'importazione, all'esportazione e al transito di merci in presenza di alcuni motivi[8], tra cui quello di proteggere il «patrimonio artistico, storico o archeologico nazionale».

Trattasi di una eccezione (c.d. "eccezione culturale") rispetto a quanto previsto dagli artt. 28 e 29 TCE (oggi, artt. 34 e 35 TFUE), i quali vietano agli Stati membri di ostacolare gli scambi commerciali[9], se non a fronte di interessi nazionali meritevoli di

romano, di *patrimonium* con *pecuniam*" (R. Chiarelli, *Profili costituzionali del patrimonio culturale*, Giappichelli, Torino, 2010, p. 169).

8. La Corte di giustizia ha affermato in numerose pronunce la necessità di accogliere una interpretazione restrittiva della norma in esame: in particolare, essa non può essere applicata per aggirare il divieto di dazi doganali e tasse equivalenti. Cfr. la sopracitata sentenza sul caso *Commissione c. Repubblica italiana*, in cui la Corte riconobbe come l'art. 30 TCE «lascia[sse] impregiudicati i divieti o restrizioni all'esportazione giustificati da motivi di protezione del patrimonio artistico, storico o archeologico [...] sostenendo tuttavia che tali divieti e restrizioni si distingu[evano] nettamente, per la loro natura, dai dazi doganali e dalle tasse analoghe che si ripercuotono sulle condizioni economiche delle importazioni e delle esportazioni, senza tuttavia intervenire in maniera cogente nelle decisioni degli operatori economici» (A. Roccella, *Aspetti giuridici del mercato dell'arte*, in «Aedon. Rivista di arti e diritto online», 1, 2001, p. 3). Analogamente, l'eccezione culturale non può essere invocata per disciplinare una materia in cui è già intervenuta una normativa europea di armonizzazione, diretta a tutelare gli interessi oggetto dell'elencazione. Si vedano la sentenza del 14 luglio 1983, causa C-174/82, *Sandoz*, e la sentenza del 17 settembre 1998, causa C-400/96, *Harpegnies*, entrambe in «Raccolta della giurisprudenza della Corte di giustizia», nonché il caso *Campus Oil Limited e altri c. Ministero dell'industria e dell'energia e altri* (sentenza del 10 luglio 1984, causa C-72/83), rispetto al quale la Corte ha sostenuto che «il ricorso all'articolo 36 non è più giustificato quando norme comunitarie contemplino provvedimenti necessari a garantire la tutela degli interessi menzionati in detto articolo».

9. Queste disposizioni ribadiscono quanto già espresso in apertura al Trattato: l'art. 3 stabilisce «ai fini enunciati all'art. 2, il divieto tra gli Stati membri, dei dazi doganali e delle restrizioni quantitative all'entrata e all'uscita delle merci come pure di tutte le altre misure di effetto equivalente».

tutela[10], determinando così un bilanciamento rispetto all'esigenza di garantire la libera circolazione delle merci[11].

Pertanto, «[r]imane, [...], nella piena discrezione degli Stati membri la scelta di tutelare beni materiali del loro patrimonio artistico, storico, o archeologico nazionale, escludendone in toto la commerciabilità, o anche solo la rimozione dal territorio nazionale, sottraendoli, con ciò, alla libera circolazione delle merci nel mercato interno»[12], ferma restando la necessità di osservare i divieti posti dal legislatore europeo rispetto alle misure nazionali che possano «costituire un mezzo di discriminazione arbitraria» o dare luogo a «una restrizione dissimulata del commercio tra gli Stati membri» (art. 36 TFUE, ultimo paragrafo).

10. I limiti alla libera circolazione delle merci sono giustificati dall'esistenza in ogni Stato europeo di una disciplina differenziata in materia di tutela dei beni culturali: mentre i «paesi del Sud dell'Europa [...], per il fatto di possedere un maggior patrimonio artistico, hanno disegnato un sistema normativo fortemente protezionista», quelli «del Nord dell'Europa [...] hanno elaborato una legislazione molto più flessibile, elastica ed in minor misura protezionista, dal momento che dispongono di un patrimonio culturale quantitativamente inferiore e rappresentano i principali mercati per il commercio delle opere d'arte» (F. Cervelli, B. Mélis, C. Maurin de Fariña, *La libera circolazione dei beni culturali nell'Unione europea. Nuove problematiche di diritto comunitario*, Parlamento Europeo, 1995, p. 5, disponibile all'indirizzo http://www.europarl.europa.eu/workingpapers/educ/pdf/102_it.pdf).

11. Come ben descritto da A. L. Valvo, *Lineamenti di diritto dell'Unione Europea. L'integrazione europea oltre Lisbona*, cit., 2017, p. 9, «[l]a libera circolazione delle merci all'interno del territorio degli Stati membri ha determinato l'abolizione dei dazi doganali all'importazione e all'esportazione, l'abolizione delle restrizioni quantitative e delle altre misure di effetto equivalente (ammesse, eventualmente, esclusivamente per ragioni di moralità pubblica, ordine pubblico, pubblica sicurezza, tutela della salute, ecc.), oltre che l'instaurazione di una tariffa doganale comune. In tal modo, dunque, le merci provenienti da Paesi terzi sono sottoposte agli stessi oneri, a prescindere dallo Stato membro di ingresso e, una volta adempiute le formalità di importazione, vengono considerate in *libera pratica* e possono circolare liberamente all'interno del mercato comunitario».

12. B. Cortese, *Mercato interno, politiche culturali nazionali. La difficile ricerca di un equilibrio nel processo di auto-costituzione dell'ordinamento interindividuale comunitario*, in L. Zagato – M. Vecco (a cura di), *Citizens of Europe. Culture e diritti*, Edizioni Ca' Foscari, Venezia, 2015, p. 21. La Corte di giustizia ha ricordato che la norma in esame non incide sul riparto delle competenze Stati membri/Unione: «l'articolo non ha lo scopo di riservare talune materie alla competenza esclusiva degli Stati Membri, ma ammette che le norme interne deroghino al principio della libera circolazione nella misura in cui ciò sia giustificato per conseguire gli obiettivi contemplati da quest'articolo» (causa C-35/76 – *Simmenthal spa c. Ministero delle Finanze italiano*, 15 dicembre 1976, in «Raccolta della giurisprudenza della Corte di giustizia», 1976, p. 180).

Dalla *ratio* dell'art. 36 TFUE emerge come il legislatore europeo abbia inteso tutelare interessi di carattere generale e di rilievo non economico[13], indicati con una elencazione di natura tassativa e non esemplificativa, che esclude ogni estensione a ipotesi non espressamente contemplate[14].

La portata della "lista chiusa" contenuta nell'art. 36 TFUE è stata precisata dai giudici di Lussemburgo per evitare sovrapposizioni rispetto alle cosiddette «esigenze imperative di interesse generale», elaborate a partire dalla nota pronuncia sul caso *Cassis de Dijon*, con cui è stato delineato il principio del "mutuo riconoscimento", il quale ammette la permanenza di differenti normative nazionali atte a regolamentare la commercializzazione dei beni, per cui le merci legalmente prodotte e vendute in uno Stato membro devono di regola essere ammesse all'importazione sul territorio di un altro[15].

Tali esigenze imperative si differenziano dai motivi di deroga *ex* art. 36 TFUE non solo per la derivazione eminentemente giurisprudenziale, che li rende oggetto di continua evoluzione, ma anche per il profilo applicativo.

Invero, la Corte di giustizia ha statuito, con la sentenza *Aragonesa Publicidad*, che la sussistenza di esigenze imperative è

13. Sulla natura non economica di questi interessi, si veda la sentenza 28 aprile 1998, causa C-120/95, *Nicolas Decker c. Caisse de maladie des employés privés*, in *Raccolta della giurisprudenza della Corte di giustizia*, 1998, p. I-1871. Oltre alla protezione del patrimonio artistico, storico e archeologico nazionale, nell'elencazione dei motivi di deroga alla disciplina della libera circolazione delle merci figurano anche la tutela della proprietà industriale e commerciale, della moralità pubblica, dell'ordine pubblico, della sicurezza pubblica, della salute delle persone e degli animali, nonché esigenze di preservazione delle specie vegetali.

14. Cfr. sentenza 10 gennaio 1985, causa C-229/83, *SA Saint-Herblain distribution, Centre distributeur Leclerc, ed altri c. Syndicat des libraires de Loire-Océan*, in *Raccolta della giurisprudenza della Corte di giustizia*, 1985, p. 2515, punto 30; sentenza 5 giugno 1986, causa C-103/84, *Commissione c. Italia*, in *Raccolta della giurisprudenza della Corte di giustizia*, 1986, p. 1759, punto 22; sentenza 20 marzo 1990, causa C-21/88, *Du Pont de Nemours Italiana SPA c. Unità sanitaria locale n. 2 di Carrara*, in *Raccolta della giurisprudenza della Corte di giustizia*, 1990, p. I-889, punto 15.

15. Sentenza 20 febbraio 1979, causa C-120/78, *Rewe-Zentral AG c. Bundesmonopolverwaltung für Branntwein*, in «Raccolta della giurisprudenza della Corte di giustizia», 1979, p. 649. La giurisprudenza europea sul "mutuo riconoscimento" è copiosa e ha subito un'evoluzione fino alla pronuncia sul caso *Keck* del 1991. Sull'argomento è intervenuta anche la Commissione, con la *Comunicazione sulle conseguenze della sentenza emessa dalla Corte di giustizia delle Comunità europee il 20 febbraio 1979 nella causa 120/78 («Cassis de Djion»)*, in «Gazzetta ufficiale delle Comunità europee», C 256, 3 ottobre 1980, pp. 2-3.

idonea a giustificare interventi nazionali che colpiscano indistintamente prodotti nazionali e importazioni; diversamente, le deroghe di cui all'art. 36 TFUE sono invocabili con riguardo a un provvedimento nazionale concernente le sole importazioni.

La ricostruzione proposta da Gormley, secondo cui le «esigenze imperative» (*rules of reason*) rappresenterebbero uno strumento per temperare la rigidità dell'elencazione di cui all'art. 36 TFUE[16], lasciando al formante giurisprudenziale un margine per proteggere interessi generali non esplicitamente menzionati dal Trattato[17], potrebbe essere letta quale possibilità di una più estesa salvaguardia del «patrimonio artistico, storico o archeologico nazionale» oggetto dell'eccezione culturale.

Se l'art. 30 TCE dimostra come la «disciplina della circolazione dei beni culturali, già con il trattato di Roma, [fosse di fatto già] stata sottratta alla esclusiva competenza statale»[18], un intervento del legislatore comunitario a presidio del patrimonio culturale avrebbe potuto trovare fondamento anche nelle disposizioni a protezione del mercato interno, che consentivano alla Comunità di legiferare in ambiti non nominati dal Trattato.

Tra queste, l'attuale art. 114 TFUE (art. 100 A TCE, introdotto dall'Atto Unico Europeo del 1986 – AUE[19]), concernente la competenza comunitaria a introdurre misure di armonizzazione, permette di «adottare direttive volte al ravvicinamento delle disposizioni legislative, regolamentari e amministrative degli

16. L. Gormley, *Cassis the Dijon and the communication from the Commission*, in «European Law Review», 1981, p. 154.

17. Tra i quali emerge non solo la protezione di prodotti culturali (cfr. Corte di giustizia, sentenza 11 luglio 1985, cause riunite C-60/61-84, *Cinéthèque SA e altri c. Fédération nationale des cinémas français*, in «Raccolta della giurisprudenza della Corte di giustizia», 1985, p. 2605), ma anche l'efficacia dei controlli fiscali, la tutela della salute pubblica, la lealtà dei negozi commerciali, la difesa dei consumatori e la salvaguardia dell'ambiente.

18. I. Grassi, *La circolazione dei beni culturali nella Comunità europea*, in L. Mezzetti (a cura di), *I beni culturali. Esigenze unitarie di tutela e pluralità di ordinamenti*, Cedam, Padova, 1995, p. 7.

19. Cfr. C. Brossat, *La Culture européenne: définitions et enjeux*, Bruylant, Bruxelles, 1999, p. 236; M. Mokre, *Transational Cultural Policy as a Prerequisite for Democracy*, in K. Robinson (a cura di), *The Challenge of Transcultural Diversities*, Council of Europe Publishing, Strasburgo, 2005, pp. 69-78.

Stati membri che abbiano un'incidenza diretta sull'instaurazione e sul funzionamento del mercato comune»[20].

Trattasi di una disposizione diretta a facilitare l'eliminazione degli ostacoli alle libertà garantite dal Trattato, che, in combinato con gli artt. 167 e 207 TFUE[21], ha costituito il fondamento per l'adozione di «diversi atti riguardanti la protezione e, soprattutto, la circolazione dei beni culturali» nell'Unione europea[22].

Una ulteriore base giuridica per un'azione europea in ambito culturale era rinvenuta nella cosiddetta "clausola di flessibilità" contenuta nell'art. 308 TCE (art. 352 TFUE), considerata da parte della dottrina un «riflesso indiretto del principio dei poteri attribuiti»[23].

Nella formulazione *ex* art. 352 TFUE, la norma permette al Consiglio, previa delibera all'unanimità su proposta della Commissione, di intervenire, quando un'azione appare essenziale per raggiungere gli scopi dell'Unione[24].

---

20. Degno di nota, ai fini dell'operatività dell'eccezione culturale, è il quarto paragrafo della norma, il quale prevede che «allorché, dopo l'adozione di una misura di armonizzazione da parte del Parlamento europeo e del Consiglio, da parte del Consiglio o da parte della Commissione, uno Stato membro ritenga necessario mantenere disposizioni nazionali giustificate da esigenze importanti di cui all'art. 36 [...], esso notifica tali disposizioni alla Commissione precisando i motivi del mantenimento delle stesse».

21. L'art. 207 TFUE disciplina la politica commerciale comune, che gli Stati membri UE pongono in atto rispetto ai Paesi terzi. Il primo comma della disposizione stabilisce che essa, oltre a essere «condotta nel quadro dei principi e obiettivi dell'azione esterna dell'Unione», deve «fonda[rsi] su principi uniformi, in particolare per quanto concerne le modificazioni tariffarie, la conclusione di accordi tariffari e commerciali relativi agli scambi di merci e servizi, e gli aspetti commerciali della proprietà intellettuale, gli investimenti esteri diretti, l'uniformazione delle misure di liberalizzazione, la politica di esportazione e le misure di protezione commerciale, tra cui quelle da adottarsi nei casi di dumping e di sovvenzioni». Tra gli atti di diritto derivato sull'azione esterna dell'Unione figura il Regolamento (CE) n. 116/2009 del Consiglio, del 18 dicembre 2008, relativo all'esportazione di beni culturali (così, R. Adam, A. Tizzano, *Manuale di diritto dell'Unione europea*, Giappichelli, Torino, 2017, p. 740).

22. M. Frigo, *Tutela internazionale dei beni culturali*, in AA.VV., *Istituzioni di diritto internazionale*, Giappichelli, Torino, 2016, p. 529.

23. J. H. H. Weiler, *La Costituzione dell'Europa*, Il Mulino, Bologna, 2003, p. 96.

24. Art. 352, par. 1, TFUE: «Se un'azione dell'Unione appare necessaria, nel quadro delle politiche definite dai trattati, per realizzare uno degli obiettivi di cui ai trattati senza che questi ultimi abbiano previsto i poteri di azione richiesti a tal fine, il Consiglio, deliberando all'unanimità su proposta della Commissione e previa approvazione del Parlamento europeo, adotta le disposizioni appropriate. Allorché adotta le disposizioni in questione secondo una procedura legislativa speciale, il Consiglio

Tuttavia, l'art. 352 TFUE può essere invocato solo se sussista una effettiva necessità d'intervento[25] e, comunque, in assenza di previsioni nel Trattato che conferiscano all'Unione poteri adeguati al perseguimento dello scopo considerato[26].

Nella prassi, le istituzioni europee hanno suggerito una interpretazione ampia dell'espressione "scopi dell'Unione", al fine di comprendere in essa obiettivi non contemplati dal Trattato – elemento che ben avrebbe potuto aprire la strada a una maggiore pervasività dell'azione del legislatore comunitario nella sfera culturale[27].

Diverso è il meccanismo che permette una espansione delle attribuzioni dell'Unione: esso si fonda sulla cosiddetta "teoria dei poteri impliciti", di origine giurisprudenziale[28], per cui all'Unione devono essere attribuiti non solo i poteri indicati nei trattati (denominati, per tale ragione, "poteri espliciti"), ma an-

delibera altresì all'unanimità su proposta della Commissione e previa approvazione del Parlamento europeo».

25. Il richiamo all'art. 308 TCE ha rappresentato, già dal Vertice di Parigi del 1972, uno strumento per estendere e sviluppare le competenze comunitarie, nel rispetto dei limiti precisati dalla Corte di giustizia, secondo la quale esso «non può costituire il fondamento per ampliare la sfera dei poteri della Comunità al di là dell'ambito generale risultante dal complesso delle disposizioni del trattato» (Parere del 23 marzo 1996, causa C-2/94, in *Raccolta della giurisprudenza della Corte di giustizia*, 1996, p. I-1759). In questi termini, l'art. 352 TFUE non legittima il legislatore europeo a introdurre una modifica della struttura istituzionale dell'Unione europea, né consente di intraprendere azioni in materia di politica estera e sicurezza comune.

26. Per ciò che concerne la *ratio* dell'art. 352 TFUE, la Corte di giustizia afferma che esso «è diretto a supplire all'assenza di poteri di azione attribuiti espressamente o implicitamente alle istituzioni comunitarie da specifiche disposizioni del Trattato, quando poteri di tal genere dovessero apparire non di meno necessari affinché la Comunità possa svolgere i propri compiti ai fini della realizzazione degli obiettivi fissati dal Trattato».

27. Tra gli altri casi, l'art. 352 TFUE è stato impiegato per il perseguimento di scopi propri della politica regionale, della politica sociale e delle relazioni esterne.

28. La teoria dei poteri impliciti è stata elaborata dalla Corte suprema degli Stati Uniti d'America con lo scopo di ampliare i poteri conferiti allo Stato federale e consentire l'adozione di atti sulla base degli *enumerated powers*, previsti in via tassativa dall'articolo X del *Bill of Rights*. Essa è stata richiamata anche dalla Corte internazionale di giustizia per estendere le competenze delle Nazioni Unite (cfr. parere consultivo dell'11 aprile 1949 sulla *Riparazione dei danni subiti al servizio della Nazioni Unite*; parere consultivo del 13 luglio 1954 sull'*Efficacia delle sentenze del Tribunale Amministrativo delle Nazioni Unite*; parere consultivo del 20 luglio 1962 sulle *Spese per il mantenimento delle Forze delle Nazioni Unite in Congo e nel Medio Oriente*).

che quelli funzionali all'esercizio dei primi ovvero necessari per il perseguimento degli obiettivi propri della stessa UE.

Tale teoria discende dalla particolare "forza espansiva" dei trattati, intesa come qualità che consente di adattare l'azione degli organi dell'Unione in base alle finalità da realizzare ovvero di conferire un effetto utile a norme dell'ordinamento europeo[29].

Autorevole dottrina evidenzia come il ricorso alla teoria dei poteri impliciti abbia costituito il fondamento normativo dell'intervento comunitario – e, in seguito, europeo – nel settore della cultura[30], e ciò in misura maggiore rispetto a quello consentito dall'unica disposizione in materia culturale, introdotta nel *corpus* legislativo con il Trattato di Maastricht del 1992. Quest'ultimo recepisce le istanze a favore di una estensione delle competenze della Comunità alla protezione del patrimonio culturale, in piena linea con il richiamo, nel preambolo, alle «eredità culturali, religiose e umanistiche dell'Europa», e con la rinnovata visione di una Comunità europea quale «entità [non più] essenzialmente economica e commerciale», ma dotata «una dimensione più elevata, di carattere sociale, culturale, umano»[31].

Il nuovo Titolo XIII del Trattato, rubricato "Cultura" e composto da una sola disposizione, l'art. 128 (in seguito, art. 151 TCE e, attualmente, art. 167 TFUE), riconosceva espressamente la legittimazione della Comunità a intraprendere azioni a tutela del patrimonio culturale europeo[32], nella prospettiva di corre-

29. La questione relativa all'attribuzione di poteri impliciti alla Comunità è stata oggetto di attenzione da parte della Corte fin dal 1971, con la sentenza sul caso *AETS*, concernente le relazioni esterne della CEE e il riconoscimento della competenza esclusiva comunitaria a concludere accordi internazionali nei settori previsti dai trattati (causa C-22/70, *Commissione c. Consiglio (accordo europeo sui trasporti internazionali su strada - AETS)*, 31 marzo 1971, in «Raccolta della giurisprudenza della Corte di giustizia», p. 263).

30. S. Mabellini, *La tutela dei beni culturali nel costituzionalismo multilivello*, Giappichelli, Torino, 2016, p. 181.

31. U. Villani, *Istituzioni di diritto dell'Unione Europea*, Cacucci, Roma, 2017, p. 18.

32. L'uso dell'espressione "di importanza europea" nel testo dell'art. 167 TFUE denota l'apertura verso una concezione sovranazionale di patrimonio culturale, che tiene conto del *background* comune agli Stati membri della Comunità, come delineato in precedenza dalla Convenzione culturale europea del 1954 e dalla Risoluzione del Parlamento europeo sull'azione comunitaria nel settore culturale (in *Gazzetta Ufficiale delle Comunità Europee*, C 39, 12.2.1979, p. 50). In dottrina, è stato evidenziato il carattere dinamico di questa concezione, legata al costante arricchimento di un patrimonio che il legislatore comunitario (e, in seguito, europeo) ha omesso di definire. In

zione e integrazione delle dinamiche proprie del mercato interno.

La lettera dell'art. 167, par. 2, TFUE, secondo cui l'intervento comunitario è diretto a «incoraggiare la cooperazione tra Stati membri e, se necessario, ad appoggiare e ad integrare l'azione di questi ultimi» (art. 167 TFUE, par. 2), rivela la natura concorrente della competenza attribuita alla Comunità rispetto a quella degli Stati membri[33], da esercitarsi in ossequio al principio di sussidiarietà sancito dal Trattato[34].

In secondo luogo, essa individua alcuni specifici ambiti in cui si declina suddetta competenza del legislatore comunitario, indicando non solo la «conservazione e salvaguardia del patrimonio culturale di importanza europea», ma anche il «miglioramento della conoscenza e della diffusione della cultura e della storia dei popoli europei [...] scambi culturali non commerciali [...] creazione artistica e letteraria, compreso il settore audiovisivo»[35].

Il par. 3 dell'art. 167 TFUE sottolinea la necessità che il processo di cooperazione culturale coinvolga anche gli Stati terzi e le organizzazioni internazionali «competenti in materia di cultura», «in particolare [...] il Consiglio d'Europa», preposto, *ex* art. 1, par. b, dello Statuto, all'«esame delle questioni d'interesse

particolare, Galletti propone una nozione estensiva di patrimonio culturale europeo, «che includa tutto ciò che ha un interesse artistico, storico, archeologico o etnoantropologico» (A. Galletti, *Patrimonio culturale e identità europea*, in «KorEuropa. Rivista elettronica del Centro di Documentazione Europea dell'Università Kore di Enna», 8, 2016, p. 57. Si veda anche, della stessa Autrice, il primo capitolo dell'opera monografica *La tutela giuridica e la gestione del patrimonio culturale in Italia e in Spagna, con cenni al regime giuridico dell'Unione Europea*, Aracne, Roma, 2018).

33. M. Della Morte, *L'art. 128 del Trattato di Maastricht e la distribuzione delle competenze in materia culturale tra Comunità e Stati membri*, in «Rivista italiana di diritto pubblico comunitario», 1996, p. 655 ss.

34. V. art. 5, par. 3, del Trattato di Lisbona (NTUE): «l'Unione interviene soltanto se e in quanto gli obiettivi dell'azione prevista non possono essere conseguiti in misura sufficiente dagli Stati membri, né a livello centrale né a livello regionale e locale, ma possono, a motivo della portata o degli effetti dell'azione in questione, essere conseguiti meglio a livello di Unione».

35. L'elencazione dei settori è modellata sull'ambito di intervento proprio delle politiche nazionali in materia culturale ed è considerata meramente esemplificativa, potendo estendersi a tutti i prodotti e le espressioni della cultura che richiedono una protezione a livello europeo.

comune, la conclusione di accordi e lo stabilimento di un'opera comune nel campo [...] culturale [...]»[36].

Infine, l'ultimo paragrafo della norma in esame esclude ogni armonizzazione «delle disposizioni legislative e regolamentari» degli Stati membri, restringendo l'intervento del legislatore europeo entro la cornice dei principi di sussidiarietà e di territorialità della tutela.

Una compiuta armonizzazione della materia «vieterebbe o sottoporrebbe a restrizioni in tutti gli Stati membri, secondo gli stessi criteri, l'esportazione di oggetti che fanno parte del patrimonio nazionale ma l'ostacolo non verrebbe eliminato: è l'uscita dal territorio nazionale che viene vista come una violazione del patrimonio, e la circostanza di sapere che il bene in questione godrà della stessa protezione in un altro Stato membro non è sufficiente»[37] a garantirne la protezione.

Per espresso dettato legislativo, l'azione delle istituzioni dell'Unione europea nel settore della cultura dovrebbe limitarsi all'adozione di atti di *soft law*, quali:

1. «azioni di incentivazione», non meglio definite, a opera del Parlamento europeo e del Consiglio, approvate con delibera assunta «secondo la procedura legislativa ordinaria e previa consultazione del Comitato delle regioni»[38];
2. raccomandazioni del Consiglio, emanate su proposta della Commissione.

---

36. Sulla storia e le funzioni del Consiglio d'Europa, si vedano, *ex multis*, G. Baiocchi (a cura di), *L'Assemblea parlamentare del Consiglio d'Europa: origini, struttura, funzionamento*, Senato della Repubblica, Roma, 2006; T. Kleinsorge, *Council of Europe*, Kluwer Law International, The Hague, 2010; A. Royer, *The Council of Europe*, Council of Europe, Strasbourg, 2010; J. Werts, *The European Council*, John Harper Publishing, London, 2008.

37. *Ivi*, p. 6. Tra gli altri, G. P. Demuro, *Beni culturali e tecniche di tutela penale*, Giuffrè, Milano, 2002, p. 335, evidenzia che «tra i possibili rischi dell'armonizzazione quelli che i beni sopranazionali ricevano una tutela rafforzata rispetto a quelli nazionali».

38. Si tratta di un *iter* procedurale che differisce da quello inizialmente previsto dall'art. 128 TCE, il cui par. 5 rinviava alla procedura di codecisione – con delibera all'unanimità del Consiglio – disciplinata dall'art. 189 B (successivamente, art. 251 del Trattato di Nizza).

Misure di ravvicinamento tra le legislazioni degli Stati membri sono, invece, previste nel quadro del già menzionato art. 114 TFUE, disposizione di carattere generale e strumentale volta ad assicurare la libera circolazione dei quattro fattori produttivi (merci, persone, capitali e servizi), e nell'ambito di altre politiche comunitarie, come quella commerciale comune (art. 207 TFUE) e di cooperazione nel settore della giustizia, libertà e sicurezza (terzo pilastro del Trattato di Maastricht).

L'azione delle istituzioni comunitarie in quest'ultimo settore ha condotto anche all'emanazione di atti di diritto derivato per contrastare il traffico illecito di beni culturali[39].

2. L'azione del legislatore comunitario a salvaguardia dei beni culturali

Gli interventi del legislatore europeo diretti a disciplinare la circolazione dei beni culturali trovano la propria *ratio* nella «preoccupazione destata dal completamento della realizzazione del mercato interno»[40], fissata dall'AUE in data 31 dicembre 1992[41], che avrebbe determinato un'abolizione dei controlli alle frontiere e un maggior rischio, per i Paesi ricchi di opere di arte, di andare incontro a un vero e proprio «depauperamento dei singoli patrimoni culturali nazionali, ciascuno dei quali essenziale con le proprie specificità al fine della configurazione dell'identità culturale complessiva europea»[42].

---

39. M. P. Chiti, *Beni culturali*, in M. P. Chiti – M. Greco (diretto da), *Trattato di diritto amministrativo europeo*, Giuffrè, Milano, 2007, vol. 1, p. 702.

40. M. A. Sandulli (a cura di), *Codice dei beni culturali e del paesaggio*, Giuffrè, Milano, 2012, p. 652.

41. Ai sensi dell'art. 8 A dell'AUE, la «Comunità adotterà tutte le misure destinate a stabilire progressivamente il mercato interno durante un periodo che terminerà il 31 dicembre 1992 [...] il mercato unico implicherà uno spazio senza frontiere interne, nel quale la libera circolazione delle merci, persone, servizi e capitali sarà garantita d'accordo con le disposizioni del presente trattato».

42. M. P. Chiti, *Circolazione e tutela dei beni culturali in ambito comunitario*, in M. P. Chiti (a cura di), *Beni culturali e Comunità europea*, Giuffrè, Milano, 1994, p. 148. L'Autore sottolinea come tale depauperamento avrebbe potuto realizzarsi, in assenza di misure di armonizzazione, per effetto del «trasporto di beni culturali nei paesi con la legislazione più permissiva, da cui sarebbe stato facile esportarli verso paesi terzi».

Se da un lato la soluzione offerta dall'eccezione culturale *ex* art. 36 TFUE rappresenta un valido baluardo a fronte di suddetta eventualità, il diritto secondario europeo soccorre laddove sia necessario garantire un effettivo bilanciamento tra libera circolazione dei fattori produttivi e tutela dei beni culturali.

In particolare, esso risponde non solo all'«esigenza di stabilire delle misure destinate ad assicurare un controllo uniforme dell'esportazione dei beni culturali alle frontiere esterne della Comunità per evitare che i beni protetti a livello nazionale possano raggirare le disposizioni interne ed essere così esportati in un terzo paese da uno Stato membro diverso dall'originario»[43], ma anche all'urgenza di contrastare «fenomeni distorsivi [...], quali l'illecita sottrazione e il trasferimento di beni da uno Stato membro all'altro ovvero [oltre i confini] del territorio dell'Unione europea»[44] all'indomani dell'instaurazione del mercato interno.

I primi atti emanati dal legislatore comunitario *ex* art. 249 TCE (art. 288 TFUE)[45] presentano un ambito di applicazione *ratione temporis* limitato ai beni culturali presenti sul territorio di uno Stato membro (art. 2, par. 2, del regolamento) ovvero usciti da quest'ultimo (art. 14, par. 1, della direttiva[46]) a partire dal 1° gennaio 1993, giorno successivo alla data fissata dall'art. 8 A dell'AUE[47].

Ne discende una disciplina piuttosto articolata, avente a oggetto non solo l'esportazione, ma anche la restituzione dei beni

---

43. F. Cervelli – B. Mélis – C. Maurin de Fariña, *La libera circolazione dei beni culturali nell'Unione europea. Nuove problematiche di diritto comunitario*, cit., p. 6.

44. G. Carugno, *Considerazioni sull'istituto della restituzione dei beni culturali all'indomani del recepimento della Direttiva 2014/60/UE da parte del legislatore italiano*, in «Amministrativamente. Rivista di diritto amministrativo», 3-4, 2016, p. 4.

45. La disposizione descrive gli atti di diritto secondario che le istituzioni europee possono adottare nell'esercizio delle competenze attribuite *ex lege* all'Unione. In questa sede, giova ricordare che, mentre il "regolamento ha portata generale" ed è "obbligatorio in tutti i suoi elementi", oltre che "direttamente applicabile in ciascuno degli Stati membri", la direttiva può vincolare solo lo Stato membro a cui si rivolge e ciò esclusivamente rispetto al "risultato da raggiungere", restando nella piena discrezionalità delle autorità nazionali la scelta della forma e dei mezzi.

46. Tuttavia, il par. 2 della disposizione lascia agli Stati membri la possibilità di applicare la direttiva anche ai beni usciti dal territorio nazionale prima del 1° gennaio 1993.

47. Si veda *supra*, nota 41.

culturali al Paese di origine, ispirata a istituti già codificati nel diritto internazionale.

2.1 L'esportazione di beni culturali

L'esportazione di beni culturali in territorio extra-europeo è stata per la prima volta attenzionata dal già citato Regolamento (CEE) n. 3911/1992, del Consiglio, del 9 dicembre del 1992, modificato più volte[48] – da ultimo, dal Regolamento (CE) n. 116/2009 del 18 dicembre 2008.

Considerando il nuovo testo del regolamento, esso si applica ai beni culturali provenienti da Stati membri, che escono dal territorio dell'Unione europea per essere importati in Paesi terzi.

Il nucleo della disciplina è rappresentato dalla previsione di un'autorizzazione amministrativa (la licenza di esportazione[49], che – *ex* art. 2 – deve essere rilasciata, previa richiesta dell'interessato, «da un'autorità competente dello Stato membro nel cui territorio si trova lecitamente e definitivamente il bene culturale alla data del 1° gennaio 1993, oppure, dopo la suddetta data, da un'autorità competente dello Stato membro nel cui territorio il bene culturale si trova dopo essere stato lecitamente e definitivamente spedito da un altro Stato membro o dopo essere stato importato da un paese terzo o reimportato da un paese terzo in seguito ad una spedizione lecita da uno Stato membro verso il suddetto paese terzo»), tesa a evitare che il bene circoli, senza alcuna forma di controllo, al di fuori dell'Unione europea.

L'art. 4 stabilisce che, una volta ottenuta la licenza, quest'ultima deve essere presentata, «a sostegno della dichiarazione di esportazione, al momento dell'espletamento delle formalità do-

48. Le modifiche sono intervenute a opera del Regolamento (CE) n. 2469/1996 del Consiglio del 16 dicembre 1996, del Regolamento (CE) n. 974/2001 del Consiglio del 14 maggio 2001 e del Regolamento (CE) n. 806/2003 del Consiglio del 14 aprile 2003. Per approfondimenti, v. G. Clemente, *L'esportazione infracomunitaria di beni culturali alla luce della recente normativa CEE*, Napoli, 1993.

49. Tale licenza appare, in principio, non dissimile dal certificato di esportazione richiesto dall'art. 6, lettera a), della Convenzione Unesco, firmata a Parigi nel 1970, e concernente le misure da adottare per interdire e impedire l'illecita importazione, esportazione e trasferimento di proprietà dei beni culturali.

ganali di esportazione, presso l'ufficio doganale competente per accettare tale dichiarazione».

Ex art. 2, par. 3, la licenza è valida su tutto il territorio dell'Unione europea.

È evidente che la forma di tutela predisposta dal legislatore assuma carattere preventivo e non successivo, facendo salva, all'art. 1, l'eccezione culturale *ex* art. 36 TFUE[50], e rimettendo agli Stati membri la possibilità di escludere che sia concessa una licenza di esportazione per beni culturali «contemplati da una legislazione che tutela il patrimonio nazionale avente valore artistico, storico o archeologico nello Stato membro di cui trattasi» (art. 2, par. 2, del regolamento).

L'art. 9 predispone un sistema sanzionatorio, lasciando agli Stati membri piena discrezionalità in ordine alla determinazione delle misure repressive di condotte contrarie alle norme del regolamento e all'adozione di provvedimenti funzionali all'applicazione delle stesse, che devono comunque presentare i caratteri dell'efficacia, della proporzionalità e della capacità dissuasiva.

2.2 La restituzione dei beni culturali: dal modello internazionale alla normativa europea

La restituzione costituisce un rimedio individuato dal legislatore internazionale per favorire il rientro dei beni culturali nel Paese di origine, tratteggiato dalla Convenzione Unesco del 1970, e – in misura più pervasiva – dalla Convenzione Unidroit[51]

50. In piena linea con la dichiarazione programmatica espressa in relazione agli artt. 13 e 19 dell'AUE, secondo cui «nulla [...] pregiudica il diritto degli Stati membri di adottare le misure che essi ritengono necessarie in materia di [...] traffico delle opere d'arte e delle antichità».

51. L'Istituto Internazionale per l'Unificazione del Diritto Privato (Unidroit) è una organizzazione intergovernativa, fondata nel 1926 in seno alla Società delle Nazioni, con il compito di «studiare i mezzi per armonizzare e coordinare il diritto privato fra gli Stati o fra i gruppi di Stati e di preparare gradualmente l'adozione da parte dei diversi Stati di una legislazione di diritto privato uniforme» (art. 1 dello Statuto).

del 1995, avente propriamente a oggetto i «beni culturali rubati o illecitamente esportati»[52].

Come ben osservato in dottrina, mentre la Convenzione Unesco configura il diritto dello Stato alla restituzione del bene culturale «in modo generico», dovendo raggiungere un risultato di «compromesso tra sistemi di diritto privato che proteggono l'acquirente di buona fede e sistemi, invece, che non riconoscono alcun effetto al trasferimento del diritto di proprietà da parte di colui che non ne è il titolare»[53], la Convenzione Unidroit conferisce «un ben più esteso riconoscimento rispetto a quanto stabilito dai trattato stipulati in precedenza»[54], differenziandolo da quello al ritorno dei beni culturali, che opera nell'ipotesi di violazione da parte di uno Stato della disciplina nazionale a tutela del patrimonio culturale, e non già quale conseguenza della sottrazione di un bene discendente da una condotta criminosa integrante gli estremi della fattispecie di furto[55].

Tale parabola evolutiva è giustificata dalla *ratio* sottesa alla Convezione Unidroit, elaborata per «rinnovare l'impianto sotteso all'accordo del 1970 e colmarne le principali lacune»[56].

Il legislatore europeo, pur considerando la Convenzione UNESCO quale modello normativo di riferimento, ha circoscritto l'ambito di applicazione della disciplina di diritto secondario a tutela dei beni culturali al solo caso della restituzione, come emerge con tutta evidenza a una prima analisi della Direttiva 93/7/CEE del Consiglio, del 15 marzo 1993 (letteralmente

---

52. Così statuisce la titolazione della Convenzione. Si veda il testo commentato da G. Volpe, *La convenzione Unidroit sul ritorno dei beni culturali rubati o illecitamente esportati*, in «Notiziario», Ministero dei beni culturali e ambientali, 50, 1996, pp. 37-44.

53. I. Caracciolo, *Analogie e differenze tra la Convenzione Unesco del 1970 sui mezzi per prevenire il trasferimento illecito di proprietà del patrimonio culturale e la Convenzione d'Unidroit del 1995 sulla restituzione dei beni culturali rubati o illecitamente esportati*, in P. Paone (a cura di), *La protezione internazionale e la circolazione comunitaria dei beni culturali mobili*, Editoriale Scientifica, Napoli, 1998, p. 53.

54. A. Lanciotti, *La restituzione dei beni culturali*, in *Alberico Gentili: La salvaguardia dei beni culturali nel diritto internazionale: Atti del Convegno "Dodicesima giornata Gentiliana" - San Ginesio (MC), 22-23 settembre 2006*, Giuffrè, Milano, 2008, p. 480.

55. L'art. 3, comma 2, della Convenzione Unidroit definisce come "rubato" anche il bene che sia stato «illecitamente scavato o scavato lecitamente ma illecitamente trattenuto [...] compatibilmente con la legislazione dello Stato nel quale tale scavo sia stato effettuato».

56. G. Carugno, *Considerazioni sull'istituto della restituzione dei beni culturali all'indomani del recepimento della Direttiva 2014/60/UE da parte del legislatore italiano*, cit., p. 8.

dedicata alla «restituzione dei beni culturali usciti illecitamente dal territorio di uno Stato membro»), da ultimo modificata dalla Direttiva 2014/60/UE del Parlamento europeo e del Consiglio, del 15 maggio 2014[57].

Ex art. 6 della Direttiva 2014/60/UE, l'azione di restituzione del bene culturale può essere proposta dal Paese europeo[58] dal cui territorio il bene è uscito illecitamente[59] (Stato membro richiedente) dinanzi all'autorità giudiziaria competente dello Stato membro richiesto.

Soggetto passivo dell'azione è il possessore ovvero il detentore del bene culturale.

L'azione è soggetta a un diverso termine di prescrizione:

---

57. Cambiamenti più esigui al testo originario della Direttiva 93/7/CEE sono stati apportati dalla Direttiva 96/100/CE del Parlamento Europeo e del Consiglio, del 17 febbraio 1997 – di integrazione all'allegato contenente l'elenco delle categorie di beni culturali protetti, a cui ha aggiunto quella costituita da «acquerelli, guazzi e pastelli» e differenziato i disegni dai quadri e le pitture, in entrambi i casi «fatti interamente a mano, su qualsiasi supporto e con qualsiasi materiale» (cfr. i considerando della Direttiva) – e dalla Direttiva 2001/38/CE del Parlamento europeo e del Consiglio, del 5 giugno 2001, che ha aggiornato i valori monetari contenuti nella normativa in previsione dell'adozione dell'euro quale moneta unica, fissata al 1° gennaio 2002. La necessità di provvedere a un sostanziale rinnovamento della disciplina della restituzione dei beni culturali in ambito europeo era stata posta in evidenza dalla Commissione, incaricata *ex* art. 16, par. 2, della Direttiva 93/7/CEE di fornire periodicamente, su base triennale, una relazione circa l'applicazione di quest'ultima negli Stati membri (si vedano le relazioni del 25 maggio 2000 – COM (2000)325 def., del 21 dicembre 2005 – COM (2005) 675 def., e del 30 luglio 2009 – COM(2009) 408 def.). Il considerando n. 8 della Direttiva 2014/60/UE riassume i principali limiti della previgente normativa, dati da: a) la «ristrettezza del suo ambito di applicazione risultante dalle condizioni stabilite nel suo allegato»; b) i «termini brevi per l'avvio di un'azione di restituzione»; c) «i costi legati alle azioni di restituzione».

58. Le argomentazioni dottrinali sottese all'individuazione del soggetto attivo dell'azione di restituzione *ex* art. 5 della direttiva sono state ben sintetizzate da G. Magri, *La circolazione dei beni culturali nel diritto europeo: limiti e obblighi di restituzione* (Edizioni Scientifiche Italiane, Napoli, 2011), e ruotano intorno a tre possibili soluzioni: a) «la direttiva conferisc[e] allo Stato richiedente un diritto del tutto nuovo alla conservazione del patrimonio culturale, di natura non dominicale, che trova la sua massima espressione nel diritto ad ottenere la restituzione del bene; b) la direttiva non cre[a] alcun nuovo diritto sostanziale, ma si limit[a] a prevedere una nuova azione che si aggiungerebbe a quelle già previste dal diritto nazionale o dalle Convenzioni internazionali; c) la pretesa restitutoria fondata sulla direttiva [ha] una matrice squisitamente pubblicistica e corrisponde [...] ad una manifestazione extraterritoriale della *potestas* che lo Stato esercita sui beni culturali situati nel suo territorio» (p. 54).

59. Di riflesso, l'art. 8, par. 2, della direttiva precisa che suddetta azione «è inammissibile qualora l'uscita dal territorio dello Stato membro richiedente abbia cessato di essere illecita nel momento in cui è stata proposta».

1. un anno «dalla data in cui lo Stato membro richiedente è venuto a conoscenza del luogo in cui si trovava il bene culturale e dell'identità del suo possessore o detentore»;
2. trent'anni, decorrenti dall'uscita del bene dal territorio dello Stato membro richiesto (art. 8, par. 1)[60].

Qualora venga accertato che il terzo abbia acquistato il possesso del bene in buona fede, il giudice riconosce a quest'ultimo un indennizzo, determinato secondo equità "in base alle circostanze del caso concreto" (art. 10, par. 1)[61].

L'indennizzo è preordinato a ristorare economicamente il possessore dell'eventuale pregiudizio subito con la restituzione e dimostra la natura cedevole dell'interesse privato rispetto a quello pubblico al «mantenimento del patrimonio culturale»[62] dello Stato membro richiedente.

Le circostanze valutabili dal giudice sono state puntualizzate dalla novella, che ha posto a carico del possessore l'onere di provare di avere usato la diligenza del *bonus pater familias* nell'acquisto del possesso del bene di illecita provenienza, sottraendo al legislatore dello Stato membro richiesto la discrezionalità di statuire sul punto, contrariamente a quanto previsto dall'art. 9, par. 2, della Direttiva 93/7/CEE. Tale onere svolge una funzione precipuamente deterrente: poiché, ai fini dell'ottenimento dell'indennizzo, il possessore sarà chiamato a dimostra-

---

60. Il termine prescrizionale aumenta a settantacinque anni per i beni appartenenti alle collezioni pubbliche (ossia, ai sensi dall'art. 2, par. 8, della direttiva, alle «collezioni, classificate come pubbliche conformemente alla legislazione di uno Stato membro, di proprietà di tale Stato membro, di un'autorità locale o regionale situata in tale Stato membro oppure di un ente che sia situato nel territorio di tale Stato membro, a condizione che il suddetto ente sia di proprietà di detto Stato membro o di un'autorità locale o regionale, oppure che sia finanziato in modo significativo dagli stessi») e a quelli di proprietà di «istituzioni ecclesiastiche o altre istituzioni religiose negli Stati membri in cui sono oggetto di misure speciali di tutela in virtù del diritto nazionale» (art. 8, par. 1). Tuttavia, la norma lascia impregiudicate le disposizioni nazionali che sanciscono l'imprescrittibilità dell'azione e i trattati bilaterali tra gli Stati membri che stabiliscono un termine eccedente i settantacinque anni.

61. In ogni caso, l'art. 16 della direttiva fa salve «le azioni civili o penali spettanti, in base al diritto nazionale degli Stati membri, allo Stato membro richiedente e/o al proprietario cui è stato sottratto il bene».

62. G. Magri, *La circolazione dei beni culturali nel diritto europeo: limiti e obblighi di restituzione*, cit., p. 50.

re di avere «agito con ogni circospezione»[63], lo stesso dovrebbe essere portato a usare una certa cautela nell'acquisto di beni culturali[64].

Più nel dettaglio, secondo quanto disposto dall'art. 10, par. 2, della direttiva, la natura (diligente) della condotta tenuta dal possessore deve essere determinata in considerazione «della documentazione sulla provenienza del bene, delle autorizzazioni di uscita prescritte dal diritto dello Stato membro richiedente, della qualità delle parti, del prezzo pagato», nonché «d[e]l fatto che il possessore abbia consultato o meno i registri accessibili dei beni culturali rubati e ogni informazione pertinente che avrebbe potuto ragionevolmente ottenere o di qualsiasi altra pratica cui una persona ragionevole avrebbe fatto ricorso in circostanze analoghe»[65].

Il pagamento dell'indennizzo – così come delle spese per l'esecuzione della decisione e quelle per l'adeguata conservazione del bene culturale (art. 11) – è posto a carico dello Stato membro richiedente (art. 9, ultimo paragrafo), fermo restando il diritto di quest'ultimo di ottenere un rimborso dalle «persone responsabili dell'uscita illecita del bene culturale dal suo territorio» (art. 12).

Quanto alla proprietà del bene, l'art. 13 rinvia alla legislazione nazionale, riproponendo la soluzione contenuta nell'art. 12 della Direttiva 93/7/CEE: del resto, come ribadito anche dal considerando n. 8 della Direttiva 2014/60/UE, l'obiettivo della disciplina comunitaria «era [quello] di assicurare il rientro materiale dei beni culturali nello Stato membro dal cui territorio tali beni

---

63. Cfr. considerando n. 17 della Direttiva 2014/60/UE.

64. A. Caracciolo La Grotteria, *I trasferimenti onerosi dei beni culturali nell'ordinamento italiano e comunitario*, Giuffrè, Milano, 1998, p. 123.

65. La disposizione ricalca in parte il dettato normativo di cui all'art. 4, par. 4, della Convenzione Unidroit sopra citata, che elenca gli stessi elementi comportamentali indicati dal legislatore europeo, omettendo tuttavia il riferimento alla documentazione sulla provenienza del bene e alle autorizzazioni, ma aggiungendo quello relativo alla «consultazione di organismi ai quali [il possessore] poteva avere accesso». Ad ogni modo, suddette circostanze non risulterebbero esaustive, ma meramente orientative di criteri che il giudice può adottare nell'accordare, nel caso concreto, un indennizzo al possessore del bene culturale (R. Buonomo, *La restituzione dei beni culturali usciti illecitamente dal territorio di uno Stato Membro alla luce della direttiva 2014/60/UE*, in «Aedon. Rivista di arti e diritto online», 3, 2014, par. 3.4).

erano usciti illecitamente, a prescindere dai diritti di proprietà applicabili a tali beni».

Infine, un elemento di indubbia importanza è rappresentato dalla cooperazione tra gli Stati membri, valorizzata fin dalla direttiva del 1993 quale mezzo virtuoso per agevolare il rientro del bene culturale nel territorio di origine.

Oltre alla generica previsione di uno scambio di informazioni tra le autorità dei Paesi coinvolti nell'*iter* di restituzione[66], il par. 3 dell'art. 7 della Direttiva 2014/60/UE attribuisce al Sistema di informazione del mercato interno (IMI) il compito (seppure non esclusivo) di gestire le comunicazioni tra le parti, nel rispetto delle norme in materia di *privacy*.

2.3 Verso una definizione europea di "bene culturale"?

L'analisi del diritto secondario consente di segnare i confini della (possibile) nozione di "bene culturale" accolta dal legislatore europeo.

Prendendo le mosse dall'ambito di applicazione dei regolamenti sull'esportazione di beni culturali e delle direttive in materia di restituzione, emerge come i criteri inizialmente fissati a livello comunitario per stabilire la natura "culturale" di un bene fossero quelli dell'età, del valore economico e della tipologia di oggetto.

Tali criteri sono ricavabili dall'allegato a cui tanto il Regolamento (CEE) n. 3911/1992, quanto la Direttiva 93/7/CEE, rinviano nel definire la loro operatività *ratione materiae*[67].

---

66. Strumento già previsto dall'art. 6 della Direttiva 93/7/CEE e attualmente replicato dai primi due paragrafi dell'art. 7 della Direttiva 2014/60/UE, ai sensi dei quali, «[l]'autorità centrale dello Stato membro richiedente informa senza indugio l'autorità centrale dello Stato membro richiesto in merito all'azione avviata per assicurare la restituzione del bene in questione. L'autorità centrale dello Stato membro richiesto informa senza indugio le autorità centrali degli altri Stati membri».

67. Per esempio, la prima categoria di beni culturali menzionata nell'allegato è quella dei «reperti archeologici aventi più di 100 anni provenienti da: scavi e scoperte terrestri o sottomarine; siti archeologici; collezioni archeologiche»: essa applica contestualmente il criterio dell'età e quello della natura dell'oggetto. Tuttavia, i reperti archeologici sono considerati "beni culturali" anche se hanno meno di cento anni, ma più di cinquanta, ovvero quando rappresentano oggetti da collezione nel senso prospettato dalla giurisprudenza della Corte di giustizia nella sentenza 10 ottobre 1985,

La direttiva aggiunge, rispetto al regolamento, ulteriori parametri – alternativi rispetto a quelli previsti dall'allegato – per qualificare un bene culturale, attribuendo rilievo all'appartenenza di quest'ultimo:

1. al «patrimonio artistico, storico o archeologico nazionale», utilizzando la stessa espressione letterale contenuta nell'art. 36 TFUE, norma fatta salva anche dal Regolamento del 1992 e dall'art. 1 del Regolamento (CE) n. 116/2009;
2. alle «collezioni pubbliche figuranti negli inventari dei musei, degli archivi e dei fondi di conservazione delle biblioteche»;
3. agli «inventari delle istituzioni ecclesiastiche».

Il riferimento agli ultimi due elementi è stato espunto, insieme a quello che rinviava all'allegato, dal testo della Direttiva 2014/60/UE, che contempla quale unico criterio quello dell'appartenenza del bene al patrimonio nazionale di uno Stato membro.

Diversamente, l'art. 1 del Regolamento ha mantenuto la formulazione originaria prevista dal Regolamento del 1992 e, conseguentemente, anche l'allegato[68]. Pertanto, se da un lato il richiamo alla normativa degli Stati membri costituisce uno strumento flessibile per connotare la qualifica "culturale" di un bene, d'altra parte esso opera come una ipotesi ulteriore rispetto alla regola generale, che è quella dell'ancoraggio – nel silenzio del legislatore nazionale – a quanto stabilito dall'allegato.

L'elencazione di cui all'allegato rischia però di non rispondere alle concrete esigenze di tutela di un patrimonio culturale

---

causa C-252/84, *Collector Guns GmbH & Co. KG c. Hauptzollamt Koblenz, in Raccolta della giurisprudenza della Corte di giustizia,* 1985, p. 3387: «[g]li oggetti da collezione [...] sono quelli che possiedono le qualità richieste per far parte di una collezione, cioè gli oggetti relativamente rari, che non sono normalmente usati secondo la loro destinazione originaria, che formano oggetto di transazioni speciali al di fuori del mercato abituale degli analoghi oggetti di uso comune ed hanno un valore elevato». Per altri beni, invece, rileva il criterio del valore economico: è il caso delle carte geografiche stampate, nonché degli acquerelli, dei guazzi e dei pastelli.

68. Il considerando n. 7 del Regolamento (CE) n. 116/2009 specifica il rapporto tra l'allegato e l'art. 36 TFUE: il primo «ha lo scopo di definire le categorie di beni culturali che dovrebbero formare oggetto di particolare protezione negli scambi con i paesi terzi, ferma restando la libertà degli Stati membri di definire i beni da considerare patrimonio nazionale [...]», valendosi dell'eccezione culturale di cui al Trattato.

mutevole, delimitando la protezione a un «*numerus clausus* di oggetti, senza considerare il valore di alcuni manufatti, quali i reperti paleontologici e geologici, nonché gli oggetti di interesse scientifico, non menzionati dal legislatore comunitario»[69].

La soluzione delineata dall'art. 1 della Direttiva 2014/60/UE appare, in questa prospettiva, più coerente con l'esigenza di rispettare le diversità dei patrimoni nazionali degli Stati membri e di abbracciare una nozione "fluida" di bene culturale.

3. Considerazioni conclusive

Questo breve *excursus* dimostra come, a partire dagli anni Novanta del secolo scorso, l'intervento dell'Unione europea a salvaguardia dei beni culturali abbia osservato una traiettoria ascendente per la formazione di una coscienza sempre più marcata della cultura quale «interesse pubblico [...] di rango primario»[70].

Se il Trattato di Maastricht aveva posto le basi per l'intervento del legislatore europeo nel settore culturale, l'assenza di una definizione condivisa di "bene culturale" e la permanenza di alcuni disallineamenti tra le legislazioni degli Stati membri non permette di poter del tutto concludere per l'esistenza, nel diritto europeo, di una «trattazione organica del tema»[71].

Inoltre, il diversificato ambito di applicazione degli atti di diritto derivato relativi alla circolazione dei beni culturali è prova concreta dell'incompiutezza dello sforzo armonizzatore posto in essere dal legislatore UE.

In verità, tale mancanza è specchio non solo dell'impossibilità per il diritto europeo di ravvicinare le disposizioni degli Stati membri in materia culturale, discendente dal dettato normativo di cui all'art. 167, ultimo paragrafo, del TFUE, ma anche di una *voluntas legis* che esclude la configurazione di una «politica cul-

69. G. Carugno, *Considerazioni sull'istituto della restituzione dei beni culturali all'indomani del recepimento della Direttiva 2014/60/UE da parte del legislatore italiano*, cit., p. 8.

70. M. P. Chiti, *Beni culturali*, in M. P. Chiti – M. Greco (diretto da), *Trattato di diritto amministrativo europeo*, Giuffrè, Milano, 2007, vol. 1, p. 378.

71. Così A. Galletti, *La tutela e la circolazione dei beni culturali nell'Unione europea*, in «KorEuropa. Rivista elettronica del Centro di Documentazione Europea dell'Università Kore di Enna», 2, 2013, p. 2.

turale comune»[72], soprattutto in ragione della competenza concorrente (e non già esclusiva) che l'Unione esercita rispetto alle autorità nazionali.

Le azioni dell'Unione in questo settore restano inevitabilmente legate alla originaria *ratio* di apportare correttivi alle libertà riconosciute nel mercato unico, lente attraverso la quale guardare alla costruzione di «una cultura europea [della cultura]» senza «prescindere dall'[apporto delle legislazioni nazionali»[73], ma in continuo dialogo con queste ultime, nel rispetto delle tradizioni degli Stati membri.

Questo duplice approccio sottende ai più recenti interventi del legislatore europeo a tutela del patrimonio culturale: si pensi solo alla Decisione n. 1194/2011 del Parlamento e del Consiglio, del 16 novembre 2011, che istituisce il marchio culturale europeo, da assegnare a siti «che hanno rivestito un ruolo importante nella storia e nella cultura dell'Europa e/o nella costruzione dell'Unione» (art. 3, par. 2, lettera a), con il chiaro intento di rinforzare «il senso di appartenenza dei cittadini europei» all'UE e di promuovere il dialogo interculturale[74].

---

72. P. G. Ferri, *La tutela dei patrimoni culturali nazionali nel mercato unico europeo*, in M. P. Chiti (a cura di), *Beni culturali e Comunità europea*, Giuffrè, Milano, 1994, p. 328.

73. I. Grassi, *La circolazione dei beni culturali nella Comunità europea*, in L. Mezzetti (a cura di), *I beni culturali. Esigenze unitarie di tutela e pluralità di ordinamenti*, Cedam, Padova, 1995, p. 25.

74. C. Di Donato, *Il bene culturale europeo*, in G. A. Benacchio – F. Casucci (a cura di), *Temi e istituti di diritto privato dell'Unione europea*, Giappichelli, Torino, 2017, p. 126. Questo concetto era stato precedentemente espresso in dottrina; si veda, *ex plurimis*, I. Quadranti, *La politica culturale europea nel periodo di riflessione sul futuro dell'Unione*, in «Aedon. Rivista di arti e diritto online», 3, 2006, par. 2), che ricorda: «[f] ondamentale è il ruolo che la cultura può esercitare sia per il costituirsi di un'identità europea basata sui valori condivisi dalla società europea [...] e sulla ricchezza delle differenze nazionali e regionali dei popoli dell'Unione [...] sia per lo sviluppo di una cittadinanza europea attiva e aperta al mondo». Per un focus sull'orientamento della dottrina italiana, cfr. M. Bray, *L'importanza della salvaguardia, del recupero e della valorizzazione del patrimonio storico-artistico*, in «Rivista di diritto delle arti e dello spettacolo», 1, 2017, pp. 17-24, e C. Menale, *I beni culturali nell'ordinamento giuridico italiano*, in F. Dell'Aversana (a cura di), *Manuale di diritto delle arti e dello spettacolo*, PM, Varazze, 2016, pp. 273-283.

Capitolo III

Il mercato dell'arte e le nuove tecnologie

Claudia Barcellona, Annaluce Licheri

1. L'origine

Per Mercato dell'arte si intende l'insieme di forme di commercio delle opere d'arte.

Andando a ritroso nel tempo è possibile rinvenirne la genesi nell'antica Grecia e nelle committenze ordinate dallo Stato per la realizzazione di opere d'arte per la *polis*. Le prime forme di trattative fra privati, e la conseguente nascita del collezionismo, sono, invece, risalenti alla Roma classica.

Il termine *asta*, infatti, ha origine proprio in quel periodo e deriva dalla consuetudine di piantare nel terreno dove si svolgeva la vendita una lancia, *hasta*, a rappresentare che avveniva con la garanzia della pubblica autorità, *sub hasta*. Dopo la conquista della Grecia, il collezionismo di oggetti derivanti dai bottini di guerra, e fra questi, principalmente, gli oggetti artistici, favorì lo sviluppo del mercato dell'arte e accanto alla figura del *banditore*, comparvero l'*esperto*, l'*importatore* e il *mediatore*.

Durante il crollo dell' Impero romano, il mercato dell'arte sopravvisse presso le corti bizantine e orientali con grande attenzione all'oreficeria, agli oggetti in avorio e le stoffe pregiate.

Successivamente, con la ripresa dell'Occidente, a partire dal XII secolo, la compravendita di oggetti d'arte cominciò ad avvenire presso le fiere, mercati all'aperto, spesso adiacenti a santuari o nelle città in occasione di feste religiose(Padova, Bologna, Pavia, Mantova, Lipsia,Parigi).

A partire dal XIV secolo ripresero le vendite all'asta, cui si affiancarono gli acquisti di opere presso le botteghe degli artisti e si sviluppò la figura del *mercante d'arte*.

Bisognerà attendere il XVI secolo affinché possano trovarsi nelle fiere anche le opere pittoriche, così, ad esempio, a Venezia era possibile acquistare Zais e Canaletto, mentre a Siviglia venivano vendute le opere di Murillo, una delle figure più rappresentative della pittura barocca spagnola[1].

A partire dal Quattrocento, grazie alla diffusione del collezionismo, e del conseguente spostamento di opere da una collezione all'altra, le contrattazioni divennero sempre più frequenti dando luogo alle speculazioni sull'arte.

Nel 1540, nel cortile della Borsa di Anversa, ad opera della Corporazione degli artisti fu organizzata la prima mostra mercato di oggetti d'arte e divenne subito un modello per altre associazioni e artisti.

Pochi anni dopo, a Parigi, gli artisti della Reale Accademia organizzarono la prima esposizione pubblica, anch'essa copiata da altre accademie e scuole in tutta Europa.

Il mercato dell'arte si caratterizza, come si descriverà in proseguo, per l'essere in continua evoluzione e trova nella fine del XVII secolo con l'affrancazione dal«rapporto di servitù particolare che vedeva l'artista regolarmente assunto e mantenuto a palazzo dal suo protettore»[2]un momento fondamentale.

Fu solo nel Settecento, tuttavia, che gli antiquari, a Londra, si organizzarono in sedi fisse. Nacquero così le storiche *Millington*, *Christie's* e *Sotheby's*.

Parallelamente a Parigi, ove andò sviluppandosi anche un seguitissimo mercato di oggetti di modico valore, paragonabile all'odierno mercato delle pulci, principalmente nel cortile del Louvre.

La Rivoluzione francese incrinò irreversibilmente questo fermento che vide la propria fine nel 1792 a Versailles quando, in occasione dell'ultima asta del secolo, vennero venduti i beni della Corona.

Da quel momento, venne operata una redistribuzione dell'arte in tutta Europa, e soprattutto in Inghilterra. Londra, con le

---

1. *Enciclopedia dell'arte*, Utet, Garzanti Editore, Milano, 1997

2. C. Bertelli – G. Briganti – A. Giuliano, *Storia dell'arte italiana*, Mondadori, 1991.

sue gallerie ricchissime, assunse un ruolo centrale e divenne il perno del commercio internazionale d'arte.

Durante l'Ottocento in tutto il continente si svilupparono mostre, esposizioni, negozi di antiquariato, vendite all'asta con spostamento e dispersione di importanti collezioni. Negli stessi anni, mentre nascevano gruppi d'avanguardia (preraffaelliti, impressionisti, simbolisti), ritornarono in *auge* oggetti del passato.

2. L'evoluzione nell'età moderna

A partire dagli anni Quaranta i galleristi si adeguarono alle esigenze di una nuova, e sempre più importante, fascia di clientela, quella della classe borghese, che, nel processo di scalata e affermazione sociale, tentava di far propri i contenuti di riferimento tipici dell'aristocrazia, ormai in declino, e fra questi, l'interesse per l'arte.

In considerazione dell'ancora non notevole disponibilità economica dei borghesi, le gallerie iniziarono a vendere principalmente incisioni e riproduzioni. Negli anni a seguire, gli scandali legati alla compravendita di *old masters*, la cui autenticità non sempre veniva garantita anche a causa del ristretto numero di esperti, favorì la domanda di opere di artisti contemporanei, operazione ritenuta più semplice ed affidabile.

Grazie all'acume del *Getty Research Institute* di Los Angeles che ha acquistato diversi archivi dei *dealers* francesi, avviando un progetto di ricerca i cui risultati sono ancora in fase di pubblicazione, siamo oggi in grado di ricostruire l'interessante scenario del mercato dell'arte della seconda metà dell'Ottocento. Trattasi dei libri registri su cui venivano annotati i nomi degli artisti, il venditore, il compratore, la cifra a cui l'opera era stata acquistata e la cifra di vendita, dati da cui è possibile anche risalire alla velocità della transazione[3].

Il mercato dell'arte, così come oggi lo intendiamo, risale al 1870 e ha in Adolphe Goupil, geniale antesignano gallerista ededitore francese, un referente fondamentale. Goupil, da

3. https://bit.ly/36Xe6du

uomo illuminato, mise in atto tutta una serie di meccanismi che formarono le regole di funzionamento del mercato, alcune delle quali tutt'oggi in uso. Relativamente all'importanza della sua figura basti pensare che per suo tramite sono state effettuate oltre trentuno mila transazioni di compravendita di opere d'arte.

Da attento osservatore, comprese che l'interesse della borghesia verso l'arte aveva determinato il sorgere di figure non professionali che agivano come intermediatrici e che esse sarebbero state sempre più numerose. Per contrastare la perdita di affari dovuta al proliferare dei *competitors*, dunque, propose alle altre poche gallerie parigine strutturate (Durand Ruel, Allan-d&Noel,Tedesco Freres e Georges Petit) di far rete per mettere in atto strategie tali da guadagnare il monopolio sul mercato.

A tal fine, una delle prime operazioni attuate fu la ricerca, contrattualizzazione e promozione di artisti di diversa provenienza: francesi, italiani, spagnoli, ungheresi, a cui seguì la creazione di contratti di esclusiva e di prima scelta, ancora oggi utilizzati.

La prima forma di contratto, *cd. contratto di esclusiva*, a fronte di uno stipendio mensile fisso, prevedeva l'obbligo dell'artista di fornire al mercante tutte le opere dal medesimo prodotte. A vendita effettuata, i proventi venivano suddivisi, quanto ad un terzo in favore del mercante e quanto ai rimanenti due terzi all'autore. Ciò gli consentiva una serenità economica data dal fisso e la possibilità di incrementare notevolmente le proprie entrate grazie alla compravendita. Questo sistema, da un canto, sollecitava la produzione artistica, dall'altro, riservava rischi notevoli, specie in capo al mercante che avrebbe dovuto sopportare dei costi non indifferenti qualora l'artista non avesse avuto successo e subire il rischio, viceversa, qualora il pittore avesse ottenuto grande riscontro, che questi agisse per svincolarsi e vendere da sé le proprie opere, in taluni casi con prezzi anche di cinque volte superiori a quelli praticati dal gallerista.

Il *contratto di prima scelta*, invece, consisteva in una prelazione che l'artista concedeva al gallerista per la visione e acquisto delle proprie opere, dietro un corrispettivo mensile o semestrale. Se le opere erano di gradimento del mercante questi le acquistava ad un prezzo che veniva concordato ed era libero di rivenderle al prezzo che preferiva.

Grazie a tali contratti, le cinque gallerie che avevano costituito il cartello si assicurarono il monopolio del mercato, e difatti, se per ciascuna sarebbe stato impossibile prendere accordi con tutti i dieci artisti più quotati del periodo, ben poteva farlo instaurando rapporti con soli due di essi. Stipulati i contratti con gli artisti, ogni gallerista tratteneva la metà della produzione per la propria clientela e metteva a disposizione degli altri mercanti aderenti al cartello la rimanente parte con un ricarico del dieci per cento.

Accanto ai contratti di esclusiva e prima scelta, si misero in atto altre due raffinatissime strategie che costituirono l'ossatura attorno cui si sosteneva il mercato dell'arte: l'*acquisizione in blocco* e il rilascio di *certificati di autenticità*[4].

Talvolta capitava che andassero all'asta intere collezioni, anche di trecento pezzi, per un singolo gallerista l'acquisto sarebbe stato impossibile mentre l'acquisizione in blocco da parte dell'intero gruppo era un'operazione fattibile che limitava i rischi dell'acquirente e impediva l'ingresso sul mercato di altri *competitor*.

Ulteriormente, uno dei problemi più avvertiti del tempo era connesso alla veridicità delle opere, il cartello quindi diede vita ai certificati di autenticità consistenti in una descrizione sommaria dell'opera accompagnata dall'attestazione di autenticità sottoscritta da tutti i galleristi.

In questo periodo storico, la figura del gallerista assunse un'importanza determinante, in particolare per merito di Goupil che, come già anticipato, lettore attento del gusto della clientela, andava alla ricerca di nuovi talenti in tutta Europa, li contrattualizzava, ne indirizzava la produzione verso alcuni soggetti piuttosto che altri, consigliava le modifiche da apportare ad un'opera per renderla più facilmente vendibile, determinava il numero di opere da immettere sul mercato per non saturarlo[5].

---

4. P. Serafini, *Il mercato dell'arte dall'Ottocento ai giorni nostri,*https://www.youtube.com/watch?v=YTsGz_HfhgI

5. *Ibidem.*

La lungimiranza di questo gallerista, copiato poi dai colleghi, si spinse sino al punto di acquistare le opere per trarne delle incisioni, che poteva tirare in centinaia e centinaia di copie, facendone un business florido, piuttosto che acquistare l'opera per venderne semplicemente l'originale. Di più. Egli iniziò a ritirare dal commercio gli originali per poi venderli quando le incisioni li avevano resi così famosi e desiderabili da farne aumentare il prezzo esponenzialmente.

Una delle operazioni più notevoli in tal senso, riguardò un'opera di Edoardo Tofani: *Soli*, a cui Goupil, su consenso dell'autore, cambiò il titolo in *Finalmente soli*e dalla quale ricavò riproduzioni in dodici diversi formati per andare incontro alle esigenze economiche dei propri acquirenti, in prevalenza di ceto borghese.

L'opera, il cui originale dapprima fu eliminato dal mercato per essere venduto ad un prezzo davvero considerevole, divenne così famosa da essere considerata un *Manifesto d'amore*[6].

Ancora, unitamente ad *Arnold&Tripp*, questo straordinario gallerista, fu l'inventore della *limited edition*. Entrambi acquistarono un dipinto e ne commissionarono la tiratura in duecento esemplari a *Félix Bracquemond*, il più talentuoso e famoso incisore a Parigi, consacrando in un contratto che ciascuno avrebbe trattenuto metà delle copie in numeri alternati – i numeri più bassi hanno maggior valore – e soprattutto che a tiratura avvenuta la lastra sarebbe stata distrutta.

Con una straordinaria operazione di marketing, le copie vennero tutte esaurite prima ancora di essere esposte, da quel momento in poi si produssero quasi esclusivamente edizioni limitate con guadagni che arrivavano sino a dieci volte il prezzo di mercato normale.

I galleristi costituenti il cartello, in sostanza, oltre che a monopolizzare il mercato dell'arte, su cui influivano anche indirizzando parte della produzione artistica, gestivano gli artisti, cercando di incrementarne il valore attraverso l'organizzazione

6. P. Serafini, *La Maison Goupil e l'Italia. Il successo degli artisti italiani a Parigi negli anni dell'Impressionismo*, Silvana, 2013.

di personali o l'esposizione in musei, è evidente, quindi, il legame inscindibile dell'art market con la storia dell'arte[7].

Dallo studio dei libri mastri effettuati grazie al *Getty Institute* è stato possibile, da un canto, ricostruire i gusti dei collezionisti, attratti non solo dalle opere degli impressionisti ma anche da quelle raffiguranti scene mitologiche, storiche, nature morte, ritratti, paesaggi, figure sacre, dall'altro, i lunghi viaggi che venivano intrapresi, intorno al 1880, dagli appassionati d'arte americani che annualmente arrivavano a Parigi tra marzo aprile per assistere al *Salon*, l'esposizione che si svolgeva al Louvre, dapprima (sin dal 1667, anno della prima mostra organizzata dall'Accademia reale) con cadenza biennale e dal 1863 con cadenza annuale.

Se quella delineata è la scena francese, analogamente in quegli anni galleristi rinomati come *Tooth, Gambart, David Chroal Thompson, McLean* dominavano il mercato inglese e *Knoedler* e *Lomonaco* quello americano.

A proposito dell'evoluzione del mercato americano v'è da riportare come, inizialmente, i collezionisti si recavano al Salon individualmente e ciò favoriva la mancanza di trasparenza sulla quotazione delle opere, consentendo ai galleristi speculazioni assai notevoli, col passare del tempo, tuttavia, anche complice la circostanza che i maggiori collezionisti americani erano ubicati nelle tre strade principali di Brooklyn Heights, le informazioni sugli acquisti effettuati iniziarono a circolare, mettendo in luce il comportamento scorretto dei galleristi francesi, che per fronteggiare la situazione e guadagnare ulteriormente mercato misero a punto una nuova tattica: la creazione di *magazine* di settore.

Tali riviste, apparentemente sorte per fornire informazioni preziose agli operatori del nascente mercato dell'arte americano, riuscivano a pilotare le scelte dei collezionisti verso le preferenze dei venditori con transazioni di enorme valore.

Come reazione, gli acquirenti si organizzano in società di collezionisti, la più famosa è *Rembrandt* club di Brooklyn, e organizzano viaggi insieme a Parigi, comprando direttamente negli

7. *Ibidem.*

studi degli artisti, concludendo affari ad ottimo prezzo rispetto a quelli conclusi in precedenza per il tramite dei galleristi.

Ancora una volta, questi ultimi reagirono per mantenere il cartello[8].

Il mercato, quello dell'arte in particolare, si caratterizza per la mancanza di trasparenza, è evidente che se il compratore ha le stesse informazioni del venditore, il mercato finisce.

Con il sorgere di associazione di categoria delle case d'asta e la pubblicazione dei report contenenti i dati di acquisto e vendita, i galleristi provarono ancora a influenzare il mercato in loro favore deviando il collezionismo americano verso gli *old masters* sui quali non si aveva simmetria di informazioni e, talvolta, ingenerando truffe clamorose a causa della vendita di falsi (fenomeno ancora tristemente noto, come si avrà modo di specificare più avanti).

Le gallerie americane si strutturarono a modello del Salon parigino e cioè in un unico ambiente erano dislocate, appese fittissime al muro, e su più file, le opere senza indicazione alcuna.

Si deve a *William Henry Vanderbilt*, un magnate americano collezionista d'arte, l'apertura settimanale al pubblico della sua collezione e l'ideazione di un rudimentale catalogo contenente dapprima solo il nome dell'autore e il titolo, e poi man mano, negli anni, informazioni sempre più dettagliate.

A cavallo fra i due secoli strategie di mercato interessanti furono attivate da *Durand Ruel* e *Kahnweiler*, fautori delle avanguardie.

In particolare, Durand Ruel fu tra i primi a riconoscere il potenziale degli artisti della scuola di Barbizon e degli impressionisti fornendo loro sostegno, contrattualizzandoli e promuovendoli, sia in Francia che Inghilterra e America. Imprenditore rivoluzionario e determinato, durante la sua vita creò una rete di gallerie a Parigi, Londra, Bruxelles e New York, organizzò mostre internazionali itineranti ridefinendo letteralmente il ruolo del mercante d'arte e, grazie ad una strategia messa a punto sul finire dell'Ottocento, gettò le basi del mercato dell'arte così

8. P. Serafini, *Il mercato dell'arte dall'Ottocento ai giorni nostri*, https://www.youtube.com/watch?v=YTsGz_HfhgI

come lo conosciamo oggi, costruito sul sistema delle gallerie private e sulla sinergia tra critici, collezionisti e mercanti[9].

Analogamente fu un antesignano *Kahnweiler*, sostenitore del movimento artistico cubista.

In contrapposizione, *Duveen, Colnaghi* e *Agnews*, galleristi dalle abilità indiscusse, si concentrano sugli old masters.

Nel periodo successivo, il mercato dell'arte subi un brusco arresto a causa dei due conflitti mondiali, riprendendosi solo nel secondo dopoguerra, quando, da un canto, i prezzi degli impressionisti e post-impressionisti iniziarono a schizzare, dall'altro, il progresso tecnologico iniziò ad influenzare ogni settore della vita sociale.

3. Il mercato dell'arte nell'età contemporanea: figure, canali distributivi, social e nuove tecnologie

Si considera arte contemporanea quella sorta dopo il secondo conflitto mondiale.

Al fine di cercare di capire l'evoluzione del mercato in epoca attuale, verranno analizzati i comportamenti dei protagonisti del segmento di nostro interesse, le dinamiche di domanda ed offerta e i canali distributivi, oggi sempre più vari.

Il mercato dell'arte è stato descritto come l'insieme di gallerie, collezionisti e case d'aste che contribuiscono alla commercializzazione di opere d'arte e alla loro valorizzazione in termini di qualità e di prezzo[10].

Questa descrizione, in realtà, è riduttiva, come si avrà modo di intuire soffermandoci sulla molteplicità di relazioni e soggetti coinvolti, e difatti« l'economia dell'arte è una materia sempre in movimento, che necessita di rapporti interdisciplinari tra vari esperti nel capo economico e nelle scienze umane »[11].

Venendo ai soggetti, gli attori principali sono chiaramente l'*artista*, il *collezionista*, il *gallerista*, il *curatore* e il *critico d'arte*. Ac-

---

9. P. Maggio, *Paul Durand-Ruel e l'invenzione del mercato dell'arte*, https://www.collezionedatiffany.com/paul-durand-ruel, 2015.

10. P. Dossi – F. Nori, *Arte, prezzo e valore. Arte Contemporanea e Mercato*, Silvana Editoriale, Milano, 2008

11. G. Candela – A. E. Scorcu, *Economia delle arti*, Zanichelli, Bologna, 2004.

canto ad essi uno spazio di rilievo occupa il *registrar* e, da ultimo, il gruppo di soggetti costituenti il *wealth management*.

Il comportamento del collezionista può essere analizzato sotto diverse molteplici prospettive, posto che il suo agire prescinde spesso dalla legge economica dell'utilità marginale decrescente, infatti, i principali fattori scatenanti l'acquisto sono il coinvolgimento emotivo e il considerare il possesso di beni di lusso come indice del proprio status sociale.

Negli ultimi anni, tuttavia, anche il collezionista è diventato più avveduto e agisce sul mercato sempre più spesso come forma di investimento[12].

A ben vedere, è possibile individuare almeno tre tipi di collezionisti: quelli che vivono un processo di immedesimazione con l' artista, tifano per lui, lo sostengono e vivono i successi ottenuti come propri, quelli che agiscono attivamente partecipando ad aste affinché le sue opere raggiungano risultati ragguardevoli e quelli, invece, che agiscono da veri speculatori, comprando opere d'arte per rivenderle e puntano contestualmente su artisti dalle quotazioni solide e, quasi a scommessa, su artisti emergenti.

Il gallerista è una figura fondamentale nella logica del mercato posto che svolge il compito, non facile, di incrementare il valore della produzione artistica degli artisti che rappresenta.

Egli, sin dalle figure di cui si è scritto nel paragrafo precedente, da un canto, seleziona e promuove gli artisti, dall'altro espone e ne vende le opere, adoperandosi per creare delle continue occasioni di collaborazione con soggetti terzi. In questa ottica, la scelta dei luoghi ove posizionare le opere diventa fondamentale cosi come la creazione di un network al fine dell'esposizione o della partecipazione a fiere o biennali.

Il curatore d'arte si occupa degli aspetti organizzativi di un evento, selezionando sia gli artisti che le opere da esibire. È una figura di grande responsabilità perché rappresenta il filo conduttore tra artista, di cui spesso è *talent scout*, opera e pubblico; i suoi compiti spaziano dalla progettazione alla scelta della *location*, i rapporti con gli artisti, la redazione di testi di curatela e

12. A. Picinati di Torcello – B. Tagliaferri, *Il mercato dell'arte e dei beni da collezione. Report 2019*, Deloitte, 2019.

del catalogo. Se richiesto, si occupa anche della gestione finanziaria dell'evento. Se lavora con una stabilità per conto di istituzioni, musei, fondazioni si definisce curatore cd. istituzionale, lavora come *freelance* se, invece, promuove propri artisti. Nel primo caso, nel contratto di affidamento le parti possono convenire se l'incarico è affidato in esclusiva o meno in favore del committente e se l'esposizione è ripetibile o meno in altri luoghi e a quali condizioni[13].

Col curatore, sovente, collabora il registrar. Secondo la definizione corrente:

> Il registrar assicura dal punto di vista organizzativo la movimentazione delle opere, la relativa documentazione e le procedure che la regolano, soprattutto in connessione ai prestiti. In particolare redige, documenta e organizza gli atti relativi all'acquisizione, al prestito, all'assicurazione, alla spedizione e alla sicurezza delle opere, segue l'iter inerente al trasferimento delle stesse all'esterno e all'interno del museo, è responsabile delle procedure di prestito in entrata, nel caso di mostre organizzate dal museo collabora con il responsabile della sicurezza e della conservazione nello svolgimento dei propri compiti[14].

Nonostante in America il registrar sia riconosciuto sin dagli anni cinquanta, questa figura di importante raccordo fra consegnatario, musei, curatori e professionalità esterne al museo, in Italia, è stata riconosciuta solo di recente[15].

Al registrar, in sostanza, «compete il controllo della tenuta di quella che potremmo chiamare la catena procedurale, evitando che vi siano anelli deboli, ossia momenti di rischio per la sicurezza, tutela, la conservazione delle opere. È un lavoro che richiede competenze ma anche solide basi deontologiche, capacità di affrontare gli imprevisti, spirito di servizio e collaborazione»[16].

Altra figura imprescindibile è il critico d'arte, professionista dalle ottime conoscenze artistiche, storiche e antropologiche,

---

13. A. Negri Clementi, *La mostra (im)perfetta*, in «Art&Law», 2019.
14. Cfr. I.C.O.M.,*Carta nazionale delle professioni museali*, 2008.
15. Cfr. *Atto di indirizzo sui criteri tecnico - scientifici e sugli standard di funzionamento e sviluppo dei musei*, Decreto 10 maggio 2001, GU 19.10.2001.
16. M. Serio, *Registrar di Opere d'arte. Atti della Terza conferenza Europea*, Registrarte, Roma, 2002.

capace di periziare e valutare economicamente le opere, recensire su riviste, cataloghi personali, biennali e fiere, scrivere pubblicazioni scientifiche tali da fornire al mercato gli strumenti adatti per discernere un'opera di valore da un'altra, e quindi influenzarne i prezzi.

Accanto agli attori tradizionali del mondo dell'arte, ha assunto e assume sempre maggiore importanza il gruppo di soggetti rappresentato dai *wealth manager*, *private banker* e *family officer* al servizio di una clientela di *high* e *ultra high net worth individual*, e cioè investitori con grandi portafogli, il cui patrimonio investito in arte e oggetti da collezione rappresenta la grande parte del mercato dell'arte.

Il ruolo del *Wealth Management* consta nella tutela e nel progressivo incremento del valore dell'investimento in opere d'arte e oggetti da collezione inclusi nel patrimonio gestito.

In particolar modo, tre sono i servizi fondamentali: la protezione del valore e la gestione dei rischi, l'utilizzo dell'arte come forma di prestito garantito per investire in altri settori e la successione ereditaria, inclusa la filantropia[17].

V'è da sottolineare, tuttavia, come non sempre oggi queste figure intervengono necessariamente nei processi di compravendita, analogamente i canali distributivi di cui appresso non sempre sono così distinti come in passato. Ad esempio, prima si distingueva nettamente fra mercato cd. primario, nel quale operano collezionisti o privati che acquistano direttamente le opere provenienti dall'artista, mercato cd. secondario, ove lo scambio avviene tramite mediazione del gallerista e la vendita tramite asta. Molte case d'asta, in proposito, che una volta rivestivano solo un ruolo di intermediazione, oggi sono in contatto diretto con gli artisti, si pensi, ad esempio, a *Damien Hirst* che, nel 2004, ha affidato a Sotheby's la vendita all'asta degli arredi del suo ristorante, con pezzi battuti a prezzi stratosferici (un armadietto per medicinali a 1, 82 milioni di euro).

Altro esempio di rottura con le regole tradizionali di mercato è rappresentato da *Jeff Koons* che si promuove da solo adottando tecniche di marketing meticolosamente studiate e rivelatesi vincenti al punto da riconfermare, lo scorso maggio, la sua posizio-

---

17. A. Picinati di Torcello – B. Tagliaferri, *cit.*

ne di artista vivente più quotato al mondo con l'aggiudicazione di *Rabbit* (1986) – fusione in acciaio inossidabile di un coniglio gonfiabile – al prezzo di 91,1 milioni di dollari venduto all'asta da Christie's. Già nel 2013 Koons si era aggiudicato il titolo con *Orange Ballon Dog*, battuto a 58,4 milioni di dollari, record superato ampiamente nel 2018 da David Hockney con *Portrait of an Artist* venduto sempre da Christie's a 90,3 milioni di dollari.

Relativamente ai luoghi di esposizione e compravendita, avremo modo di verificare come oggi, l'avvento di internet, delle nuove tecnologie e dei social abbia incrementato notevolmente la filiera della distribuzione.

Nonostante le apparenze «il museo occupa ancora un posto dominante nel mercato dell'arte. Il collezionista spera che le sue opere siano esposte nei più grandi musei internazionali; chi fa opere spera che siano acquisite dai più grandi musei internazionali; il gallerista spera che gli artisti che rappresenta siano esposti nei più grandi musei internazionali»[18]

Altre occasioni imperdibili di confronto e compravendita sono costituite dalle fiere d'arte che, di anno in anno, diventano incontri fissi per ricchi collezionisti, a cui sovente viene riservato un trattamento vip con vernissage privati ed eventi collaterali esclusivi. La partecipazione alle fiere, lungi dall'essere solo un'occasione di compravendita, diventa luogo deputato a scoprire nuovi talenti, nuovi trend di mercato e tessere relazioni utili con operatori anche di altre nazioni al fine di ampliare le opportunità in nuovi mercati. Per gli artisti, poi, rappresentano una vetrina ideale per ottenere notevole visibilità a livello internazionale.

Fra le più importanti *Art basel*, definita dal New York Times «l'evento che definisce lo stato attuale del mercato dell'arte dal punto di vista di un gallerista».

L'edizione 2019, conclusasi a giugno, ha annoverato fra i partecipanti 290 gallerie, fra cui, quest'anno, anche numerose africane, latinoamericane, mediorientali.

Ancora il *Frieze* tra Londra e New York, *Miart* a Milano, *Fiac* a Parigi o *The London Art Fair*.

---

18. B. Bozzeda, *Il mercato dell'arte e le sue dinamiche*, https://www.rickdeckard.net/2017/10/24/il-mercato-dell-arte-e-le-sue-dinamiche/

Una fiera che mira a rendere l'arte accessibile a tutti è *Affordable Art Fair*, dedicata agli artisti emergenti, con un massimale di prezzo di 6.000 euro.

Ulteriormente, le biennali rappresentano un appuntamento irrinunciabile.

Un cenno, in particolare, merita la *Biennale di Venezia*, fondazione culturale italiana, fondata nel 1895 – a cui si deve il termine Biennale, ormai utilizzato universalmente – e considerata fra le più prestigiose al mondo.

Suddivisa in diversi settori (arte, architettura, cinema, danza, musica e teatro) organizza attività performative, di ricerca e formazione.

Inaugurata il 30 aprile del 1895 come Prima esposizione internazionale dell'arte della città di Venezia alla presenza del re d'Italia *Umberto I* vide la partecipazione di 285 artisti selezionati, 156 dei quali stranieri che si contendevano un primo premio pari a 10.000 lire. Nasce dall'idea di alcuni intellettuali locali, fra cui il Sindaco, che con una delibera dell'amministrazione comunale chiedevano di «istituire un'esposizione biennale artistica nazionale». Sin dalla prima edizione vide la creazione di un ufficio vendite che tratteneva il 10 per cento di commissione sul prezzo di vendita delle opere esposte, poi, aumentato in seguito al 15 per cento.

Recentemente, l'arte dai luoghi canonici al chiuso si è spostata anche fuori il perimetro di una costruzione, trovando spazio espositivo nei cd. parchi d'arte caratterizzati da installazioni permanenti o temporanee realizzate da artisti di fama internazionale in luoghi all'aperto.

Ancora oltre.

Il mercato dell'arte si è spostato, come tutti i settori, sul versante online e registra di anno in anno livelli di crescita esponenziali. Le diverse piattaforme operanti sul mercato, grazie all'analisi del comportamento degli utenti sono in grado di offrire soluzioni personalizzate e consentono di arrivare a potenziali collezionisti in tutto il mondo offrendo importanti opportunità non solo di compravendita ma anche di scambio di informazioni sull'andamento del mercato e sugli artisti selezionati.

La *rete* rappresenta il più imponente spazio mercantile mai esistito, da anni si discute circa l'ipotetica democraticità di internet, al di là delle tesi a favore o contrarie, certo è che consente all'utente di reperire in pochi minuti molteplici informazioni, recensioni, comparazioni con prodotti similari capaci di indirizzare la sua scelta di compratore.

Anche diverse gallerie e case d'asta stanno adattandosi ai nuovi modelli di mercato.

Si premetteva che il mercato dell'arte contemporanea si articola in tre segmenti, l'ultimo dei quali costituito dall'asta, definibile come un meccanismo di scambio delle risorse in cui il venditore cerca di ottenere il maggiore profitto possibile dalla vendita e il compratore cerca di assicurarsi il bene al minor prezzo possibile. Questo meccanismo risulta un sistema efficiente perché il bene viene attribuito a chi lo valuta maggiormente[19].

Una prima distinzione fra le aste è quella fra *aste per l'acquisto,* in cui più venditori entrano in competizione fra loro con un unico acquirente e *aste per la vendita,* in cui coesistono più acquirenti potenziali che svolgono un ruolo attivo e fondamentale. Questo tipo di compravendita si caratterizza per la pluralità di fasi che la contraddistinguono. Innanzitutto vengono preliminarmente definite dettagliatamente le caratteristiche del bene oggetto dello scambio, se si tratta di un unico bene o lotti indivisibili prenderà il nome di *single unit,* se, invece, si tratta di più beni si parlerà di *multiple unit;* ancora, verranno analizzate le modalità di partecipazione, *libera* o a *inviti,* le modalità di presentazione delle offerte – per iscritto, normalmente segrete e a busta chiusa, o da effettuarsi oralmente – quelle di aggiudicazione, miglior offerente, e le modalità di pagamento. Solitamente il vincitore corrisponde il prezzo ma può essere stabilito che tutti i partecipanti cd. *bidders* debbano corrispondere il prezzo offerto, aste di beneficenza, oppure che il vincitore acquisisca il bene gratuitamente mentre è tenuto al pagamento chi ha offerto di meno[20].

In considerazione di come vengono condotte, è possibile distinguere fra

19. G. Candela – A. E. Scorcu, *Economia delle arti,* Zanichelli, Bologna, 2004

20. F. Della Gatta, *Studio del mercato dei dipinti d'arte contemporanea,* http://www.fedoa.unina.it/1377/, Napoli, 2007

Ata inglese. È il caso classico in cui il banditore fornisce una base d'asta e i potenziali acquirenti fanno delle offerte al rilancio. Risulta aggiudicatario chi offre di più. Solitamente è a partecipazione libera perché è preferibile aver quanti più *bidders* possibile

Asta olandese o asta discendente. Il banditore parte da una base d'asta molto alta che man mano si riduce fino ad un prezzo minimo stabilito, salvo precedente aggiudicazione. Solitamente, se l'offerente ha un interesse concreto e attuale non attende molti ribassi, temendo di vedersi sottratto il bene. Il nome deriva dalle vendite, così effettuate, dei fiori recisi tipiche dei Paesi Bassi, anche se poi utilizzata per altre categorie merceologiche. Si ha notizia di una simile asta a far data XVII secolo per il mezzo di un catalogo che descrive un'asta chiamata *mineing*. Il banditore dava inizio all'asta con un prezzo alto che diminuiva progressivamente finché qualcuno gridava *mio*. Al grido, l'asta invertiva la rotta e diventava ascendente al rialzo fino all'aggiudicazione al miglior offerente. Ancor oggi, *Filene's*, un grande magazzino di Boston, espone merci contrassegnate dalla data di esposizione e dal prezzo, ed il prezzo diminuisce con l'aumentare del tempo di giacenza del bene.

Qualora le offerte siano segrete, si distingue fra:

Asta al primo prezzo con offerte segrete. I potenziali acquirenti, ignari delle offerte altrui, manifestano la propria intenzione presentandola in busta chiusa, i risultati verranno resi noti all'apertura e si aggiudicherà l'asta l'offerta più alta.

Asta al secondo prezzo con offerte segrete. Nota anche come *asta di Vickrey* dal nome del premio Nobel per l'economia che la introdusse in letteratura nel 1996, quest'asta si caratterizza perché il bene è aggiudicato a chi offre di più ma l'aggiudicatario non corrisponde il prezzo da lui offerto, ma quello immediatamente inferiore al suo, in modo che nessun partecipante sia frenato dalla paura di fare un'offerta troppo alta, cosa che invece avviene nell'asta al primo prezzo[21].

A ben vedere, dunque, v'è una certa equivalenza fra l'asta olandese e quella al primo prezzo con offerte segrete e fra asta

21. W. VICKREY, *Counterspeculation, auctions, and competitive sealed tenders*, in «Jornaul of Finance», American Finance Association, 1961.

inglese e quella al secondo prezzo con offerte segrete. Infatti, nel primo caso il potenziale acquirente è all'oscuro delle offerte degli altri partecipanti per cui dovrà scegliere il proprio prezzo di riserva senza parametri di paragone, nel secondo caso, invece, il prezzo di riserva è modificabile nel momento in cui acquisisce informazioni sulle valutazioni dei propri avversari durante lo svolgimento dell'asta.

Inoltre, nel primo caso l'aggiudicatario pagherà esattamente il prezzo offerto, nella seconda ipotesi, il secondo prezzo più alto.

Ulteriormente, a seconda dei parametri presi in considerazione, possono aversi diverse distinzioni fra i tipi d'asta. Facendo riferimento alla natura dell'oggetto messo all'asta possiamo distinguere:

- *Asta a valore privato.* Ogni partecipante si basa solo sulla sua preferenza, attribuendo al bene un valore meramente soggettivo indipendente da qualsiasi parametro.
- *Asta a valore comune.* Il bene posto in asta ha un valore oggettivo, sconosciuto ai partecipanti che tentano di stimarlo.
- Altro criterio di divisione concerne la temporalità delle offerte.
- *Asta a offerte simultanee.* È un'asta particolarmente veloce, i partecipanti manifestano la propria offerta mediante segno della mano quasi simultaneamente, ciò consente di prendere conoscenza delle valutazioni degli avversari e poter rivedere la propria offerta. Questo tipo di asta è conosciuta anche come asta giapponese
- *Asta a sistemi aleatori.* Non esiste un ordine di partecipazione. Le offerte sono presentate al banditore in forma privata. Successivamente, viene proclamato il vincitore. Può essere di diversi tipi:
- *Asta muta.* Tutte le offerte avvengono per iscritto
- *Asta a stretta di mano.* Il banditore si posiziona al centro fra i partecipanti tenendo in mano un panno. Gli acquirenti a turno, secondo un ordine casuale e non prestabilito, gli stringono la mano al di sotto del panno, dichiarando così la propria offerta a seconda del dito toccato. Nello stesso

tempo, a voce alta, annuncia l'unità di valuta utilizzata. In questo tipo di conduzione la segretezza dell'offerta incentiva comportamenti strategici.

- *Asta sussurrata*. L'acquirente sussurra all'orecchio del banditore la propria offerta all'insaputa degli altri.
- *Asta a sistemi non aleatori*. In questo caso, esiste un ordine prestabilito nel sottoporre le offerte al banditore.

Ed infatti l'*asta silenziosa* può avere una durata di tempo variabile da poche ore a qualche settimana mentre nell'*asta a intervallo di tempo* si prestabilisce un lasso temporale alla fine del quale l'asta ha termine, solitamente ha inizio al momento dell'accensione di una candela e termina quando questa si spegne. Si aggiudica il bene colui che ha avanzato l'offerta più alta. In questo caso il comportamento dei *bidders* può essere anche diametralmente opposto, se c'è chi preferisce attendere gli ultimi istanti di vita della candela per fare un'offerta decisiva ed evitare rilanci e altri, invece, sin da subito esordiscono con un'offerta alta per scoraggiare i concorrenti.

Nell'*asta orale a rotazione* i partecipanti si dispongono a cerchio attorno al banditore e, in ordine, comunicano la propria offerta. Aggiudicatario è colui il quale offre il prezzo più alto.

È lapalissiano che qualunque sia il sistema adottato, è interesse del venditore, al fine di attrarre quanti più partecipanti possibile, offrire una serie dettagliata di informazioni sul bene, comprensiva di certificazioni sul valore del medesimo.

Da quanto sin ora menzionato, è evidente che il meccanismo della vendita all'asta crea una competizione fra i partecipanti, pur tuttavia, nella pratica si verificano dei comportamenti scorretti che inficiano la trasparenza delle transazioni.

In primo luogo, ci si riferisce ai comportamenti cooperativi che possono insorgere fra *bidders* per massimizzare il profitto atteso, cd. *Ring*. Questi cartelli collusivi si caratterizzano per la forma organizzativa stabile nel tempo, l'eliminazione della competizione fra i componenti interni in danno degli altri *bidders* e del banditore. In sostanza, solo un membro del ring partecipa davvero all'asta e, nel modello inglese, la conseguenza è che il prezzo di vendita è pari a quello più alto offerto dai *bidders* non appartenenti al ring. Avvenuta l'aggiudicazione, il bene viene nuovamente posto all'asta, in danno del venditore e della casa d'asta, solitamente a busta chiusa, e il ricavo che ne deriva viene diviso tra i partecipanti all'accordo[22]

> L'accordo collusivo deve essere regolato da meccanismi di funzionamento interni. La sostenibilità dei cartelli e dei profitti da collusione dipende dal grado di apertura del cartello. Negli accordi forti la selezione dei membri è decisiva, in quelli deboli è possibile prevedere l'adesione di nuovi collusi[23].

Il ring è possibile anche nelle aste on line.

Per prevenire tale strategia, il venditore sarà costretto ad aumentare il prezzo di riserva, costringendo il ring ad acquistare a quella cifra. Se il banditore è particolarmente acuto ed esperiente, potrà rendersi conto, in corso d'asta, dell'accordo e concluderà la vendita con un'offerta fittizia.

Nelle aste segrete al primo e al secondo prezzo e nell'asta olandese, la segretezza e la mancanza di tempo riescono a far saltare il ring.

La collusione, tuttavia, può instaurarsi anche fra banditore e venditore. In questo tipo di accordo, Il banditore aumenta il prezzo di riserva, per far lievitare il valore delle offerte. Il venditore medesimo, poi, può mettere in atto un'operazione assai rischiosa avanzando offerte superiori al proprio prezzo di riserva. Tale meccanismo induce in errore i compratori che crederanno ad una valutazione maggiore e saranno indotti ad offrire per lo stesso artista, ad esempio in altre compravendite, somme superiori a quelle precedenti, facendo impennare le quotazioni e creando così l'effetto cd. *bolla speculativa.*

Chi agisce in questo tipo di collusione se, da un canto, mira ad innalzare la quotazione di mercato, nel caso di mancata aggiudicazione, rischia, per converso, di ricomprare il proprio bene pagando una doppia provvigione alla casa d'asta, una come venditore, ed una come acquirente.

---

22. C. Herchenroder, *Il mercato dell'arte*, Bompiani, Milano, 1980
23. L. Visconti Parisio, *Aste collusive,* https://bit.ly/2TlMnNc, 2007

Ancora, l'accordo illecito può avvenire tra banditore ed acquirenti, solitamente viene messo in atto tramite il concordare fra loro, in precedenza, un linguaggio muto di segni tali da compromettere il risultato dell'asta.

Al di là di questi comportamenti scorretti, nel mercato dell'arte tramite asta ne esistono una molteplicità che influiscono sull'andamento delle transazioni, basti pensare ai banditori che manomettono le buste per consentire ad alcuni *bidder* di avanzare altre offerte o per modificare le offerte al fine di massimizzare i guadagni della casa d'asta oppure che fingono di avere un prezzo di riserva, o che si servono di terze persone complici per far avanzare offerte al rialzo, senza contare le case d'asta che riescono anche ad ottenere finte certificazioni di qualità da critici corrotti.

Di fatto, sul mercato operano dei circuiti caratterizzati dalla messa in atto di comportamenti illeciti non punibili alla stessa stregua del mondo finanziario, ove condotte simili sono punibili con reati penali tipici[24]

Il mercato dell'arte, si anticipava, non è rimasto indenne all'avvento di internet e sempre più spesso e con crescita esponenziale le transazioni si spostano verso il commercio on-line, che è riuscito a contagiare anche le case d'asta più importanti al mondo, la storica Sotheby's, che sin da subito ha dimostrato la propria dinamicità, lungimiranza e capacità di adattarsi all'evoluzione dei tempi e alle nuove tecnologie, proponendo anche aste on-line, così come la numero uno al mondo, Christie's .

In questo tipo di transazioni, intermediario è il gestore web che, da un canto, riceve le offerte dei venditori e dall'altro le posiziona in un sito/piattaforma cui accedono i compratori. La vera sfida, in questo caso, consiste nel crearsi una posizione di affidabilità e serietà tali da rassicurare i compratori. Difatti, la mancanza del possesso fisico dell'oggetto in asta, cui consegue l'impossibilità di verificarne la qualità e lo stato conservazione, pur se sopperita attraverso la descrizione puntuale della medesima e dal corredo fotografico, è un grande deterrente, specie qualora si tratti di oggetti di valore importante. Anche in questo

24. G. Adam, *La face caché e du marché de l'art*, Beaux Arts Edition, 2018.

caso, dunque, la scriminante è la serietà e la reputazione dell'intermediario.

È utile fare una prima distinzione tra *aste consumer to consumer*, anche dette C2C che si svolgono tra collezionisti privati, *aste business to consumer* (B2C), in cui le gallerie o i mercanti d'arte vendono ai collezionisti, *aste business to business* (B2B) tra addetti ai lavori, ed infine quelle in cui è il collezionista a vendere ai galleristi (C2B). Quest'ultimo tipo è il meno comune.

Anche le aste on line possono essere di vari tipi. La tipologia più comune resta l'asta inglese, simile a quella dal vivo. Il potenziale acquirente valuta il prezzo e il tempo di durata dell'asta, che in questa formula è prestabilito, propone la propria offerta e segue l'andamento sul sito, che solitamente avverte del superamento della propria offerta. Sovente accade che il *bidder* interessato utilizzi una strategia cd. *Sniping* consistente nel rilanciare un'offerta all'ultimo minuto, senza rivelare in anticipo la propria valutazione del bene.

Per prevenire tali comportamenti il venditore si riserva il diritto di estendere la durata dell'asta, e in tal caso il *bidder* dovrà verificare man mano l'andamento per poter rilanciare, oppure, in alternativa, si avvale di un sistema *proxy bidding*, che consente al *bidder* di indicare in un apposito campo il valore massimo che è disposto a spendere. Nel caso in cui l'offerta corrente massima superi l'offerta del *bidder*, un banditore virtuale, il software stesso, rilancia automaticamente in sua vece, fino a che non si sia giunti al proprio prezzo di riserva. Questo metodo permette di rispettare le regole dell'asta inglese dal vivo, in quanto il bene viene aggiudicato a chi lo valuta di più, al prezzo della seconda valutazione più alta.

Un sistema tipico delle aste on line è la cd. *double auction*, sostanzialmente si tratta di un'asta doppia, in cui sia il venditore sia il compratore aggiornano continuamente le proprie offerte ed il proprio prezzo di riserva. Alcuni siti predispongono anche gli strumenti idonei per le cd. *aste package bidding*, cioè per fare offerte sia per singole unità che per un intero lotto. Nel caso in cui la somma dei singoli prezzi di aggiudicazione sia inferiore all'offerta sul lotto intero, il vincitore è colui che ha fatto l'offerta più alta sul lotto, altrimenti prevale l'offerta più alta per ciascun bene messo in vendita[25].

Così come le aste dal vivo, anche quelle che si svolgono virtualmente non sono esenti da meccanismi collusivi, si pensi alla possibilità per un solo acquirente di registrarsi con più indirizzi e mail falsi alterando il risultato dell'asta.

Una delle strategie più comuni per abbassare il prezzo di un bene consiste nell'effettuare un'offerta di modico valore, e incrementarla successivamente tramite un complice o personalmente sotto altro nome in modo da scoraggiare altri compratori, salvo il ritirare questa seconda offerta poco prima dell'aggiudicazione decretandone l'acquisto al prezzo della prima proposta.

Ulteriormente, può verificarsi l'ipotesi dello *shilling* già analizzato per le aste dal vivo.

La rete, dunque, e in particolare i social media sono diventati uno strumento essenziale per il settore dell'arte.

Tra questi, Instagram rappresenta per gli artisti uno strumento di marketing privilegiato per utenti. Con il suo miliardo di utilizzatori, infatti, è il media preferito dal 63% degli intervistati, in aumento dal 57% del 2017,ed è diventato un canale strategico per raggiungere collezionisti che va ad aggiungersi a quelli tradizionali[26]

Le indagini di mercato, infatti, segnalano come anche grandissimi collezionisti oggi si servono di questo social per poter scoprire nuovi artisti, indagare sui nuovi trend, selezionare e analizzare delle opere su cui investire.

L'esistenza di un artista sui social, dunque, diventa fondamentale per la propria promozione, tuttavia, richiede un utilizzo consapevole e ben strutturato dello strumento, preferibilmente da far gestire a figure specializzate nel settore della comunicazione social. Bisognerà, infatti, attenzionare la coerenza dei contenuti pubblicati avendo rispetto da un canto all'idea che l'artista vuol trasmettere della propria arte e di se stesso, dall'altro, alla tipologia di utenza, compratori/collezionisti che si vuol raggiungere.

---

25. F. Della Gatta, *op. cit.*
26. Cfr. *Hiscox Online Art Trade Report*, Art Tartic, 2018.

Nella condivisione dei contenuti deve farsi riferimento sempre all'obiettivo finale che si vuol conquistare, ad es. promuovere una mostra, vendere l'opera, mostrare il processo creativo che v'è dietro e il *concept*. In considerazione della finalità si deciderà poi se condividere esclusivamente foto del proprio prodotto finale oppure se utilizzare immagini connesse di riferimento proprie o altrui, oppure se pubblicare video con contenuti esclusivamente concernenti la propria produzione artistica o la filosofia sottostante o di altro genere. Uno dei risultati più importanti che si può raggiungere sui social è la condivisione dei propri post, specie se avviene nel profilo di un collezionista o di un operatore della filiera. Ad esempio, oggi essere condivisi dal collezionista *Simon De Pury*, con i suoi quasi 200 mila *follower*, decreta una consacrazione per l'artista, posta la capacità di influenzare il mercato[27].

Oggi sono tantissimi gli artisti di fama internazionale che utilizzano questo strumento con un seguito di milioni di *follower*.

Ciascuno adotta delle tecniche singolari e innovative per promuoversi tali da far diventare il profilo medesimo un'opera d'arte. *Bansky*, il più famoso e geniale *street artist* planetario, ad esempio, è seguito da oltre sei milioni di follower e promuove, in linea con l'alone di mistero leggendario che è riuscito a creare intorno alla sua figura, le sue creazioni segnalando tramite post, con anticipo di ventiquattro ore, la posizione e l'ora esatta in cui saranno visibili, ingenerando una sorta di competizione a chi per primo riesce a visitarle. Il suo profilo, su cui spesso posta opere passate, è espressione del suo carattere e della sua filosofia di vita che si riflette in ogni opera, improntata alla denuncia sociale e attivismo in favore dei diritti umani e tematiche ambientali.

Cindy Sherman, una delle artiste contemporanee più quotate, ha reso pubblico il suo profilo solo di recente, accanto ai consueti, quanto sempre geniali e sorprendenti ritratti, del suo viso deformato nei modi più disparati – quale strumento di denuncia dei tentativi di ridurre la donna ad immagine – e che fanno del suo profilo un'opera d'arte esso stesso, non di rado condivide foto dei luoghi in cui si trova o di momenti di vita personali.

27. A. Concas, *Instagram* per l'arte, https://bit.ly/3928JtV.

Recentemente anche Damien Hirst è approdato ad Instagram e promuove la sua produzione con numerose immagini che raccontano sia le fasi di realizzazione che di esposizione. A differenza di Bansky che spesso non commenta alcunché, i suoi post sono accompagnati da una breve descrizione. Anche *Brian Donnelly* è attivissimo e, seguito da oltre due milioni di *follower*, utilizza il suo profilo ritraendo momenti di vita privata, creando stories continuative e dinamiche tali da consentire a chi lo segue di entrare nella sua realtà, e promuovendo i brand con cui collabora.

Stesso seguito sul social per *Tanaka Tatsuya*, che quasi quotidianamente condivide foto delle sue scene di vita in miniatura accompagnate da brevissime descrizioni e *hashtag*. La sua presenza su Instragram è arricchita dall'utilizzo delle storie che le consentono di rimanere in contatto con il suo seguito.

Mauirizio Cattelan ha scoperto Instragram da poco e utilizza una strategia comunicativa singolare consistente nel postare un'unica fotografia da sostituire dopo pochi giorni con un'altra, ribaltando l'idea di archivio permanente tipico dei social e inducendo i *follower* a seguirlo costantemente per non perdersi i post[28].

Accanto a Instragram, altro luogo virtuale su cui è possibile veicolare, con ottimo riscontro, le proprie opere, è LinkedIn, che conta fra i suoi milioni di utenti collezionisti, galleristi e operatore dell'arte.

Questa piattaforma consente di creare non solo connessioni tra i manager e gli aspiranti lavoratori ma di innescare connessioni lavorative con gli operatori della filiera del mercato attraverso la condivisione di post dal taglio più professionale.

4. I numeri del mercato dell'arte

A conclusione di quanto sin ora analizzato, si tenterà di fornire uno sguardo globale al settore.

Secondo il report sul mercato dell'arte 2018 condotto da Detoille le minacce capaci di inficiare funzionamento del merca-

28. *Ibidem.*

to dell'arte sono, sostanzialmente, le stesse che da sempre caratterizzano questo particolare settore e sono riconducibili all'autenticazionee provenienza, manipolazione dei prezzi, conflitti di interesse e mancanza di trasparenza.

Anche su questo fronte, deve segnalarsi che la tecnologia sta già svolgendo un ruolo fondamentale nell'evoluzione dei servizi legati alla gestione dei patrimoni artistici, ad esempio, tramite l'aumento degli strumenti utilizzati per la valutazione e la provenienza, capaci di consentire una migliore tracciabilità delle opere d'arte, incrementando la trasparenza e la fiducia nel mercato.

Tra le principali tendenze del 2018, necessitano di essere segnalate la rivalutazione delle donne nel sistema dell'arte globale, la sempre più notevole importanza dell'arte contemporanea africana e la crescita esponenziale del mercato dell'arte in asiatica.

Relativamente al primo aspetto si segnala come le artiste di sesso femminile siano riuscite a raggiungere quotazioni molto più alte rispetto al passato nelle aste internazionali e a ottenere attenzione e riconoscimento da grandi musei, processo favorito anche da un sempre maggiore interesse alle pari opportunità. In tal senso, risulta sintomatico il fatto che al terzo posto della 2018 Power 100 di Art Review, che annualmente stila la classifica delle figure più influenti del contemporaneo mondo dell'arte, presenzi #MeToo, movimento virale internazionale di denuncia contro le violenze e gli abusi sulle donne[29].

È cresciuta anche la quota di collezionisti africani attivi sul mercato dell'arte internazionale, che possono favorire l'apporto di nuovi capitali e l'apertura di nuovi canali di compravendita. L'arte contemporanea africana ha conosciuto soprattutto nel 2018 il riconoscimento da parte del sistema artistico globale, sia con riferimento alle gallerie, mostre e istituzioni, sia con riferimento ai risultati d'asta si pensi in particolare al pittore Kerry James Marshall (1955), una cui opera, *Past Times, è stata battuta* a Sotheby's New York a $ 21 milioni (contro una stima di $ 8-12 milioni) al produttore musicale Puff Daddy.

È cresciuta, inoltre,anche la quota di collezionisti africani attivi sul mercato dell'arte internazionale, che possono favorire

29. Cfr. https://artreview.com/power_100/metoo/

l'apporto di nuovi capitali e l'apertura di nuovi canali di compravendita[30].

L'ultimo decennio ha visto l'ascesa della Cina sul mercato mondiale, questo dato, unitamente all'eccezionale capacità di produrre arte contemporanea, che oggi rappresenta la fonte per eccellenza del mercato dell'arte, costituisce un aspetto fondamentale che preannuncia un'inarrestabile ascesa della regione Asia-Pacifico, già epicentro dei flussi di capitali mondiali, nel segmento di mercato di cui ci si occupa.

Questa crescita è alimentata non solo dalla Cina ma anche dal Giappone, Corea, Taiwan, che assumono un peso sempre maggiore nelle aste internazionali.

Significativi sono i dati riportati da Sotheby's nel report *Contemporary art in Asia*, nel quale è dato leggere intanto che la *Spring Contemporary art sale* a Hong Kong è leader di mercato nel fronte asiatico, avendo superato le vendite effettuate da Christie's e Phillips, inoltre, che l'interesse asiatico per i capolavori dell'arte occidentale è notevole, tanto da aggiudicarsi lotti importanti nelle aste londinesi fra cui *Il Bacio di Rodin* per 12,6 milioni e un acquerello di *Schiele*.

Interesse crescente v'è anche nei confronti degli artisti asiatici, e in particolare del gruppo *Gutai* con vendite pari alla totalità delle opere messe in vendita ad un prezzo doppio della base d'asta[31].

La specificità dell'arte asiatica è una straordinaria capacità di mescolare generi diversi, ad esempio, le pratiche tradizionali di pittura e calligrafia con elementi innovativi, spesso anche con procedure tecniche o elettroniche d'avanguardia.

Il mercato dell'arte ha ancora un enorme potenziale di crescita proprio perché è il mercato per l'originalità e l'unicità per eccellenza , in un mondo in cui tutto può essere riprodotto[32].

Il 2018 non è stato un anno facile per l'economia mondiale, tuttavia, il mercato dell'arte, specie nel settore moderno e contemporaneo ha registrato trend di crescita costanti durante tut-

30. P. Ripa – R. Ghilardi – N. Maggi, *Il mercato dell'arte e dei beni da collezione*, Detoille, 2019.

31. Cfr. *Contemporary art in Asia*, Sotheby's, 2018.

32. T. Ehrmann – W. Jie, *The Art market*, Artprice & AMM, 2018.

to l'anno, a dimostrazione che i collezionisti sono ancora disposti ad investire per acquisire oggetti rari e di alto valore, come dimostra la vendita di *Wood and Rock* di Su Shi realizzata da Christie's Hong Kong per $ 62 milioni o il *Juin-October 1985* di Zao Wou-Ki, che ha totalizzato oltre $ 67 milioni a Sotheby's Hong Kong.

Al di là delle vendite record si registra un dato particolarmente incoraggiante costituito dalla crescita anche delle transazioni di modico valore, a dimostrazione che la collettività, in generale, mostra un interesse sempre più alto nei confronti del consumo artistico.

Questo fenomeno è, probabilmente, da attribuirsi, da un canto, al boom di mostre nei musei e alle sempre più ricche occasioni di incontro culturale, dall'altro, all'espansione dei siti di vendita on-line.

Il museo, come si accennava precedentemente, nonostante le nuove tecnologie e vetrine, rimane *location* ambita da ogni artista. In più, negli ultimi anni, anche grazie a innovative strategie promozionali, di intrattenimento e interventi istituzionali, è diventato per gli utenti vero e proprio tempio del nostro XXI secolo: basti pensare che il numero di visitatori si è quantomeno decuplicato negli ultimi venti anni.

Il *Global Art Market* ha registrato un terzo anno consecutivo di crescita grazie a un volume record di transazioni, 539.000 lotti venduti.

Il fatturato annuale globale delle aste d'arte, nel 2018, continua a registrare, sulla scia dell'anno precedente, un'evoluzione positiva, incrementando del 4% e raggiungendo $ 15,5 miliardi.

Tale andamento è supportato dai mercati occidentali, che registrano una crescita del 12%, in particolare da quello americano, che ha ottenuto il suo miglior totale in assoluto a $ 5,9 miliardi, registrando una crescita del 18%. Il Giappone fa registrare l'aumento più importante, con il suo 31%, ma anche l'Italia vanta una crescita considerevole, seppur pari quasi alla metà di quella or ora citata; diminuisce del 10%, invece, il mercato francese dell'arte secondaria.

Il mercato dell'arte cinese, in calo, ha proseguito la ristrutturazione iniziata nel 2015 con le case d'asta del paese che cercavano di ridurre i tassi invenduti.

Pablo Picasso, nel 2018 con 3.390 lotti venduti che hanno generato 744,4 milioni di dollari, risulta essere il simbolo del mercato globale.

Christie's, dopo i successi strepitosi ottenuti con i risultati da record di Jean-Michel Basquiat ($ 110,5 milioni) e Leonardo da Vinci ($ 450 milioni), ha confermato il suo prestigio di casa d'asta numero uno al mondo con la vendita della Rockefeller Collection e con la vendita di Edmond de Belamy, il primo lavoro interamente progettato da un programma di intelligenza artificiale senza alcun intervento umano, opera prima del collettivo *Obvious*. Il lotto, stimato tra $ 7.000 e $ 10.000, è stato oggetto di frenetiche offerte che non si sono fermate fino a raggiungere $ 432.500, quasi 45 volte la sua stima alta.

Nel 2018 gli artisti moderni hanno attirato le migliori offerte con due risultati sopra la soglia da $ 100 milioni.

Le case d'asta, al fine di assicurarsi lotti speciali, investono somme esorbitanti in sistemi di garanzia, tanto avere un impatto negativo sui margini di utilità, a tal proposito, è significativo segnalare come il prezzo delle azioni di Sotheby's, casa d'asta numero due al mondo, ha registrato una perdita del dieci per cento dopo aver annunciato i suoi profitti H1 2018 e ciò nonostante un aumento del fatturato e il record storico dovuto alla vendita di *Nu Couché* di *Modigliani (sur le côté gauche)* (1917-18) per $ 157 milioni.

I dati di questo anno, in sostanza, dimostrano che gli acquirenti sono pronti a investire in opere eccezionali, ma non hanno interesse a opere meno rilevanti.

Londra – nota per il mercato degli *Old Masters* – e New York – su cui si incentra il meglio della Western Art History, dall'arte del XIX secolo alla creazione contemporanea – dominano definitivamente il mercato occidentale, con ciascuna città che rappresenta quasi interamente il fatturato d'asta del rispettivo paese. Tuttavia, la prima potrebbe essere influenzata dalla Brexit e l'intera Europa potrebbe dover trovare un nuovo equilibrio o, forse, essere ancora più esposta al dominio di New York. La

Cina ($ 4,5 miliardi di fatturato), invece, ha un mercato dell'arte più equamente distribuito, costruito intorno a quattro poli principali: Pechino, Hong Kong, Shanghai e Guangzhou, in ordine di rilevanza. Christie's, Sotheby's e Phillips sono riusciti a fondare a Hong Kong, ma le case d'asta cinesi regnano sul continente.

In cambio, i collezionisti cinesi partecipano attivamente alle vendite di prestigio di New York e Londra e contribuiscono all'industria museale proprio come i principali acquirenti mediorientali.

Relativamente al mercato delle aste d'arte cinesi, calligrafia classica e pittura ad olio contemporanea costituiscono importanti risorse per il mercato.

A conclusione di questa breve analisi, deve evidenziarsi come a fronte delle quasi 457.000 aggiudicazioni globali, solo una piccola percentuale, meno del quattro per cento, ha riguardato prezzi superiori a $ 50.000. Western Art Market dunque è assolutamente accessibile e più della metà delle opere vendute all'asta vengono aggiudicate per meno di $ 1.000 (52%), rapporto che sale al 79% se aumentiamo il budget a $ 5.000.

Il segmento degli *Old Masters* sta gradualmente diminuendo la sua influenza in Occidente, a parte l'attenzione per le grandi eccezioni come il *Salvator Mundi* nel 2017, anche per via delle annose questioni legate alla provenienza delle opere, alla loro autenticità, alla loro conservazione, alla loro esportazione, ecc.

In definitiva, in un'epoca di tassi d'interesse negativi, l'arte è più che mai una seria alternativa agli investimenti tradizionali, suscettibile di generare rendimenti competitivi a medio e lungo termine.

5. Tecnologia Blockchain per la protezione e lo sviluppo della più sacra delle proprietà

Le opere dell'ingegno sono attualmente tutelate in Italia dalla legge 22 aprile 1941 n. 633 ("Legge sul diritto di autore"), la quale pone come condizione che l'opera presenti *carattere creativo,* ovvero che in essa si ritrovi un minimo di individualità rappresentativa tale da distinguerla dalle opere che l'hanno preceduta.

La Giurisprudenza maggioritaria ha ricondotto codesto requisito a due concetti essenziali, quali l'originalità e la novità dell'Opera, che richiederebbe un apporto di qualcosa che prima non esisteva.

Diversamente dai diritti di privativa (marchi, brevetti, disegni e modelli), che ricadono sotto la protezione del Codice di Proprietà Industriale (D.Lgs 10 febbraio 205 n. 30), le opere protette dal diritto di autore non sono soggette ad un sistema di registrazione costitutivo dei diritti giuridici: la loro tutela è riconosciuta dall'ordinamento per il solo fatto di aver creato un'opera originale e creativa, fin dal momento iniziale della sua creazione.

Le opere dell'ingegno in cui si ritrova un carattere creativo, nell'elencazione fornita dall'articolo 1 della legge del 22 aprile 1941, sono le seguenti:

- opere letterarie, drammatiche, scientifiche, didattiche, religiose, in forma scritta o orale;
- opere e composizioni musicali, con o senza parole, opere drammatico musicali e variazioni costituenti opera originale;
- opere coreografiche o pantomimiche, delle quali sia fissata la traccia per iscritto o in altro modo;
- opere dell'arte figurativa (scultura, pittura, disegno, compresa la scenografia, incisione ed arti similari)
- disegni ed opere di architettura;
- opere fotografiche o espresse con procedimento analogo, sempre che non si tratti di semplice fotografia protetta dalle norme del Capo V e del Titolo II;
- programmi per elaboratore;
- banche dati;
- opere del disegno industriale, che presentino di per sé carattere creativo e valore artistico.

Le problematiche poste dalla normativa sul diritto d'autore sono note: la legge 22 aprile 633 del 1941 pone una *praesumptio iuris tantum* per individuare l'autore delle opere protette dalla legge[33], e non sono richiesti altri adempimenti e formalità per assumere tale qualità, e quali condizioni per l'esistenza di tale diritto[34]; alla luce della recente evoluzione tecnologica e dello sviluppo di Internet, si è palesata l'esigenza di una maggiore certezza giuridica nella protezione della paternità delle opere dell'ingegno, e si è evidenziata una richiesta di tutela degli autori dallo sfruttamento illecito di opere on-line.

La circolazione dei diritti delle opere dell'ingegno in particolare è soggetta alla ricostruzione di una corretta catena dei diritti di autore, e questa è spesso un'operazione defatigatoria e dilatoria proprio per la mancanza di formalità e di certezza giuridica che connotano l'impianto normativo del diritto d'autore, caratterizzato dall'aleatorietà dell'analisi su opere precedenti finalizzata ad accertare la sussistenza dell'originalità e la novità di un'opera successiva.

Il sistema vigente è caratterizzato da un meccanismo di registri[35] e di formalità che non hanno valore costitutivo.[36] In particolare, gli atti di trasferimento del diritto di autore, o di costituzione su di essi di diritti di godimento o di garanzia, o provvedimenti di espropriazione e dichiarazioni di ritiro dell'opera dal commercio, possono essere iscritti nel Registro generale delle opere protette istituito presso l'Ufficio della proprietà letteraria, artistica e scientifica presso la Presidenza del Consiglio dei Ministri ed ora tenuto dal Ministero per i beni e le attività culturali, nonché nel Registro di pubblicità e deposito delle

---

33. L'articolo 8 della Legge 633/1941 *Legge sul diritto d'autore* dispone che «È reputato autore dell'opera, salvo prova contraria, chi è in essa indicato come tale, nelle forme d'uso, ovvero è annunciato come tale, nella recitazione, esecuzione, rappresentazione o radiodiffusione dell'opera stessa». Spetterà quindi a chi contesta tale qualità e assume che l'opera non è stata creata da chi si è qualificato come autore, dare la prova del proprio assunto.

34. Il carattere costitutivo delle formalità che era stato adottato dalla prima legge italiana sul diritto di autore del 1865-82 (Testo Unico del 19 settembre 1982 n. 1012) fu poi abrogato dal decreto del 7 novembre 1925 n. 1950, il quale dette una nuova disciplina del diritto di autore in Italia.

35. G. Jarach – A. Pojaghi, *Manuale del diritto d'autore*, Mursia, pp. 216 ss.

36. L. C. Ubertazzi, *Codice del diritto d'autore*, Giuffrè, Milano, 2001, p. 209. Precisa che i registri porevisti dall'articolo 103 della L. 633/1041 sono organizzati su base reale in base alle diverse esclusive registrate.

opere previsto dall'articolo 104 L. 633/1941[37], ma tali registrazioni non hanno efficacia costitutiva di diritti, ma adempiono ad una funzione di pubblicità-notizia a carattere facoltativo e, quale presunzione *juris tantum*, fanno fede fino a prova contraria dell'esistenza dell'opera, del fatto della sua pubblicazione e della qualità di titolari dei diritti ivi iscritti[38].

Il processo di comparazione tra opere è particolarmente complicato e dagli esiti incerti, in quanto l'assenza di registri consultabili rende la ricerca e la certezza impossibile, con il conseguente spettro di incertezza giuridica.[39]

La rivoluzione tecnologica che ha caratterizzato l'ultimo secolo, l'avvento di Internet e la velocità nello sviluppo di nuove tecnologie hanno avuto un ruolo estremamente importante nel diritto di autore, venendo a costituire un importante mezzo di promozione degli e circolazione delle opere degli Autori,ma, al contempo, uno strumento di diffusione e di riproduzione e facile appropriazione ed elaborazione di opere e diritti altrui.

La fluidità di Internet e la costante innovazione tecnologica hanno permeato il settore dell'Arte, ed hanno reso necessario la ricerca di risposte che garantiscano la tutela della paternità

---

37. G. Jarach – A. Pojaghi, cit., pp. 212 ss. L'art. 104 L. 633 1941 recita: «Possono, altresì, essere registrati nel registro, sull'istanza della parte interessata, con le forme stabilite dal regolamento, gli atti tra vivi che trasferiscono in tutto o in parte i diritti riconosciuti da questa legge, o costituiscono sopra di essi diritti di godimento o di garanzia, come pure gli atti di divisione o di società relativi ai diritti medesimi. Le registrazioni hanno anche altri effetti di carattere giuridico od amministrativo in base alle disposizioni contenute in questa legge o in altre leggi speciali».

38. L'articolo 103 L. 633/1941 dispone che «È istituito presso la Presidenza del consiglio dei ministri un registro pubblico generale delle opere protette ai sensi di questa legge .Nel registro di cui al primo comma sono registrate le opere soggette all'obbligo del deposito con la indicazione del nome dell'autore, del produttore, della data della pubblicazione e con le altre indicazioni stabilite dal regolamento. La Società italiana degli autori ed editori è affidata, altresì, la tenuta di un registro pubblico speciale per i programmi per elaboratore. In tale registro viene registrato il nome del titolare dei diritti esclusivi di utilizzazione economica e la data di pubblicazione del programma, intendendosi per pubblicazione il primo atto di esercizio dei diritti esclusivi. La registrazione fa fede, sino a prova contraria, della esistenza dell'opera e del fatto della sua pubblicazione. Gli autori e i produttori indicati nel registro sono reputati, sino a prova contraria, autori o produttori delle opere che sono loro attribuite. La tenuta dei registri di pubblicità è disciplinata nel regolamento. I registri di cui al presente articolo possono essere tenuti utilizzando mezzi e strumenti informatici»..

39. R. Battaglini – M.T. Giordano (a cura di), *Blockchain e smart contract*, Giuffrè Francis Lefebrve, 2019, pp. 471 ss.

dell'opera dell'ingegno, l'individuazione della prima opera o bozzetto, oltre alla gestione del valore immateriale di ogni singola opera dell'ingegno, nonché l'accertamento della novità di un'opera, rispetto ad opere anteriori, mediante un processo di comparazione particolarmente complicato e dagli esiti incerti.

Nel mercato dell'Arte, in particolare, nella preparazione di fiere d'arte e nelle aste, il giudizio sull'autenticità di un'opera è strettamente correlato all'accertamento della sua provenienza ed alla corretta ricostruzione della "catena dei diritti".

L'Autenticità di un'opera d'arte è, importante per i Musei ai fini della catalogazione e valutazione del proprio patrimonio, e rappresenta la qualità più importante per il collezionista, per la sua circolazione e trasferimento nazionale e internazionale. La paternità di un'opera è spesso rimessa al suo riconoscimento da parte degli eredi dell'autore, ma in molti casi si rende necessaria l'autentica di un soggetto terzo, che attesti che un'opera ha un determinato valore artistico ed economico. L'assenza di tale documento comporterà la svalutazione dell'opera, al momento della vendita.

Si può verificare una distonia tra diritto e mercato, perché talvolta le autentiche previste dai soggetti indicati dall'articolo 23 della legge sul diritto di autore[40] non sono ritenute sufficienti per il mercato, qualora il mercato stesso richieda che l'autentica provenga da un soggetto diverso, o che l'opera sia archiviata.

L'avvento della tecnologia *blockchain* ha permeato il mondo dell'arte, ponendosi come strumento a garanzia dell'autenticità dell'opera ed a tutela dei diritti patrimoniali e morali del suo autore in ambito trasnazionale, rispondendo ad una sempre maggiore richiesta di certezza giuridica.

Per esigenze di sintesi, l'analisi del funzionamento della *blockchain* sarà riassuntiva[41], utilizzando la metafora di un re-

---

40. L'articolo 23 della legge sul diritto di autore n. 633/1941 e ss.mm.ii. dispone che «Dopo la morte dell'autore il diritto previsto nell'art. 20 può essere fatto valere, senza limite di tempo, dal coniuge e dai figli e, in loro mancanza, dai genitori e dagli altri ascendenti e dai discendenti diretti; mancando gli ascendenti ed i discendenti, dai fratelli e dalle sorelle e dai loro discendenti. L'azione, qualora finalità pubbliche lo esigano, può altresì essere esercitata dal Ministro per la cultura popolare, sentita l'Associazione sindacale competente».

41. R. Garavaglia, *Tutto su blockchain*, 2018, Hoepli; H. Dietrich, *Ethereum Blockchains, Digital Assets, Smart Contracts, Decentralized Autonomous Organizations*,

gistro immodificabile le cui copie sono distribuite sui vari nodi della rete.

Il registro è organizzato in "blocchi" separati, che raggruppano insiemi di informazioni e che sono collegati per formare una catena sequenziale marcata temporalmente, registrando in un ognuno dei blocchi transazioni verificate tramite chiavi pubbliche crittografiche, insieme ad ogni altra informazione relativa alla transazione stessa.

Ogni blocco è dotato di un *header*, per organizzare il database distribuito, al cui interno è contenuto una impronta digitale (c.d. *hash*) di tutte le transazioni registrate nel blocco, la marcatura temporale e l'*hash* del blocco precedente.

La *blockchain* viene collegata attraverso i dati contenuti nell'*header*, in quanto la presenza dell'*hash* del blocco precedente consente di ricostruire in maniera cronologica la catena di blocchi[42]. La generazione degli hash, inoltre, contenendo l'impronta delle transazioni assicura l'immodificabilità delle stesse e la conseguenzialità della catena attraverso la soluzione di algoritmi matematici; ogni nodo dovrà risolvere tale algoritmo, comunicare la soluzione al network, e la soluzione sarà verificata dagli altri nodi. La difficoltà dell'algoritmo è calibrata in base al numero dei partecipanti al network, rendendo la soluzione più difficile in caso di aumento del loro numero. Se la soluzione è corretta, il nodo è aggiunto alla *blockchain* e quindi salvato su tutti i nodi dei partecipanti al network.

Le informazioni memorizzate sulla *blockchain* in conseguenza dell'utilizzo della crittografia a chiave pubblica, non potranno essere cancellate o variate e nemmeno se consente identificazione e tracciabilità.

La tecnologia *blockchain* per le sue caratteristiche è in grado di provare l'esistenza di un'informazione con data certa (*timestamp*), non è confinabile entro limiti giurisdizionali consente di superare il problema di rischio di perdita della prova documentale, e, per la sua natura "trustless", risolve il problema dell'e-

---

2016, Wildfire Publishing; *e IOT*, WoltersKluver 2018; R. Battaglini – M.T. Giordano, *cit.*; F. Sarzana di S. Ippolito – M. Nicotra, op. cit., pp. 14 ss.

42. F. Sarzana di S. Ippolito – M. Nicotra, op. cit.

ventuale attacco all'imparzialità di un "Certificatore tradizionale"(quali sono il notaio o la SIAE).[43]

Nel mondo dell'Arte, la *blockchain* sta trovando varie applicazioni: in Italia un gruppo di creativi ha sviluppato "Creativitysafe", un registro decentralizzato che non viene gestito da alcuna istituzione, ma che si affida a protocolli informatici e tecniche matematiche di crittografia per il suo aggiornamento e la sua manutenzione, consentendo la creazione di un registro probatorio dell'opera dell'ingegno in tutto il suo percorso creativo di sviluppo.[44]

La natura ubiqua e globale della *blockchain*, infine, consentirebbe la realizzazione di un unico potenziale registro dei diritti (catena dei diritti) che dipende unicamente dalla veridicità del nodo iniziale del registro; uno dei maggiori problemi nello sviluppo di registri per l'arte, secondo Diana Wierbiki e Amanda Rottermund[45], consisterebbe in:

> one of the biggest problems with using blockchain technology in the development of art registries, especially in situations like the Old Master painting example in which the artwork has previously changed hands a number of times, may be an unrealistic optimism on behalf of the technology companies that the information stored on a blockchain will be accurate and free from misinformation, mistakes, or even fraud.

Ovviamente non è una "bacchetta magica" che ha il potere di contrastare la mancanza di documenti probatori, ma la registrazione di un'opera in una *blockchain* comporta la titolarità dell'opera: *blockchain* e proprietà giuridica dell'opera divengono un unico insieme, e non si potrà procedere ad un legittimo trasferimento dell'opera, senza trasferire anche il registro *blockchain*.

> Provenance travels closely with autenticity. Where provenance describes the chain of ownership, authentication proves the correct authorship[46].

---

43. R. Battaglini – M.T. Giordano, op. cit., pp. 475 ss.
44. https://creativitysafe.com.
45. D. Wierbiki – A. Rottermund, *Trusts & Estates*, 2019.
46. A. Whitaker, *Art and Blockchain*, in «Artivate: a journal of entrepreneurship in the arts», vol. 8, n. 2, 2019.

La *blockchain*, nel settore artistico, non assolve solo alla funzione di "data certa" o tracciabilità della paternità dell'opera, ma è uno strumento che potrebbe agevolare gli investimenti di piccoli collezionisti nel mercato dell'Arte: consente di "tokenizzare", ovvero parcellizzare le opere d'arte, con vantaggi per i collezionisti e i quadri stessi, che aumenteranno di valore: attraverso la tecnologia *blockchain* un'opera d'arte può essere cartolarizzata (c.d."tokenizzazione") e suddivisa in più parti, ognuna rappresentata da un *token*, ovvero quote. L'opera d'arte potrà essere venduta in piccole quote di proprietà, e l'acquirente non sarà unico proprietario del bene fisico, ma otterrà un certificato di proprietà digitale dell'opera, cui corrispondono diritti più o meno ampi.- Dal punto di vista del collezionista, o del piccolo investitore in arte, la possibilità di acquisire quote di un'opera consente di diversificare gli investimenti in arte, con investimenti che non costituiscono il vero valore dell'opera dell'artista.

La prima esperienza di "tokenizzazione" applicata all'Arte risale a giugno 2018. Il dipinto di Andy Warhol *14 Small Electric Chairs* è stato tokenizzato e venduto sulla piattaforma *blockchain* Maecenas Fine Arts, attraverso aste al ribasso per un periodo di tempo predeterminato dai gestori della piattaforma, al termine del quale l'algoritmo su cui è imperniata l'intera architettura della piattaforma suddivide l'opera in azioni che vengono assegnate agli utenti vincitori. La società Maecenas ha venduto il 31,5% del valore dell'opera (14 milioni di dollari) mentre la percentuale residua di tali quote è rimasta nel possesso l proprietario originario, assicurando al contempo agli altri azionisti di godere del relativo diritto di sfruttamento economico (affitto ai galleristi, ecc.).

I registri *blockchain* quindi costituiscono un'innovazione nelle modalità di trasferimento dei diritti, e costituiscono una vera e propria rivoluzione nel sistema degli investimenti e nell'*industrial* dell'Arte . Non si tratta solo di innovazione tecnologica, ma di un tuffo nel futuro.

Capitolo IV

L'arte urbana (o *street art*) e l'opportunità di una normativa specifica a tutela delle relative opere e degli autori

Maria Rosaria Santangelo, Claudia Tozzi

1. Premessa

Abbiamo davvero bisogno di una tutela specifica per gli autori e per le opere dell'arte urbana?

E soprattutto, cosa s'intende per arte urbana o *street art* che dir si voglia?

In questo breve saggio cercheremo di affrontare la questione, senza pretesa alcuna di voler fornire una risposta univoca, ma con l'auspicio di offrire almeno alcuni spunti sui quali basare la riflessione di giuristi e artisti, perché sì, l'opinione, la voce di questi ultimi appare fondamentale al fine della istituzione di qualsivoglia strumento regolatorio e normativo che abbia ad oggetto le loro creazioni.

Chi si attende una dissertazione giuridica sulla questione della disciplina dell'arte urbana, probabilmente, rimarrà deluso, non è questo l'intento di questo breve scritto, bensì quello di ricordare e descrivere alcuni fenomeni, taluni casi ed episodi relativi all'arte urbana, affinché coloro che leggono – giuristi e non – possano, in base a tale narrazione, riflettere su quali strumenti potrebbero occorrere, se quelli che abbiamo a disposizione siano o meno sufficienti e quali siano i margini di azione per la creazione (è sì, sempre di opere si tratta, anche per le regole di diritto) di una disciplina, di una normativa *ad hoc*.

Sempre con lo sguardo a ciò che accade di fronte a noi, agli episodi, ai messaggi che gli artisti con le loro opere ci vogliono inviare, poiché non ci stancheremo mai di ripeterlo, a nostro modesto avviso, nella formazione, nella predisposizione di una disciplina non si può prescindere dalla "voce" di coloro ai quali tale disciplina, tale regolamento è indirizzata.

La definizione enciclopedica[1] di street art è la seguente:

> Complesso di pratiche ed esperienze di espressione e comunicazione artistico-visuali che intervengono nella dimensione stradale e pubblica dello spazio urbano, originariamente provviste di una fisionomia alternativa, spontanea, effimera e giuridicamente illegale salvo poi essere, in una fase posteriore, parzialmente sanzionate e fatte proprie dalla cultura popolare di massa, dal mercato e dalle istituzioni, prospettiva che contribuisce a rendere molto problematica a oggi una puntuale individuazione del campo, che rimane estremamente liquido e aperto a molteplici visioni. Altre locuzioni utilizzate per indicarla sono arte urbana o *urban art*, termini ombrello che comprendono, in un inquadramento generale più ampio, anche il *graffiti-writing* e l'arte pubblica o arte commissionata, e sono spesso preferiti al primo per evitare gli equivoci che da questo possono generarsi. [...] I generi storicamente riferibili alla galassia s.a. sono la *stencil art*, la *sticker art* e la *poster art*, ma possono esservi messe in relazione anche le installazioni stradali, le video proiezioni, e pratiche come lo *yarn bombing*, il *subvertising* ed esperienze quali il cosiddetto *muralismo urbano* o *wall painting* [...].

L'arte urbana, però, è molto più di quanto sopra indicato e, per tentare di comprendere come la stessa possa essere al meglio tutelata, non sarebbe forse necessario rammentare quando tutto è iniziato?

Poiché solo ripensando alle origini, probabilmente, riusciremo ad inquadrare tale fenomeno artistico ed a fornire allo stesso l'attenzione che merita.

1. Si veda, sul punto, la relativa voce: http://www.treccani.it/enciclopedia/street-art.

2. Le origini dell'arte urbana: un racconto non convenzionale[2]

Tutto ebbe inizio da qualche parte nel Paleolitico, là qualcuno voleva raccontare una storia, aveva il desiderio di lasciare una traccia, denunciare attitudini ed azioni della propria collettività, è questa forse l'origine dei graffiti?

A carattere satirico, talvolta politico, quelli che all'inizio sembravano solo degli "scarabocchi", oggi costituiscono un'eredità importantissima per coloro che cercano di analizzare e riscostruire lo *status quo* di allora, il non detto, quel che la gente sussurrava, in realtà, a gran voce.

«*Quisquis amat valeat, pereat qui nescit amare, bis tanto pereat, quisquis amare vetat*» (Viva chi ama, muoia chi non sa amare; muoia due volte chi impedisce d'amare), è uno dei graffiti rinvenuti nella casa di Cecilio Secondo a Pompei (CIL IV, 4091).

Da Pompei ai nostri giorni, piano e silenziosamente, quasi nell'ombra, lungo i secoli, una forma d'arte stava sorgendo, stava prendendo forma, un nuovo linguaggio, una nuova forma d'espressione che oggi genericamente (e forse troppo banalmente) chiamiamo "street art", fenomeni diversi, che negli anni si sono sviluppati in ambienti differenti, ciascuno con le proprie tempistiche e le caratteristiche che di seguito si tenterà, seppur brevemente, di illustrare.

I graffiti, i murales, gli *stencil* hanno poi dato vita a ciò che oggi chiamiamo, appunto, genericamente "street art".

Dall'Egitto passando per la Val Camonica, fino alla Norvegia dei vichinghi, i graffiti hanno assunto una rilevanza molto importante a livello storico, una sorta di libro di storia a cielo aperto, un modo di espressione alternativo, popolare e parallelo al "*mainstream*" dell'epoca, i graffiti hanno finito per raccontare uno spaccato sociale, spesso non descritto e nemmeno esaminato nella narrazione convenzionale di quei tempi.

Ma arriviamo ai giorni nostri, alla New York degli anni sessanta e settanta, ove l'aria del mare non fu l'unica brezza che lambì la città, soffiò, invece, un'aria più "gelida" fatta di rivolte e rivendicazioni sociali, quali la libertà sessuale, maggiori diritti

2. Per un *excursus* storico sulle origini dell'arte urbana, si veda: DUCCIO DOGHERIA, *Street Art*, 2014, Giunti.

e servizi nelle zone povere e disagiate della città e movimenti di gruppi organizzati delle minoranze, come, ad esempio, le "pantere nere"[3].

Ed in quegli stessi anni, sempre a New York, vi era qualcun altro che desiderava far sentire la propria voce, lasciare una traccia della propria esistenza, e nelle gallerie della metro della città apparve lui, "Taki 183", il ragazzo di origine greca che diede inizio al ballo il cui ritmo ha contagiato il mondo intero[4].

Con un semplice nome accostato ad un numero (che indicava il civico della strada nella quale abitava), questo ragazzo ha segnato muri, cartelli stradali ed edifici, a New York così come in altri stati americani. La volontà di lasciare una traccia del suo passaggio, uno scarabocchio elevato a voce, si stava manifestando nella vita quotidiana dei cittadini e molti finirono per emularlo.

Certo allora, agli albori, la *street art* era considerata tutto fuorché arte, ritenuta piuttosto come una forma di vandalismo.

Atti usurpatori di facciate della nostra esistenza, violenza lessicale nelle poesie vuote della quotidianità metropolitana, "cromo-teppisti", allora, mentre adesso artisti elogiati, le cui opere vengono battute all'asta e le creazioni di alcuni di loro hanno dato vita perfino a *brand* commerciali[5].

Arrivando ancora più vicino all'attualità, le atrocità della guerra, l'inquinamento, lo sfruttamento minorile, la denuncia degli episodi di violenza, la battaglia contro le contraddizioni del capitalismo, la povertà ai margini di una civiltà ricca, talvolta razzista, sono solo alcune delle battaglie di Banksy, forse, l'artista *Urban* ad oggi più noto.

Le sue opere paiono raffigurazioni di denuncia contro le criticità della società occidentale.

---

3. Movimento rivoluzionario afroamericano, fondato nell'ottobre 1966 ad Oakland, California, da Huey Percy Newton e B. Seale. Interpreti della ribellione degli Afroamericani e influenzati dal marxismo e dalla predicazione di intellettuali come Malcolm X, sul punto, http://www.treccani.it/enciclopedia/pantere-nere/.

4. Taki183 è stato colui che per primo è riuscito ad acquisire risalto mediatico e dunque a diffondere massicciamente il fenomeno del graffitismo, allo stesso il *New York Times* nel 1971 ha dedicato un articolo che di fatto ha costituito il primo documento scritto sul writing. Sul punto, si veda: https://bit.ly/3mepokK.

5. Si pensi, ad esempio, ad Ecko L.T.

Basti pensare all'opera apparsa su un palazzo di Venezia, nel maggio 2019, nei giorni della *preview* della Biennale: un bambino, con in mano una sorta di razzo segnaletico e indosso un giubbottino salvagente, immerso con i piedi nell'acqua, pare evidente come il tema dell'immigrazione, tanto caro all'artista, la faccia qui da padrone[6].

L'arte anche come denuncia, quindi, come monito per una riflessione più ampia, come faro sulle varie problematiche che affliggono la società.

Ed infatti, è recente la notizia che l'artista qualche mese fa ha acquistato una nave – la Louise Michel[7] – che oggi pattuglia il Mediterraneo come una gigantesca ambulanza al fine di dare soccorso in mare a coloro che tentano di raggiungere l'agognata salvezza.

Sovversivi, illusionisti, educatori, fonti di notizie popolari, indicatori di una fluidità di pensiero, disobbedienti civili: quando il mondo intero ci bombarda di immagini perfette, silhouette irraggiungibili, sorrisi bellissimi, allora, è lì che la street art vuole colpire, forse.

Così da far risaltare una narrazione diversa, ambigua, astratta, cruda.

Disobbedienza civile, forse?

Perché l'arte urbana non insegue un *target*, un *market pool* o una fascia dell'elettorato, vuole strappare un sorriso, abbellire un palazzo abbandonato o degradato, mobilitare le persone e risvegliare le coscienze… "schizzando un'idea".

3. Il difficile inquadramento giuridico dell'arte urbana

Le tante sfaccettature dell'arte urbana, dunque, rendono più complicato inquadrarne il fenomeno artistico all'interno del nostro ordinamento giuridico rispetto alle altre arti (si pensi alla danza, la letteratura, il teatro etc.).

---

6. Sull'argomento si vedano: urly.it/37tr9 e urly.it/37trc.

7. La nave, che ha il nome da un'anarchica femminista francese del XIX secolo, Louise Michel, è decorata con i graffiti dell'artista ed è partita il 18 agosto 2020 dal porto spagnolo di Borriana, vicino a Valencia per soccorrere i migranti in difficoltà nel mare fra la Libia e l'Italia (sull'argomento, vedi: https://bit.ly/3hc2xmo).

Ed infatti, a fronte di un linguaggio prettamente tecnico, anche la nozione di arte in generale appare troppo ampia, fluida, di non semplice delimitazione, rendendo arduo il suo inquadramento giuridico che, tuttavia, è possibile ed è riconducibile innanzitutto alle norme costituzionali e poi alle fonti primarie del diritto, con particolar riferimento alla legislazione in materia di diritto d'autore e di tutela dei beni culturali e paesaggistici.

E proprio l'essenza stessa della street art, che si sviluppa principalmente nello spazio urbano – pubblico o privato che sia – sovente prescindendo dal consenso di coloro che quello "spazio" o il supporto materiale sul quale le opere sono realizzate, legittimamente detengono, ha creato e continua a creare conflitti fra gli autori (talvolta anonimi) delle opere e i proprietari di tali spazi e supporti.

Ma non solo.

Ad andare in conflitto, non sono soltanto gli interessi dell'artista e del proprietario del supporto, bensì, frequentemente, anche quello della collettività, del luogo e del contesto nel quale l'opera è stata realizzata-

Cosicché, l'interesse della collettività medesima alla conservazione (o alla rimozione) dell'opera potrebbe confliggere con quello dell'artista, ovvero il trasferimento dell'opera dallo spazio e dal contesto nel quale è stata realizzata potrebbe snaturarla e provocare un'alterazione della stessa ed ancora, possono sorgere non pochi problemi fra gli artisti medesimi, per la paternità di un'opera o per lo sfruttamento economico della stessa.

Quale diritto prevarrà?

Quale interessa risulterà maggiormente tutelato?

Le domande sono molteplici e non per tutte, come vedremo, si può individuare una risposta univoca.

Cerchiamo, allora, di andare per ordine e, dopo aver riepilogato le principali norme che nel nostro ordinamento, nel caso di specie, vengono in rilievo, ripercorriamo alcuni celebri casi – italiani e non – al fine di rammentare come tale conflitto sia stato (non sempre) risolto, come l'interesse del singolo abbia prevalso sulla collettività e viceversa, come il diritto d'autore possa soccombere di fronte al diritto di proprietà.

Per avere una panoramica di ciò che accade ed è accaduto, non solo nel nostro ordinamento, affinché da tali esperienze si possa trarre spunto per elaborare (forse) delle regole adeguate, plasmate in virtù delle esigenze dell'arte medesima[8].

4. Le norme di riferimento

Nonostante la grande incertezza che regna in campo giuridico quando si parla di street art, non poche sono, in effetti, le norme che al fine della sua disciplina, a ben vedere, vengono in considerazione.

I primi articoli ai quali fare riferimento, sono dunque quelli della Carta Costituzionale, in particolare: il 9, sulla tutela del patrimonio artistico della nazione (intesa come ogni forma di manifestazione artistica); il 21, sulla libertà di pensiero e di parola; il 33, sulla libertà di arte e scienza e del loro insegnamento ed il 41, sulla libertà dell'iniziativa economica privata.

Il senso attuale di questi precetti è, dunque, interpretato in considerazione sia delle sopravvenute evoluzioni sul piano del diritto, sia dei mutamenti intervenuti nella comune concezione della natura e della funzione del linguaggio artistico, con particolare riferimento all'annoso problema dei possibili limiti da imporre alla libertà di espressione dell'artista medesimo[9].

Si pensi poi alla tutela prevista nella Legge n. 633 del 22 aprile 1944, sul diritto d'autore (di seguito, anche semplicemente, "L.A."), che all'art. 1, comma 1, così recita: «Sono protette ai sensi di questa legge le opere dell'ingegno di carattere creativo che appartengono alla letteratura, alla musica, alle arti figurative, all'architettura, al teatro ed alla cinematografia, qualunque ne sia il modo o la forma di espressione»: prevedendo, dunque, che qualsiasi opera dell'ingegno – purché abbia carattere creativo – debba essere tutelata ai sensi della legge medesima ma, come detto, affinché possa trovare applicazione la tutela della L.A. è necessa-

8. Per un interessante studio comparatistico in ordine al diritto della street art, si veda, Ilaria Ferlito, *"Diritto e street art. Profili comparatistici"*, 2019, Giappichelli.

9. Sull'argomento, Francesco Lucrezi, *Arte, libertà e dignità nella Costituzione*, Rivista di diritto delle arti e dello spettacolo, 2, 2019.

rio che l'opera sia "creativa", ossia «rappresenti una particolare espressione del lavoro intellettuale» (cfr. art. 6 L.A.).

Ed ancora, l'art. 8 che sancisce che: «È reputato autore dell'opera, salvo prova contraria, chi è in essa indicato come tale, nelle forme d'uso, ovvero è annunciato come tale nella recitazione, esecuzione, rappresentazione o radio-diffusione dell'opera stessa. Valgono come nome lo pseudonimo, il nome d'arte, la sigla o il segno convenzionale, che siano notoriamente conosciuti come equivalenti al nome vero» ed il successivo art. 12, in materia di contenuto e durata del diritto d'autore, che prevede espressamente che »L'autore ha il diritto esclusivo di pubblicare l'opera. Ha altresì il diritto esclusivo di utilizzare economicamente l'opera in ogni forma e modo, originale o derivato, nei limiti fissati da questa legge, ed in particolare con l'esercizio dei diritti esclusivi indicati negli articoli seguenti. È considerata come prima pubblicazione la prima forma di esercizio del diritto di utilizzazione» e poi l'art. 13 che precisa che il diritto esclusivo di riprodurre ha per oggetto la moltiplicazione in copie diretta o indiretta, temporanea o permanente, in tutto o in parte dell'opera, in qualunque modo o forma (come la copiatura a mano, la stampa, la litografia, l'incisione, la fotografia, la fonografia, la cinematografia ed ogni altro procedimento di riproduzione).

Mentre l'art. 20 L.A. sottolinea come, indipendentemente dai diritti esclusivi di utilizzazione economica dell'opera, previsti nelle disposizioni della sezione precedente, ed anche dopo la cessione dei diritti stessi, l'autore conservi comunque il diritto di rivendicare la paternità dell'opera e di «opporsi a qualsiasi deformazione, mutilazione od altra modificazione, ed a ogni atto a danno dell'opera stessa, che possano essere di pregiudizio al suo onore o alla sua reputazione».

Ed ancora, l'art. 21 L.A. tutela anche l'autore di opere anonime o pseudonime, prevedendo che lo stesso abbia sempre il diritto di rivelarsi e di far riconoscere in giudizio la sua qualità di autore: tale precetto riveste fondamentale importanza nell'ambito della tutela dell'arte urbano ove, sovente, gli autori delle opere sono proprio anonimi o pseudonimi (si pensi ad esempio, a tal proposito, ai celebri Blu e Banksy, solo per citarne alcuni).

La tutela del diritto d'autore, però, sovente, nell'ambito dell'arte urbana si scontra e confligge con quella del diritto di proprietà (normato all'art. 832 del codice civile nonché all'art. 42 della Costituzione), del titolare del bene, dell'edificio o più in generale del supporto sul quale l'opera di arte urbana è stata realizzata.

Poiché, nel nostro ordinamento, se è vero che, come confermato dalla giurisprudenza, l'opera dell'ingegno è tutelata anche quando è contraria a norme imperative[10], è pur vero che, al proprietario di un bene è riconosciuto il diritto di godere e disporre delle cose in modo pieno ed esclusivo, entro i limiti e con l'osservanza degli obblighi stabiliti dall'ordinamento giuridico. Certo, senza che ciò implichi però una limitazione del proprio diritto dovuta alla "presenza" di un'opera altrui su di un proprio bene (gli sforzi dottrinari di applicare istituti del codice civile quali, ad esempio, l'usucapione o l'occupazione, alle opere realizzate su edifici di proprietà di altri soggetti sono infatti risultati inadeguati, poiché trattasi di ipotesi pensate per fenomeni differenti, collocate altresì in un'altra epoca storica)[11].

A venire in rilievo, poi, sono anche i profili penalistici inerenti all'arte urbana e, nel caso di specie, in particolare le ipotesi di reato sono quelle contenute, appunto, nel codice penale all'art.

10. Vedi, sul punto, Cassazione Penale, sentenza n. 908 del 2 giugno 1995.

11. Sull'argomento, https://www.artribune.com/professioni-e-professionisti/diritto/2019/06/street-art-leggi-tutela/

639[12], in ordine al deturpamento ed imbrattamento di cose altrui ed all'art. 635[13], sul danneggiamento.

Molteplici i casi, infatti, di artisti che hanno dovuto affrontare procedimenti penali a loro carico ove, appunto, sono stati configurati i reati sopra menzionati che, frequentemente, sono sfociati in una condanna. Un chiaro esempio di prevalenza delle norme che tutelano la proprietà, sia pubblica che privata e/o il decoro urbano, a discapito della libertà di espressione artistica[14].

---

12. L'art. 639 c.p., così dispone: «1) Chiunque, fuori dei casi preveduti dall'articolo 635, deturpa o imbratta cose mobili altrui è punito, a querela della persona offesa, con la multa fino a euro 103. 2) Se il fatto è commesso su beni immobili o su mezzi di trasporto pubblici o privati, si applica la pena della reclusione da uno a sei mesi o della multa da 300 a 1.000 euro. Se il fatto è commesso su cose di interesse storico o artistico, si applica la pena della reclusione da tre mesi a un anno e della multa da 1.000 a 3.000 euro. 3) Nei casi di recidiva per le ipotesi di cui al secondo comma si applica la pena della reclusione da tre mesi a due anni e della multa fino a 10.000 euro. 4) Nei casi previsti dal secondo comma si procede d'ufficio. 5) Con la sentenza di condanna per i reati di cui al secondo e terzo comma il giudice, ai fini di cui all'articolo 165, primo comma, può disporre l'obbligo di ripristino e di ripulitura dei luoghi ovvero, qualora ciò non sia possibile, l'obbligo di sostenerne le spese o di rimborsare quelle a tal fine sostenute, ovvero, se il condannato non si oppone, la prestazione di attività non retribuita a favore della collettività per un tempo determinato comunque non superiore alla durata della pena sospesa, secondo le modalità indicate nella sentenza di condanna».

13. L'art. 635 c.p., così recita: «1) Chiunque distrugge, disperde, deteriora o rende, in tutto o in parte, inservibili cose mobili o immobili altrui con violenza alla persona o con minaccia ovvero in occasione del delitto previsto dall'articolo 331, è punito con la reclusione da sei mesi a tre anni. 2) Alla stessa pena soggiace chiunque distrugge, disperde, deteriora o rende, in tutto o in parte, inservibili le seguenti cose altrui: a) edifici pubblici o destinati a uso pubblico o all'esercizio di un culto o cose di interesse storico o artistico ovunque siano ubicate o immobili compresi nel perimetro dei centri storici, ovvero immobili i cui lavori di costruzione, di ristrutturazione, di recupero o di risanamento sono in corso o risultano ultimati o altre delle cose indicate nel numero 7) dell'articolo 625; b) opere destinate all'irrigazione; c) piantate di viti, di alberi o arbusti fruttiferi, o boschi, selve o foreste, ovvero vivai forestali destinati al rimboschimento; d) attrezzature e impianti sportivi al fine di impedire o interrompere lo svolgimento di manifestazioni sportive. 2 *bis*) Chiunque distrugge, disperde, deteriora o rende, in tutto o in parte, inservibili cose mobili o immobili altrui in occasione di manifestazioni che si svolgono in luogo pubblico o aperto al pubblico è punito con la reclusione da uno a cinque anni. 3) Per i reati di cui ai commi precedenti, la sospensione condizionale della pena è subordinata all'eliminazione delle conseguenze dannose o pericolose del reato, ovvero, se il condannato non si oppone, alla prestazione di attività non retribuita a favore della collettività per un tempo determinato, comunque non superiore alla durata della pena sospesa, secondo le modalità indicate dal giudice nella sentenza di condanna».

14. Si vedano, a tal proposito, le seguenti recenti pronunce: Tribunale di Milano, Sez. VI Pen., sentenza n. 8297 del 12/07/2010 (c.d. caso "Bros"); Tribunale di Bologna,

5. Da New York ad Oslo, passando per Bologna: cronache di murales e non solo

Dopo aver sinteticamente illustrato le norme che, nel nostro ordinamento, tutelano e disciplino il fenomeno artistico dell'arte urbana e consentono di distinguere fra opere "autorizzate", poiché la loro realizzazione in molti casi, in particolare negli ultimi anni, è stata commissionata, spesso dalle stesse amministrazioni pubbliche o autorità che fino a qualche anno fa ne reprimevano e sanzionavano la creazione, e opere per così dire "indipendenti" realizzate, invece, senza autorizzazione alcuna, abusivamente, passiamo in rassegna alcuni esempi di arte urbana che, proprio in ragione della loro natura e della prevalenza di quello o dell'altro interesse tutelato (la proprietà, il diritto d'autore, la collettività, etc.), hanno avuto e probabilmente avranno un diverso destino l'una dall'altra.

Iniziamo da Oslo, ove neppure l'intervento del MOMA di New York – che aveva chiesto ufficialmente di riconsiderare la decisione della demolizione – è servito a salvare i murales di Pablo Picasso sulla facciata dell'Y-Block, il (tristemente[15]) celebre edificio della capitale norvegese che, secondo quanto deciso dal Governo, sarà demolito.

Ed è così che alla fine del mese di luglio 2020, i due murales di Pablo Picasso, il *Pescatore* e il *Gabbiano* sono stati asportati dall'edificio Y-Block e saranno ricollocati in un edificio di nuova costruzione che, pare, sarà realizzato nel 2025[16].

Non distrutti, certo, come è avvenuto invece nell'altrettanto celebre caso "5Pointz" di New York – sul quale *infra* ci soffermeremo – ma pur sempre asportati dal sito nel quale erano stati realizzati, strappati al contesto ove erano stati pensati per essere ricollocati chissà dove.

---

sentenza n. 674 del 15/02/2016 (c.d. caso "Alice") e Cass. Pen., sentenza n. 16371 del 5/04/2016 (c.d. caso "Manu Invisibile").

15. L'Y Block, sede di uffici governativi, era stato danneggiato durante gli attentati terroristici di Oslo del 22 luglio 2011.

16. Sul punto, si veda quanto documentato su: https://www.finestresullarte.info/attualita/oslo-rimozione-murali-picasso.

Qui l'interesse della collettività nulla ha potuto dovendo cedere di fronte alle determinazioni di coloro che (il governo, nel caso specifico) di quel palazzo avevano la titolarità.

Nel caso di Oslo, certo, non vi è stato conflitto fra la proprietà del fabbricato e autori delle opere ivi realizzate, così come, invece, nel sopra citato caso 5Pointz ove, seppur, il diritto di proprietà dell'immobile sul quale le opere erano state realizzate ha, comunque, prevalso sul diritto degli autori delle stesse, che non hanno potuto impedire la demolizione dei fabbricati (e dunque la distruzione delle opere), è stato riconosciuto un risarcimento economico per la violazione del loro diritto (morale) di impedirne la distruzione[17].

Ed infatti, il proprietario di 5Pointz, complesso immobiliare così denominato in omaggio ai cinque distretti della città di New York, aveva consentito, negli anni novanta, ad alcuni *writers* di decorare le mura dei fabbricati ma, successivamente, essendosi determinato a riqualificare l'area con la realizzazione di condomini di lusso, aveva annunciato di voler demolire gli immobili e conseguentemente le opere ivi realizzate.

Gli artisti avevano dunque promosso, nel 2013, un procedimento d'urgenza chiedendo alla Corte distrettuale di New York di impedire la distruzione delle loro opere, richiesta che il giudice non aveva assecondato, cosicché dapprima il proprietario dei beni ha ricoperto le opere e successivamente, nel 2014, ha demolito l'intero sito. A distanza di quattro anni, nel 2018, però, la Corte Distrettuale di New York ha accolto le domande di alcuni degli autori delle opere distrutte, e ha condannato il proprietario del sito al pagamento di un maxi-risarcimento di ben 6.750.000 dollari.

La condanna si basa sul *Visual Artist Right Act* (VARA) del 1990, che ha riconosciuto per la prima volta, nel sistema statunitense del copyright, i diritti morali d'autore, seppure limitatamente alle opere dell'arte figurativa in esemplare unico o limitato, prevedendo, in particolare, il diritto degli autori di opere di «riconosciuta importanza» (*recognized stature*) di opporsi alla

---

17. Sull'argomento si veda, Lorenza Giordani, *5-Pointz: risarcimento milionario per le opere di street art distrutte. Quale soluzione alla luce del diritto italiano?*, in «Rivista di diritto delle arti e dello spettacolo», 1, 2018.

loro distruzione, condannando il convenuto al pagamento della suddetta somma. Una decisione che possiamo definire epocale e che, seppur pronunziata in un ordinamento diverso dal nostro, potrebbe fornire spunto per la regolamentazione di simili fattispecie anche nel nostro Paese ove un simile diritto, come sopra evidenziato, non è espressamente contemplato.

Non è stato "tenero" il Tribunale di Bologna con la street artist "Alice", che è stata condannata nel 2016[18] al pagamento di una somma di denaro per aver imbrattato i muri di diversi immobili altrui, ritenendo il Tribunale di Bologna che fosse configurabile il reato di cui all'art. 639 c.p. in ordine al deturpamento e imbrattamento di cose altrui.

La pronuncia è interessante, per quanto personalmente non condivisibile *in toto,* poiché il Tribunale, sostanzialmente, nel caso di specie, ha ritenuto che il valore artistico delle opere e dell'artista medesima non potesse costituire un parametro per la sussistenza del reato contestato.

Nel caso di Alice, pertanto, ha nettamente prevalso la tutela del diritto di proprietà.

La decisione del Tribunale è stata dunque argomentata osservando che, il reato di cui all'art. 639 c.p. prescinde completamente dal fatto che il bene sul quale viene effettuato l'imbrattamento sia già in condizioni di sporcizia o di degrado, poiché ciò che il legislatore intende sanzionare è il fatto che, senza l'autorizzazione da parte di chi è titolare del bene immobile, terzi possano imbrattare muri anche semplicemente aggravando una situazione già esistente. L'esistenza del reato, pertanto, non può avere come parametro né lo stato di decoro del bene imbrattato né l'eventuale natura artistica dell'opera d'arte che si sta realizzando.

In particolare, nel caso di specie, il giudice bolognese ha ritenuto che

> Il reato di cui all'articolo 639 c.p. ha quale bene giuridico protetto la tutela della proprietà in quanto costituisce un'ipotesi lievissima rispetto a quella di cui all'articolo 635 c.p.. Quindi tende ad evitare una menomazione della situazione patrimoniale del soggetto passivo

18. Si veda, sul punto, la sentenza 674/2016, cit.

attraverso l'imbrattamento di una cosa che gli appartiene. Per deturpamento e imbrattamento si intendono una alterazione della cosa con pregiudizio della estetica e della pulizia della stessa. Così individuato il bene giuridico protetto ne consegue che qualunque operazione che tenda con vernici e colori a imprimere un disegno tale da far venire meno l'aspetto di estetica e di nettezza della superficie rientra nel paradigma dell'imbrattamento.

Il fatto che gli immobili sui quale l'imputata stava realizzando le sue opere presentassero già delle scritte non fa venir meno la sussistenza del reato di imbrattamento. L'imputata ha peraltro eseguito i disegni prevalentemente nel centro storico di Bologna (la sola via N. dell'arca è in zona periferica) su immobili che non possono certo considerarsi fatiscenti o degradati se non per il fatto che altri "artisti" precedentemente o successivamente hanno fatto altri disegni o segni sui muri. Il centro storico di Bologna è di una ricchezza e di una bellezza straordinaria non ha nulla a che vedere con le periferie suburbane fatiscenti o abbandonate e cementificate, il degrado di cui si parla e che colpisce anche il centro storico attiene alla sporcizia, al frastuono o alla delinquenza dilagante, ma non già alla urbanistica e all'estetica degli antichi edifici. Il reato poi prescinde completamente dal fatto che il bene sul quale viene effettuato l'imbrattamento sia già in condizioni di sporcizia o di degrado. Ciò che intende sanzionare il legislatore è il fatto che, senza l'autorizzazione da parte di chi è titolare del bene immobile, terzi possano imbrattare muri anche semplicemente aggravando una situazione già esistente. L'esistenza del reato quindi non può avere come parametro né lo stato di decoro del bene imbrattato né l'eventuale natura artistica dell'opera d'arte che si sta realizzando. Risulta infatti evidente, da un canto, che il solo fatto che il supporto sul quale cade la condotta sia già in parte esteticamente intaccato per altri motivi non consente a chiunque lo voglia di aggravare una situazione di degrado o di sporcizia, e dall'altro canto, che l'esistenza del reato non può lasciarsi a valutazioni personalissime e perciò stesso sindacabili legate al valore artistico di un disegno trattandosi di un parametro legato al gusto e a sentimenti sociali o individuali variabili e spesso influenzato dalle mode. È vero che l'imputata viene considerata un'artista di un certo livello, ma ovviamente tra gli estimatori della Street art e delle arti affini, mentre a diverso e opposto giudizio possono giungere estimatori di altre forme di arte. D'altro canto in molte città sono allestiti luoghi, i ccdd "muri autorizzati", ove gli artisti di strada possono esprimere al meglio e legittimamente il loro estro espressivo e la loro arte, e quindi non si vede perché debba legittimarsi la forzata accettazione da parte dei proprietari dei muri di forme di "aerosol art, graffitismo , street art" non necessariamente corrispondenti al proprio gusto. Ciò che rileva, ai fini della configurabilità del reato di cui all'art. 639 c.p., infatti è la lesione dell'interesse giuridico protetto cioè l'estetica e la pulizia attribuiti al bene da chi ne ha legittimamente la disponibilità, interesse che viene leso nel momento in cui il bene viene "sporcato" con un disegno o una scritta. La valutazione in ordine alla maggiore o minore lesione dell'interesse protetto in relazione alle condizioni concrete del bene sul quale viene effettuato l'imbrattamento e alle caratteristiche più o meno artistiche del disegno, potrà incidere, come si vedrà, sulla determinazione della pena che, nel caso di specie, viene individuata nell'ambito di quelle pecuniarie e non di quella detentiva.

Ma i conflitti, come abbiamo accennato, nel campo della street art, possono sorgere anche fra gli stessi artisti i quali, in taluni casi, si vedono costretti a rivendicare il proprio diritto d'autore nei confronti di altri che abbiano sfruttato illegittimamente le loro opere.

È il caso, ad esempio, della vicenda giudiziaria che, nel 2011, ha visto quali protagonisti Marco Mantovani, in arte KayOne, e Nicola Leonetti. Quest'ultimo aveva proposto in vendita una serie di proprie opere che riproducevano quasi integralmente quelle di KayOne.

Il Tribunale di Milano ha, dunque, ritenuto che Leonetti, nelle proprie creazioni, avrebbe perseguito un intento di esclusiva e pedante riproduzione di tutti gli elementi stilistici che possono ritenersi propri della personalità artistica di KayOne (oltre ad aver inserito nel proprio sito web alcune rappresentazioni fotografiche delle opere di KayOne senza indicarne la relativa paternità), finendo così per ingenerare nel visitatore del sito la convinzione che fossero tutte proprie opere.

Il Tribunale meneghino ha pertanto condannato Leonetti alla rimozione delle immagini delle opere di KayOne dal proprio sito oltre alla pubblicazione, a proprie spese, del dispositivo dell'ordinanza sul periodico specializzato "Flash Art".

Ed ancora, grande interesse ha suscitato il recente provvedimento del Tribunale di Milano che, in via cautelare, ha parzialmente accolto il ricorso promosso dalla Pest Control Office Ltd, società americana che cura la vendita delle opere e la realizzazione delle mostre dell'artista Banksy, nei confronti di 24 Ore Cultura S.r.l., società appartenente al gruppo del Sole 24 Ore, che aveva organizzato la mostra "*The art of Banksy. A visual protest*" al Mudec di Milano.

La ricorrente contestava la contraffazione di alcuni marchi registrati, tra cui il segno denominativo "Banksy" e i marchi figurativi rappresentanti due delle opere più famose del *writer*, ovvero *La bambina con il palloncino rosso* e *Il lanciatore di fiori*.

La Pest Control Office lamentava, inoltre, l'attività potenzialmente confusoria messa in atto dall'organizzatore della mostra, tramite la preponderanza del segno "Banksy" nella comunicazione promozionale e la pedissequa riproduzione dei segni figurativi menzionati[19].

Il Tribunale di Milano, con ordinanza pronunciata in data 15/01/2019, accogliendo parzialmente il ricorso della Pest Control Office, da un lato ha ritenuto legittimo l'uso dei predetti marchi apposti sul materiale promozionale della mostra, dall'altro ha però condannato l'utilizzo degli stessi marchi su prodotti di *merchandising*.

Ed infatti, il Tribunale meneghino ha precisato che «la giurisprudenza ha già da tempo chiarito che anche la riproduzione fotografica di un'opera d'arte figurativa nel catalogo di una mostra rappresenta una forma di utilizzazione economica dell'opera pittorica e rientra nel diritto esclusivo di riproduzione riservato all'autore» (cfr. Cass. n. 11343/1996).

Tale diritto, in mancanza di prova contraria proveniente dal proprietario dell'esemplare, non può ritenersi ceduto dall'autore insieme al diritto di proprietà dell'opera, a nulla essendo servita la produzione in giudizio da parte della resistente della documentazione mediante la quale i proprietari delle opere prestate dichiaravano e garantivano di avere titolarità dei diritti di riproduzione delle immagini per la realizzazione del catalogo della mostra. Il Tribunale non ha ritenuto, infatti, che tale garanzia rappresentasse un "patto contrario" idoneo a provare la cessione o la licenza del diritto dall'artista al proprietario dell'opera prestata.

19. Sul punto, si veda Trib. Milano, Sez. Spec. Impresa, Ord. 15/01/2019 (Giudice Marangoni).

Abbiamo citato alcuni esempi di opere di arte urbana che hanno visto contrapporsi i diversi interessi in gioco, artisti vs proprietari, *vs* i propri colleghi o le amministrazioni pubbliche, ma come abbiamo accennato, nel corso degli anni i rapporti degli *street artist* con le amministrazioni si sono fatti sempre più stretti e, da antagoniste, le due "parti" sono divenute spesso alleate nella battaglia per la riqualificazione ed il riuso urbano.

Ed ecco, sempre più frequentemente, che opere d'arte urbana vengono commissionate agli artisti sia da soggetti pubblici che privati (non dimentichiamoci infatti del ruolo delle imprese che, sempre più frequentemente, si sono avvalse di tali opere per attività di promozione e campagne pubblicitarie[20]) dando vita a progetti che coinvolgono ed incidono (positivamente) sulla collettività.

Uno dei primi esempi di sintonia fra artista ed amministrazione cittadina è quello della realizzazione del murale "Tuttomondo", ad opera dello statunitense Keith Haring che a Pisa, già alla fine degli anni ottanta, è riuscito a mettere d'accordo davvero tutti.

Ed infatti, Keith Haring ha realizzato, nell'estate del 1989, proprio sulla parete posteriore del Convento dei Frati Servi di Maria, dietro alla chiesa di Sant'Antonio Abate, un murale di circa 180 mq, perfettamente integrato nel centro urbano, così come voleva l'artista, un'opera da realizzare al centro delle persone, una performance live in grado di dialogare con il territorio e sullo stesso modellata, in stretto collegamento con la tradizione artistica italiana[21].

E da Pisa in avanti molteplici sono stati gli interventi "autorizzati" ed in molti casi anche finanziati direttamente da Istituzioni o Fondazioni, per far sì che l'arte, la bellezza di un'opera, siano alla portata di tutti, affinché uno spazio, un luogo abbiano nuova linfa vitale.

---

20. Solo per fare alcuni esempi, si pensi ad Ikea che qualche anno fa ha proposto un progetto di arte urbana per sensibilizzare le persone al rispetto dell'ambiente. Lo slogan era *"Ikea Loves Earth"* e ha coinvolto 21 artisti di strada (tra cui Eremita, Neve, Orticanoodles, Seacreative, Luca Ledda, Tellas, Zibe&Nabla etc) in 19 città italiane, a tal proposito si veda: urly.it/37ttc.

21. Sull'argomento, si veda: https://bit.ly/32gUZdH.

Come non rammentare, ad esempio, il progetto realizzato a Roma, a TorMarancia, quartiere periferico della capitale, ove il progetto 'Big city life Tor Marancia', ideato da 999Contemporary e finanziato da Fondazione Roma e dal Campidoglio, patrocinato dall'VIII Municipio e condiviso con l'Ater, ha consentito la realizzazione di ben 20 murales sulle facciate di alcuni dei palazzi del quartiere, grazie all'opera di 18 street artist provenienti da vari Paesi del mondo che, coadiuvati dagli stessi abitanti e dagli studenti delle scuole della zona, hanno realizzato un vero e proprio museo a cielo aperto[22].

E solo un po' più a nord, arrivando a Bologna, troviamo il murale che raffigura il volto di Antonio Gramsci, intellettuale e politico tra le figure più rappresentative del Novecento italiano, realizzato sulla facciata di una scuola bolognese, dall'artista leccese Chekos'art[23], progetto, questo promosso dalla Fondazione Gramsci Emilia Romagna e Cheap – Street Poster Art Festival, un intervento di *street art* che ha portato alla realizzazione di un *wall* con il ritratto di Gramsci seguendo stili ed estetiche propri dei linguaggi artistici contemporanei, e per questa ragione di più facile approccio e fruizione da parte dei giovani[24].

Ed ancora, nel bolognese, in particolare a Marzabotto, località dell'appenino tosco-emiliano tristemente nota per l'eccidio di Monte Sole[25], si trova un altro esempio virtuoso di integrazione e collaborazione fra artisti *urban* e amministrazione comunale, con il consenso della quale è stato realizzato un percorso (anche) di riqualificazione urbana che culmina, da due anni a questa parte, in una manifestazione, il "Festival Pennelli Ribelli"[26] che, da giugno a settembre, vede impegnati gli artisti di volta in volta invitati dagli organizzatori in opere murali su spazi messi

---

22. Per approfondire: https://bit.ly/3hgAkLf.

23. Per ulteriori approfondimenti sull'artista, si veda: https://chekosart.blogspot.com/.

24. Sul punto, si veda: https://bit.ly/3inri0s.

25. La c.d. strage di Marzabotto o meglio l'eccidio di Monte Sole, fu una serie di omicidi compiuti dalle truppe nazifasciste in Italia tra il 29 settembre e il 5 ottobre 1944, nel territorio dei comuni di Marzabotto, Grizzana Morandi e Monzuno, tutti in provincia di Bologna, sul punto, si vedano, fra gli altri: https://bit.ly/3oWMCNW; https://bit.ly/389RwRN.

26. Per maggiori informazioni ed approfondimenti: https://www.pennelliribelli.org/.

a disposizione da soggetti pubblici e privati per la realizzazione di pere murali nonché nell'organizzazione di eventi e/o laboratori rivolti alla collettività del luogo, con l'obiettivo di rilanciare un nuovo linguaggio dedicato alla memoria.

Un'occasione nella quale gli artisti si impegnano a preservare e trasmettere la memoria di atroci episodi a danno dell'umanità, affinché nulla di simile possa ripetersi[27].

E sempre con un occhio di riguardo alle giovani generazioni, il progetto realizzato nell'estate 2020 dal collettivo artistico Guerrilla Spam[28], a Milano, e denominato "Immaginare Piazza Tirana".

Nato dalla collaborazione tra Base Milano e Bepart, i Guerrilla Spam, coadiuvati da 30 ragazzi e ragazze del quartiere Giambellino, hanno realizzato un'opera pavimentale sul campetto da basket in Piazza Tirana.

Il nome dell'opera – *Nomad Carpet* – racchiude l'intero concetto dell'opera, immaginata come un tappeto, ovvero un oggetto ornamentale che deve essere esteticamente bello e che racchiude e racconta usi e costumi, ma anche un oggetto da vivere e da utilizzare[29].

Come riferiscono gli stessi artisti:

> un campo da basket del quartiere si è così trasformato in un grande tappeto decorato con simboli e geometrie. Il tappeto nasce tra le popolazioni nomadi che cambiano insediamento di frequente, obbligate a spostare il "suolo" della propria casa. È un oggetto quotidiano che va usato: è lo spazio su cui ci si ritrova per parlare, mangiare, celebrare le festività, dormire, pregare.
>
> Il tappeto di Piazza Tirana diventa così una piazza ideale nella quale ritrovarsi per stare insieme, giocare, parlare, vivere lo spazio pubblico.

---

27. Per approfondire sul punto: https://bit.ly/3kjhEfT.
28. Per informazioni sul collettivo, si veda: http://guerrillaspam.blogspot.com/.
29. Sull'argomento: https://bit.ly/35XJQ2a.

6. Il punto di vista degli artisti

Abbiamo dunque fatto cenno a quelle che sono le norme che, nel nostro ordinamento, sono applicabili al fine della disciplina delle fattispecie proprie dell'arte urbana, richiamando, dunque, la Carta costituzionale, la legge su diritto d'autore in ordine alla paternità delle opere ed alla loro circolazione ed allo sfruttamento economico delle medesime, ovvero alle possibili violazioni di norme penalistiche, laddove siano configurabili nella realizzazione delle opere ipotesi di deturpamento e/o imbrattamento di beni altrui o, addirittura, di danneggiamento, ed ancora le norme sulla proprietà, così come il difficile bilanciamento fra gli interessi in gioco poiché, al di là dell'applicazione delle norme, nella loro futura elaborazione e revisione credo debba tenersi in considerazione – e dunque non si possa prescindere – ciò che gli artisti pensano al riguardo, la percezione che i medesimi hanno delle norme che da un lato tutelano le loro opere a e dall'altro limitano l'espressione dei medesimi che non sempre può esser "libera" e priva di limitazioni. Si sa, la norma tutela, è mezzo per garantire ma anche per reprimere.

Ecco, allora, che il noto artista Blu, contrario alla musealizzazione delle proprie opere, nel 2016, ha cancellato a Bologna le sue creazioni affinché non fossero esposte a Palazzo Pepoli, in occasione della mostra "Street Art-Banksy & Co. L'arte allo stato urbano".

L'artista ha dunque preferito distruggere le proprie opere, non condividendo le determinazioni di coloro che – con il consenso dei titolari dei diritti sui supporti sui quali le stesse erano state realizzate – avevano deciso di "trasferire" le stesse dalle facciate dei palazzi cittadini alla mostra di Palazzo Pepoli, lo ha fatto dunque per protesta, contestando la sottrazione di beni "collettivi" allo spazio pubblico.

La vicenda, seppur ha avuto un grande clamore mediatico, non è sfociata in un caso giudiziario. Blu si è "limitato" (per così dire) a cancellare le opere che ancora non erano state asportate, nulla facendo per quelle già trasferite al museo, ma cosa avrebbe potuto fare dal punto di vista giuridico? Ed i proprietari degli edifici sulle quali le opere sono state prima eseguite e poi cancellate avrebbero potuto impedire quest'ultima azione da parte dell'artista? Dipende.

Tutto dipende da quale diritto riteniamo possa prevalere, quello del proprietario dell'edificio che potrebbe, in astratto, richiamarsi alla disciplina in tema di accessione, di cui all'art. 936 del codice civile[30], che taluni hanno ipotizzato applicabile a tali fattispecie, o quello dell'artista, che in virtù del disposto dell'art. 20 L.A., in materia di diritto morale, potrebbe opporsi a «qualsiasi deformazione, mutilazione od altra modificazione, ed a ogni atto a danno dell'opera stessa, che possano essere di pregiudizio al suo onore o alla sua reputazione»?

Quanto avvenuto a Bologna può integrare tale ultima fattispecie?

La risposta (ovviamente) non è univoca, dipende dal significato che si dà, ad esempio, a "qualsiasi deformazione, mutilazione od altra modificazione" (cfr. art. 20 L.A. cit.): l'asportazione dell'opera dal sito nel quale la stessa è stata realizzata e la collocazione all'interno di un museo potrebbero integrare la fattispecie poiché atte a snaturare l'opera stessa[31].

La soluzione, in assenza di precedenti giurisprudenziali, sembra ancora lontana.

30. Articolo che, si rammenti, così dispone: «Quando le piantagioni, costruzioni od opere sono state fatte da un terzo con suoi materiali, il proprietario del fondo ha diritto di ritenerle o di obbligare colui che le ha fatte a levarle. Se il proprietario preferisce di ritenerle, deve pagare a sua scelta il valore dei materiali e il prezzo della mano d'opera oppure l'aumento di valore recato al fondo. Se il proprietario del fondo domanda che siano tolte, esse devono togliersi a spese di colui che le ha fatte. Questi può inoltre essere condannato al risarcimento dei danni. Il proprietario non può obbligare il terzo a togliere le piantagioni, costruzioni ed opere, quando sono state fatte a sua scienza e senza opposizione o quando sono state fatte dal terzo in buona fede. La rimozione non può essere domandata trascorsi sei mesi dal giorno in cui il proprietario ha avuto notizia dell'incorporazione».

31. Seppur avente ad oggetto una diversa fattispecie, pare interessante, al fine di riflettere più in generale sul concetto di «deformazione, mutilazione od altra modificazione» di cui all'art. 20 L.A., di un'opera la pronuncia del Tribunale di Bologna, Sez. spec. propr. industr. ed intell., del 31/10/2014 che così ha statuito: «Il diritto all'integrità di un'opera, di cui all'art. 20 della legge 22/04/1941, n. 633, consiste nel diritto dell'autore ad essere giudicato dal pubblico per l'opera così come egli l'ha concepita e a conservare la reputazione che deriva dalla sua corretta conoscenza e, conseguentemente, ad opporsi non solo alle mutilazioni, deformazioni o altre modifiche dell'opera ma anche a qualsiasi modalità di comunicazione che ne falsi la percezione e quindi il giudizio da parte del pubblico».

Di diverso avviso, invece, è stato il duo Cuoghi-Corsello, gli artisti bolognesi che lavorano in coppia dal 1986, noti per le opere di *street art* realizzate in tutta Italia che, seppur inizialmente perplessi di fronte all'idea della conservazione dei murales, hanno approvato la mostra, partecipandovi.[32]

E poi vi sono artisti che, consapevolmente rifiutano di detenere diritti sulle loro creazioni, come il collettivo Guerrilla Spam: che si tratti di disegno, di scritti, ovvero poster e murales, tali artisti concepiscono le proprie creazioni come un contenuto libero, fruibile da tutti.

E così anche per i libri vale lo stesso principio, le loro pubblicazioni possono infatti essere acquistate oppure scaricate in free download e la scelta rimane sempre in capo al fruitore.

Una sorta di invito, quindi, alla responsabilizzazione di noi tutti[33], ne saremo all'altezza?

32. Sul punto, si veda, fra gli altri: https://bit.ly/2GNbWV0.

33. Per un approfondimento sull'argomento, si veda l'intervista realizzata ai Guerrilla Spam su: https://bit.ly/3jRAF8h.

Capitolo V

I fondi di investimento in opere d'arte

Arianna Cordeschi, Angela Patalano

1. Introduzione

L'Italia è un paese ricco di opere d'arte, molte delle quali non sono note al pubblico.

> Un caso tra tanti è quello della comunità di San Quirico d'Orcia, che qualche anno fa ha acquisito un bassorilievo romanico del XII secolo originariamente collocato nella pieve romanica del borgo, poi finito in mani private e messo all'asta con il rischio di essere perduto per sempre[1].

A fronte di questo rischio, purtroppo non remoto, una delle esigenze da garantire è la necessità di avere un mercato dell'arte libero, concorrenziale e trasparente. La maturazione di una società moderna ha portato con sé una serie di implicazioni che hanno indotto il mercato dell'arte ad intraprendere un processo di finanziarizzazione: le opere sono valutate non più e non solo in virtù delle loro qualità estetiche, quanto di quelle economiche. L'arte, infatti,essendo un bene illiquido, soggetto alle mode e detenibile nel lungo periodo, si sta dimostrando un ottimo strumento per equilibrare i rendimenti dei portafogli di investimento.

Nel 2009 in Cina, in via sperimentale, è stata lanciata la "Borsa dell'arte" quale sistema che permetterebbe di vendere ed acquistare attraverso l'emissione di certificati le azioni di opere d'arte in condivisione a una pluralità di investitori. Dunque, tra il mercato finanziario e quello dell'arte sorgono importanti ed elevate interrelazioni che scaturiscono dalla «liquidità che il

1. A. Barbarossa, *Protezione del diritto d'autore nell'opera d'arte,* in «Rivista di Diritto delle Arti e dello Spettacolo», 1, 2017, p. 119.

mercato finanziario può generare e quindi convogliare sul mercato dell'arte»[2].

In questo dinamico contesto evolutivo, a partire dalla prima metà del Novecento e al fine di tutelare il mercato dell'arte da potenziali speculatori, sono stati regolamentati dei prodotti finanziari coerenti: gli *art funds*, veri e propri organi comuni di investimento che si dedicano alla compravendita di opere d'arte.

Tuttavia l'Italia, e più in generale i sistemi di *Civil Law,* furono colti impreparati dalle nuove pretese normative. In materia, l'ordinamento nazionale era lacunoso e ciò ne rendeva difficoltosa la regolamentazione. Un primo intervento legislativo risale al 1983. Da qui in poi si sono susseguite una serie di normative e attività di armonizzazione che hanno conformato il nostro ordinamento alla disciplina comunitaria. Ciò non era ancora sufficiente a garantire una tutela piena ed effettiva. Il quadro normativo risultava ancora frammentario e solo con l'adeguamento alla Direttiva 2011/617/UE del Parlamento europeo e del Consiglio sui gestori dei fondi di investimento alternativi (c.d. AIFMD – *Alternative Investment Fund Managers Directive*) l'Italia ebbe l'opportunità di dotarsi di un quadro regolatorio più stabile e maturo e, dunque, un mercato dell'arte più equilibrato.

Il percorso compiuto della legislazione sui fondi può essere diviso in due direzioni: la prima individuata con il TUF[3] e successivamente dalla Direttiva AIFMD che pone il proprio *focus* soprattutto sui fondi atipici[4]; la seconda direzione è stata presa con il Decreto Eurosim del 1996[5]. Con questo provvedimento per la prima volta si poteva accedere ad un mercato di tipo privatistico pur sotto la vigilanza dell'autorità pubblica, almeno in un primo momento.

In questo contesto – di "detipizzazione" del sistema – si vien formando una specie di fondo alternativo: FIA (Fondo di Investimento Alternativo) italiano di tipo "chiuso". Tuttavia – come

---

2. P. Fandella, Lo sviluppo dei fondi in arte come opportunità di diversificazione del portafoglio di investimento, in Rivista Bancaria–MinervaBancarian.2/3/2018,p.90.

3. Testo Unico della Finanza, D.Lgs. del 24 febbraio 1998, n. 58.

4. La "detipizzazione" della materia rappresenta un passaggio importante al fine di raggiungere una maturità legislativa fino ad ora assente.

5. D.Lgs. del 23 luglio 1996, n. 415 di recepimento della Direttiva 93/22/CEE del 10 maggio 1993 relativa ai servizi di investimento nel settore dei valori mobiliari.

spiega la professoressa Silvia Segnalini – con riferimento al settore dell'arte i fondi più conformi a questo tipo di mercato devono essere di tipo «riservato, in quanto in questo caso è possibile la costituzione anche mediante apporto di opere»[6].Dunque, attraverso i FIA e attraverso la relativa attività normativa è stato realizzato «un *framework* per la creazione di fondi anche in beniartistici»[7].

Analizzare questo fenomeno in un periodo storico in cui il mercato dell'arte mostra leggeri segni di ripresa si fa prioritario. In particolar modo bisognerà chiedersi: perché investire nei fondi in arte, soprattutto in Italia? E soprattutto: alla luce della società digitalizzata, quali meccanismi e/o strutture consentono ai potenziali investitori meno facoltosi e senza competenze nell'arte di accedere a questo settore?

2. Gestione collettiva del risparmio: evoluzione normativa

Prima di indagare in maniera approfondita e dettagliata sulle dinamiche e i meccanismi finanziari all'interno del mercato dell'arte risulta opportuno procedere ad un'analisi evolutiva della disciplina giuridica degli *art funds*. Infatti, solo in presenza di un quadro normativo chiaro e ben definito sarà possibile comprendere quale sia il loro funzionamento all'interno del nostro ordinamento.

Se nei sistemi di *Common Law*,grazie ad una struttura finanziaria stabile, articolata ed efficiente, fin dai primi decenni del XIX secolo erano già presenti fondi di investimento comune[8],-nei paesi di *Civil Law* la situazione finanziaria era molto più precaria e debole. Lo Stato e le banche avevano una forte incidenza all'interno delle politiche finanziarie. In Italia, in materia di società e mercati, il sistema si presentava particolarmente arretrato e sotto l'aspetto normativo lacunoso: i risparmiatori era-

6. *Ibidem*.

7. M.A. Marchesoni – M. Pirrelli, *I fondi d'arte rendono ma solo all'estero*, in "Il Sole 24 Ore", Plus 24, 21 gennaio 2017.

8. Negli Stati Uniti il primo fondo comune è dello Stato del Massachusetts e risale al 1924; in Gran Bretagna i primi fondi comuni (c.d. *Unit Trusts*) risalgono al 1930, posti poi al controllo legislativo dal *Prevention of Fraud (Investments) Act* del 1939.

no più propensi a ricorrere a meccanismi di deposito bancario e/o ai titoli di stato, non sussisteva un reale rischio di rimborso, mancavano regole sulla trasparenza sui bilanci delle (poche) società quotate presenti in quel tempo;

> la forte presenza del settore pubblico nell'azionariato delle imprese, la ristretta gamma degli strumenti a disposizione del pubblico degli investitori, la penalizzazione fiscale dei dividendi e, *least but not least*, un sistema di vigilanza sul mercato dei valori mobiliare frammentato e poco efficiente[9].

Per risalire ad una prima generazione di fondi comuni italiani bisogna risalire al 1968. Si tratta dei c.d. "Lussemburghesi Storici": fondi di investimento (fondi Atipici) istituiti sulla falsariga del sistema finanziario anglosassone. Venivano costituiti a Lussemburgo per essere poi immessi sul mercato italiano con l'obiettivo di ricercare e creare prodotti finanziari che fossero diversi dai titoli di Stato e dai titoli azionari.

Con il trascorrere degli anni, le nuove esigenze di mercato spingevano per accelerare lo sviluppo dell'economia e accrescere il flusso di risparmio. Tuttavia, il sistema finanziario dei primi anni Ottanta presentava ancora caratteristiche strutturali inadeguate: era dunque impellente l'esigenza di procedere ad una regolamentazione. Al fine di sopperire a questo sistema lacunoso e inadeguato furono emanati una serie di provvedimenti di riforma e di sostegno per le negoziazioni, in mancanza di norme idonee alla creazione di investitori istituzionali come i fondi comuni; oltretutto era assente una disciplina dei servizi di investimento mobiliare idonea a consentire lo sviluppo "regolamentato" degli stessi. Quando sopraggiunse la regolamentazione del mercato mobiliare questa doveva comprendere due discipline: una sui soggetti intermediari e una sulle attività al fine di dar vita ad una «società di intermediazione mobiliare quale operatore polifunzionale e tuttavia specializzato, chiaramente ispirato dal modello francese e da quello inglese»[10].E fu

9. F. Cesarini – P. Gualtieri, *I fondi comuni di investimento – Risparmiare, investire, valutare rischi e rendimenti*, il Mulino, 2005, Bologna, p. 28.

10. G. Ferrarini, *La riforma dei mercati finanziari e il testo unico* in Aa.Vv., *La riforma dei mercati finanziari. Dal decreto Eurosim al testo unico della finanza* a cura di Ferra-

così che, con un ritardo di oltre 50 anni, in Italia ci fu la prima svolta normativa: la legge n. 77 del 1983 introdusse agli artt. 1-10 sia il fondo comune d'investimento mobiliare aperto sia un nuovo soggetto: "la società di gestione".

La legge, purtroppo, era intrappolata all'interno di schemi troppo rigidi. I protagonisti dei fondi di investimento, ed in particolar modo il rapporto tra gestori e gestiti, venivano tipizzati all'interno di modelli organizzativi precisi: gestione individuale e collettiva. Venivano definite

> precise regole attinenti la natura giuridica dei fondi, la loro costituzione, i requisiti della società di gestione, le norme generali di gestione (divieti di investimento in certe attività, divieti di concentrazione degli investimenti in strumenti finanziari, separazione fra il patrimonio collettivo dei risparmiatori e quello dei promotori dell'iniziativa, obbligo del calcolo del valore delle quote con cadenze ravvicinate), l'informativa e il controllo sulle operazioni della Banca d'Italia e della Consob[11].

Insomma, una norma troppo rigida che mal si conciliava con la velocità con cui il mercato finanziario cambiava e dunque con le esigenze economiche; così, al fine di ampliare l'offerta dei prodotti finanziari del risparmio, la legge subì una serie di modifiche a cui fecero seguito il D.Lgs. n. 84 del 1992 che ha introdotto le SICAV (Società di investimento a capitale variabile); la legge n. 344 del 1993 che ha istituito i fondi comuni d'investimento mobiliari chiusi; la legge 25 gennaio 1994, n. 86, che ha regolamentato i fondi comuni di investimento immobiliari chiusi. Interventi normativi, questi, che purtroppo contribuirono a rendere la disciplina frammentaria e dunque poco chiara. Così, mentre sul versante della gestione collettiva la normativa iniziava ad essere corposa e tendenzialmente rispondente alle esigenze del mercato finanziario, per la gestione individuale continuava a difettare di una regolamentazione *ad hoc*, mancanza che veniva sopperita applicando per analogia la disciplina della sollecitazione del risparmio. Solo verso gli inizi degli anni Novanta ci furono i primi interventi: prima con l'articolo 9 della

---

rini e Marchetti, Roma, 1998, p.28.

11. D. Tortoriello, *La gestione collettiva del risparmio*, https://www.soldionline.it/guide/mercati-finanziari/la-gestione-collettiva-del-risparmio, 20 giugno 2018.

legge n.1 del 1991, poi con l'art. 20 del D.Lgs. 415 del 1996 (c.d. Decreto Eurosim). Con questo decreto furono recepite la direttiva 93/22 CEE del 10 maggio del 1993 sui servizi di investimento del settore dei valori mobiliari e la direttiva 93/6 CEE del 15 marzo del 1993 sull'adeguatezza patrimoniale delle imprese di investimento e degli enti creditizi.

Finalmente un'importante attività di armonizzazione della disciplina italiana con la normativa europea il cui obiettivo era quello di:

- ampliare la categoria degli intermediari abilitati comprendendovi anche le imprese bancarie;
- creare un mercato finanziario unico europeo;
- privatizzare la borsa dei valori e degli altri mercati regolamentati, l'attività di gestione diventa attività d'impresa, nella specie di una S.p.A.;
- creare nuove procedure per lo svolgimento dell'attività di vigilanza sulle attività dei servizi di investimento e nella gestione della crisi.

Con il Decreto Eurosim l'Italia subì ancora una volta l'influenza anglosassone e così, come in Gran Bretagna, le imprese italiane operavano sulla base del principio *self-regulatory organization*. Venne introdotto un modello di stampo privatistico che tuttavia restava comunque sottoposto alla vigilanza dell'autorità pubblica, soprattutto con riferimento ai fondi alternativi dove l'autonomia privata ha un ruolo essenziale.

Solo con il D.Lgs. n. 58/1998, Testo Unico delle disposizioni in materia di intermediazione finanziaria, – detto anche Testo Unico della Finanza (TUF) ovvero decreto Draghi – la frammentazione che caratterizzava, fino a quel momento, il sistema della gestione dei fondi di investimento e la tipizzazione dei modelli organizzativi furono superate. Un intervento che rese possibile la ridefinizione della struttura normativa fino ad allora precaria per dar vita ad un quadro normativo unitario dei fondi.

Il TUF non presenta molti articoli ed è strutturato in sei parti:

- disposizioni comuni;

- disciplina degli intermediari;
- mercati (regolamentati e non) ed alla gestione accentrata degli strumenti finanziari;
- emittenti;
- sanzioni;
- disposizioni transitorie e finali.

Il TUF prevedeva e regolava soltanto i criteri generali per la disciplina delle gestioni collettive[12] rimettendo alla normativa secondaria la definizione delle modalità operative degli organismi di investimento collettivo e, in particolar modo, i profili relativi alla vigilanza prudenziale. Ad esempio, venne determinata a livello regolamentare la struttura dei fondi comuni di investimento; l'oggetto dell'investimento; la clientela; le modalità di partecipazione ecc. Furono, inoltre, introdotte le Società di gestione del risparmio[13] (SGR) che sostituivano le Società di gestione dei fondi comuni di investimento. Le SGR erano autorizzate a svolgere il servizio di gestione di patrimoni mobiliari sia su base individuale sia su base collettiva, introducendo la figura del gestore unico (c.d. *asset manager*), in capo al quale confluivano tutte le tipologie di gestioni previste nell'ordinamento italiano.

Tra le competenze delle SGR vi erano: l'istituzione e gestione dei fondi pensione; lo svolgimento di attività connesse e/o strumentali definite dalla Banca d'Italia, sentita previamente la

12. Vennero abrogate la legge n. 77 del 1983 sui fondi comuni mobiliari aperti; la legge n. 344 del 1993 sui fondi comuni di investimento mobiliare chiusi; la legge n 86 del 1994 sui fondi di investimento immobiliare.

13. Il Testo Unico della Finanza (D.Lgs. 58/1998, all'art. 1 comma 1 lett. n) definisce la gestione collettiva del risparmio come «il servizio che si realizza attraverso la gestione di OICR e dei relativi rischi». La definizione del testo unico quindi rinvia alla definizione di OICR (organismo di investimento collettivo del risparmio) data dall'art. 1 comma 1 lett. k) per il quale risulta essere «l'organismo istituito per la prestazione del servizio di gestione collettiva del risparmio, il cui patrimonio è raccolto tra una pluralità di investitori mediante l'emissione e l'offerta di quote o azioni, gestito in monte nell'interesse degli investitori e in autonomia dai medesimi nonché investito in strumenti finanziari, crediti, inclusi quelli erogati, a favore di soggetti diversi da consumatori, a valere sul patrimonio dell'OICR, partecipazioni o altri beni mobili o immobili, in base a una politica di investimento predeterminata». R. Caramini, *La gestione collettiva del risparmio*, http://www.iusinitinere.it/la-gestione-collettiva-del-risparmio-9857, 23 giugno 2018.

Consob; «prestare i servizi accessori di custodia e amministrazione di strumenti finanziari e relativi servizi connessi, limitatamente alle quote di OICR di propria gestione, commercializzare quote o azioni di OICR gestiti ai terzi, in conformità alle regole di condotta stabilite dalla Consob, sentita la Banca d'Italia»[14]; prestare il servizio di ricezione e trasmissione di ordini.

A tal riguardo risulta opportuno e necessario evidenziare l'attività di abrogazione di cui il TUF è stato protagonista. Ai sensi dell'art. 214 del TUF si stabiliva che la normativa previgente doveva essere esplicitamente abrogata ad eccezione della clausola di chiusura – comma 4 – che abroga tutto quello che contrasta con il decreto. Inoltre, al comma 2 è prevista anche un'abrogazione differita: alcune disposizioni continueranno ad essere applicate fino a quando non entreranno in vigore i provvedimenti emanati in attuazione del TUF. Anche alcune norme del Decreto Eurosim sono state oggetto di abrogazione formale. Pertanto, alcune norme in esso presenti, ovvero il suo contenuto, continueranno a restare in vita attraverso una riproduzione pedissequa o semplicemente di contenuto prescrittivo simile in altre norme.

All'interno di questa analisi sull'evoluzione normativa in materia di gestione collettiva del risparmio un ulteriore passo avanti è stato fatto con la Direttiva 2004/39/CE – nota come MiFID, acronimo di *Market in Financial Instruments Directive* – in materia di mercati degli strumenti finanziari, emanata dal Parlamento europeo e dal Consiglio il 21 aprile 2004 e recepita dal nostro ordinamento con il D.L. del 17 settembre 2007, n. 164. La normativa europea ha espressamente abrogato la direttiva Eurosim (Direttiva 93/22/CE) recepita nel nostro ordinamento con il D.Lgs. n. 415/1996. La direttiva MiFID si configura come una sorta di *trait d'union* del «*Financial Services Action Plan* (FSAP) del 1999 che, [...] ha rappresentato un punto di svolta epocale per i mercati finanziari europei, e per quello italiano in parti-

14. *Come prestare il servizio di gestione collettiva del risparmio in Italia*, https://www.bancaditalia.it/compiti/vigilanza/intermediari/business-in-italia/gestione-collettiva-risparmio/index.html, 25 giugno 2018.

colare, essendosi posto il fondamentale obiettivo di creare un efficiente mercato unico dei servizi finanziari inEuropa»[15].

E proprio con riferimento agli *art funds* la direttiva MiFID risulta essere particolarmente innovativa. Vengono ridefinite le categorie di strumenti finanziari tra i quali vi rientrano le quote di un organismo collettivo del risparmio (OICR). La dottrina giuridica ed economica ha, inoltre, inserito i beni d'arte nel sistema di gestione collettiva del risparmio.

Come possono, dunque, essere inquadrati questi beni in una dimensione squisitamente giuridica?

Sicuramente non possono

> essere considerati *sic et simpliciter* come una *commodity* o come strumenti finanziari, né tantomeno hanno la caratteristica standardizzazione che è propria dei titoli di massa: anche questa difficoltà interpretativa è stata superata guardando innanzitutto all'ampiezza delle contrattazioni di tali bene, ed alla qualificazione professionale dei soggetti che operano nel mercato dell'arte, assunti al ruolo di *market makers*, e inquadrando per questa strada agli oggetti d'arte, nella nozione classica di "bene" ai sensi dell'art. 810 c.c.[16].

L'aspetto positivo si riflette in una crescita della finanziarizzazione del mercato dell'arte che registra un +24% (investitori). Non mancano poi esempi concreti di galleristi

> come Gagosian capaci di vendere anticipatamente in meno di un giorno una mostra di un artista contemporaneo, Tom Friedman, senza neanche fare una telefonata, ma soltanto mettendo delle immagini digitali dei lavori dell'artista in una sezione del sito della galleria accessibile tramite una password, poi inviata ad una lista di clienti selezionata[17].

In conclusione, la Direttiva MiFID a differenza della Direttiva Eurosim ha rappresentato una grande sfida per il legislatore comunitario nel dar vita ad un unico mercato europeo dei servi-

15. M.C. Quirici, *Il mercato mobiliare. L'evoluzione strutturale e normativa*, FrancoAngeli, Milano, 2010, p. 15.

16. *Ibidem*.

17. S. Segnalini, *Art funds e gestione collettiva del risparmio*, Giappichelli, Torino, 2016, p. 19.

zi finanziari. Obiettivo possibile grazie ad "un'armonizzazione forte" che poggiava su di una legislazione particolarmente precisa e dettagliata e, soprattutto, che andava ad incidere non solo su argomenti e materie già trattate dalla Direttiva Eurosim ma anche in settori regolamentati per la prima volta. Il sistema era teso a creare una omogeneità legislativa che offrisse agli investitori la possibilità di operare in mercati trasparenti, integrati e coerenti, avvalendosi delle adeguate tutele attraverso la previsione di norme comportamentali adeguate[18].

3. *Art funds*: il percorso verso l'attuale legislazione

Per comprendere la collocazione normativa degli *art funds* nel nostro ordinamento bisogna procedere ad una suddivisione dei fondi contenuta nel titolo III del TUF e nei regolamenti attuativi Banca d'Italia e Consob, i quali prevedono:

- gli OICVM (organismi d'investimento collettivo in valori mobiliari), che ricadono nell'ambito di applicazione della Direttiva UCITS IV. Detti fondi armonizzati, cioè conformi a quanto previsto dalla legislazione comunitaria;
- gli OICR (organismi di investimento collettivi di risparmio) italiani, ossia i FIA (fondi di investimento alternativo italiano), rientranti nell'ambito di applicazione della Direttiva AIFMD. In questo caso si parla di fondi non armonizzati.

Le Direttive UCITS disciplinano in maniera specifica gli OICVM che investono in valori mobiliari e ricomprendono sia i fondi comuni di investimento che le SICAV. La direttiva ha trasformato il mercato europeo in materia di gestione collettiva del risparmio innovandolo e liberalizzandolo.

La Direttiva 1985/611/CEE (UCITS I), al fine di dare avvio ad un vero processo di armonizzazione, ha modificato parzialmente la legge sui fondi del 1983. La Direttiva consentiva «agli OICVM autorizzati da uno Stato membro di essere liberamente distribuiti in altri Stati dell'Unione europea (c.d. passaporto

18. *Ibidem*.

europeo)»[19].Questo primo intervento risultò quasi fallimentare. Non vi erano, infatti, i presupposti per fronteggiare le problematiche emerse con la UCITS I.

Furono così emanate le UCITS III (Direttiva 2001/107/CEE e Direttiva 2001/108/CEE) recepite in Italia nell'aprile del 2005. La normativa prevedeva rilevanti novità sia per quanto riguarda le società di gestione, ampliando le attività esercitabili da un lato e dall'altro riconoscendo la possibilità di delegare a terzi una o più delle funzioni aziendali attraverso la stipulazione di contratti di *outsourcing*, sia per quanto attiene la regolamentazione del prodotto, estendendo gli investimenti ammissibili e rimodulando alcuni limiti di investimento chiave.

Nonostante questi ulteriori interventi normativi il sistema si presentava ancora inefficiente e inadeguato a tal punto da decidere di emanare la direttiva UCITS IV (direttiva 2009/65/CE) a cui fece seguito l'emanazione dei relativi provvedimenti di attuazione. La Direttiva fu recepita nel nostro ordinamento con il D.Lgs. n. 47 del 2012 e in seguito con Provvedimento Della Banca d'Italia del 19 gennaio 2015. Fu, inoltre, modificata la disciplina sui fondi aperti che investono in valori mobiliari, con la quale fu modificata parte della disciplina contenuta nel TUF. Attraverso questo ulteriore intervento normativo comunitario venne concesso a una SGR di poter

> gestire un fondo d'investimento che operasse in un paese dell'Unione Europea, diverso da quello in cui era stata costituita. Ciò divenne possibile grazie alla creazione di un "passaporto europeo" delle società di gestione (Management Company Passport), ossia il riconoscimento reciproco, da parte delle autorità nazionali, delle autorizzazioni e dei sistemi di vigilanza prudenziale[20].

Nell'agosto 2014 è stata adottata la Direttiva UCITS V (direttiva 2014/91/UE), recante modifica della direttiva 2009/65/CE (UCITS IV).

19. S. Segnalini, *I primi centodieci anni degli art funds: problemi e prospettive*, in «Rivista bancaria», 2, 2015.
20. S. Segnalini, *Art funds e gestione collettiva del risparmio*, cit., p. 19.

> La proposta fa parte di un più ampio pacchetto legislativo dedicato a ricostruire la fiducia dei consumatori nei mercati finanziari. Il pacchetto si compone di tre proposte normative: la revisione della Direttiva UCITS, la revisione estesa della direttiva sull'intermediazione assicurativa IMD (IMD II) e la stesura del Regolamento sui documenti delle informazioni chiave per i prodotti di investimento [...][21].

Con la UCITS V si vanno ad applicare principi simili a quelli definiti dalla AIFMD (con riferimento alla gestione dei fondi alternativi) anche se la Direttiva UCITS V si configura molto più restrittiva.

4. Fondi di investimenti alternativi: la direttiva AIFMD e i FIA

Un'importante innovazione al sistema di gestione collettiva del risparmio, ed in particolar modo al mercato dell'arte, è arrivata con la Direttiva 2011/61/EU (AIFMD[22] - *Alternative investment fund managers directive*) e con il Regolamento Delegato (EU) 231/2013, tenuto conto di quanto espresso nelle *Guidelines on key concepts of the AIFMD* emanate dall'ESMA il 13 agosto 2013. La disciplina comunitaria ha colmato una lacuna normativa – fino ad allora circoscritta ai soli fondi armonizzati di tipo aperto e dunque rientranti nella direttiva UTICS – che da anni aveva reso la disciplina di settore frammentaria e inadeguata a regolamentare un mercato peculiare come quello dell'arte. La Direttiva AIFMD, come una boccata di aria fresca, innova, attraverso una dimensione comunitaria, i mercati finanziari, l'offerta di prodotti finanziari e servizi di investimento.

Una delle novità principali introdotte dall'AIFMD si manifesta in un cambio di prospettiva: il legislatore comunitario ha optato per una regolamentazione che si focalizzasse sui gestori dei

21. V. Ucits, *Un ulteriore passo verso il mercato europeo dei fondi di investimento*, https://www.pwc.com/it/it/industries/asset-management/assets/docs/ucits5.pdf, 25 giugno 2018.

22. La direttiva ha modificato il Titolo III, Parte II del TUF, sull'attività di gestione collettiva del risparmio, al fine di adeguarne le disposizioni a quanto stabilito, a livello europeo, dalla AIFMD. La direttiva AIFMD oltre a modificare il TUF ha introdotto importanti novità come l'introduzione della SICAF, società di investimento a capitale fisso ex articolo 35 *bis* e ss. del TUF.

FIA (fondo d'investimento alternativi) – in particolar modo con riferimento all'autorizzazione, al funzionamento e trasparenza – e non sui fondi di investimento, i quali invece continueranno ad essere sottoposti alla disciplina nazionale.

A seguito di questo processo di armonizzazione sono stati previsti all'interno del TUF sia gli OICVM italiani, fondi armonizzati quindi rientranti della disciplina della direttiva UCITS IV, sia gli OICR italiani e dunque i FIA italiani (fondi non armonizzati), rientranti nella Direttiva AIFMD.

I FIA, che rappresentano un *asset class* flessibile, in grado di «garantire una rivalutazione del capitale nel lungo periodo, una diversificazione proficua del portafoglio, una riduzione dei costi di transazione e rendimenti molto più elevati»[23], si caratterizzano per:

- ricerca di performance assolute;
- bassa correlazione con i *public markets;*
- diversificazione, in termini di strategia di gestione e di rischio/fonte di rendimento;
- ottimizzazione nella gestione di portafoglio;
- bassi livelli di volatilità attesa di inefficienze dei mercati.

I FIA possono, inoltre, essere distinti in FIA italiani (al dettaglio) e FIA italiani riservati.

Per FIA italiani si intende, secondo il TUF novellato dalla direttiva AIFMD,

> l'OICR di cui all'art. 1, comma 1, lettera m-*ter*): "OICR alternativo italiano" (FIA italiano): il fondo comune di investimento, la SICAV e la SICAF rientranti nell'ambito di applicazione della direttiva 2011/61/UE [n.d.r.: la Direttiva AIFMD]. Mentre il FIA italiano riservato è l'OICR di cui all'art. 1, comma 1, lettera m *quater*) dell'ultima versione del TUF: "FIA italiano riservato": il FIA italiano la cui partecipazione è riservata a investitori professionali e alle categorie di investitori individuate dal regolamento di cui all'articolo 39[24].

23. E. Romanelli, *Art Investments funds,* https://bit.ly/3gyFMtw, 25 giugno 2018
24. S. Segnalini, *I fondi di investimento in arte: un case study per i fondi alternativi,* in «Rivista di diritto delle arti e dello spettacolo», 2, 2017, pp. 120-121.

Dunque, i fondi alternativi rientrano negli OICR italiani chiusi, in particolar modo nei FIA italiani chiusi. Nella specie gli *art funds* possono essere inquadrati negli OICR italiani riservati e dunque nei FIA riservati, i quali sono

> pensati, principalmente, per investitori professionali, nella forma sia di fondo chiuso che aperto; ma a cui possono partecipare, a certe condizioni, anche investitori non professionali (anche se questo resta ancora, secondo alcuni interpreti, il grande nodo irrisolto di tale normativa). Poiché però è previsto che il FIA che investa in beni o attività con un minor grado di liquidità o in strumenti finanziari non quotati, diversi da quote o azioni di OICR aperti, in misura superiore al 20%, debba necessariamente assumere la forma chiusa, è quindi quest'ultima l'opzione che probabilmente si dovrà scegliere all'atto della costituzione di un FIA riservato che investa in opere d'arte[25].

Questi fondi alternativi, – che comprendono gli *hedge fund*, i fondi di *private equity* (nel quale rientrano i fondi di *venture capital*), i fondi immobiliari, i fondi infrastrutturali, e i *commodity funds* – sono una realtà costantemente in crescita. Nell'ultimo decennio abbiamo assistito ad «uno sviluppo senza precedenti, sia per il numero delle iniziative avviate, sia per il valore degli asset complessivamente gestiti, raggiungendo una dimensione pari a oltre il 10% del PIL USA»[26].

Con la direttiva AIFMD il legislatore comunitario ha voluto garantire un quadro regolamentare e di vigilanza armonizzata. Si tratta di un intervento normativo volto a contenere i rischi derivanti dalle attività dei soggetti che operano nel settore dei fondi di investimento alternativi. Di fatto ciò è stato reso possibile grazie a interventi normativi che uniformano i rischi legati all'operatività dei FIA, attraverso attività tese a contenere il loro impatto sugli investitori e sui mercati dell'Unione europea. Dunque, laddove i gestori dei fondi alternativi si conformino alla Direttiva in esame potranno avvalersi di un passaporto europeo attraverso cui poter gestire e commercializzare i FIA in tutto il territorio dell'Europa.

---

25. *Ibidem*.

26. Symphonia SGR, *Fondi Alternativi (FIA)*, https://www.symphonia.it/content/fondi-alternativi-0, 25 giugno 2018.

Oltre agli aspetti positivi, la Direttiva AIFMD porta con sé una serie di problematiche[27]. Così, come sostenuto dalla Professoressa Silvia Segnalini (*I fondi di investimento in arte: un case study per i fondi alternativi* in Rivista diritto delle Arti e dello Spettacolo), la circoscritta previsione della disciplina comunitaria legata ai soli gestori e non anche ai fondi genera una serie di problemi di ordine sistematico. Inoltre, i fondi alternativi non sono contemplati nella normativa e di conseguenza non è possibile individuarne caratteristiche e il profilo di rischio, pertanto l'ambito applicativo della normativa AIFMD è individuato in termini negativi. Così come non si comprende il limite entro il quale il legislatore italiano può e deve operare.

Per di più, la Direttiva AIFMD insieme al Decreto Ministeriale 5 marzo 2015, n. 30 prevede una serie di cautele e garanzie volte a prevenire i conflitti di interessi, sia attraverso la previsione per le SGR di un «documento di *policy* con una mappatura dei conflitti di interessi»[28], sia attraverso un rafforzamento dei presidi e cautele per i conflitti di interesse. Sono previste anche delle modifiche nel modello organizzativo attraverso la previsione di esperti indipendenti ed un Cda con amministratori indipendenti.

A sostegno della maggiore affidabilità del mercato dell'arte è importante esporre qualche risultato realizzato da recenti *report* (*Deloitte Art & Finance Report 2017*). Nella prima metà del 2017 il mercato degli *art funds* è stato stimato per 834 milioni di dollari. Una somma elevata anche se in leggero calo rispetto agli anni precedenti in cui erano state registrate somme quali meno 1.03 miliardi di \$ (2016), 1.2 miliardi \$ (2015), 1.26 \$ (2014). Questi risultati non vanno letti in termini negativi. Sempre secondo il *report Deloitte*, i propri clienti richiedono sempre più servizi afferenti a fondi di investimento in arte, inoltre, circa il 37% dei collezionisti da loro intervistati hanno affermato di essere interessati a investire in arte. La peculiarità che cattura l'interesse degli investitori nel mondo dell'arte è definita *"investment diversification"*:

27. Per approfondimenti: S. Segnalini, *I fondi di investimento in arte: un case study per i fondi alternativi*, cit.
28. *Ivi*, p. 132.

La maggior parte degli art funds ad oggi attivi, infatti, investe in opere di arte contemporanea (Post War & Contemporary art) di artisti già affermati e di selezionati artisti emergenti, appartenenti a diverse correnti artistiche, e i media possono essere i più vari (dipinti, sculture, opere su carta, installazioni, fotografie, video): in questo modo si evita la concentrazione del rischio e si aumentano le possibilità di ottenere alti rendimenti nel lungo periodo[29].

5. Breve storia degli *art funds*

L'arte intesa come massima espressione del genio e della creatività umana riunisce in sé due differenti valori. Da un lato individuiamo quelli connessi al *dividendo estetico*, terminologia che si riconduce espressamente a valori soggettivi e che abbraccia una serie di significati psicologici e sociali legati alla sfera della bellezza e delle inclinazioni personali. Indubbiamente un'opera d'arte risponde a esigenze di carattere ornamentale, è in grado di fornire al suo possessore piacere e appagamento, di apportare benefici allo spirito e all'intelletto, di raffinare il gusto. Tuttavia, l'arte è stata da poco più di un secolo rivalutata sulla base delle sue potenzialità economiche identificandosi come *bene rifugio*. Secondo la prassi economica sono considerati tali quei beni durevoli e longevi che, alla stregua dell'oro, si prospettano in grado di conservare il proprio valore monetario nel corso di lunghi archi temporali proteggendo il consumatore da fenomeni inflazionistici, essendo per natura immuni alle svalutazioni. L'interesse degli investitori verso il mercato dell'arte, inteso come mezzo di copertura dall'inflazione, è aumentato quando gli economisti Michael Moses and Jianping Mei pubblicarono l'articolo *Art as Investment and the Underperformance of Masterpieces* nel 2002, uno studio volto ad individuare un indice per valutare il rendimento dell'arte sulla base dei dati di vendita delle principali case d'asta mondiali[30].

Allo stato attuale l'arte si configura come un vero e proprio *asset* alla pari dei più tradizionali strumenti finanziari, ritaglian-

29. E. Romanelli, op. cit.

30. B.L. Frye, *New art for the people: art funds & financial technology*, 93 Chi.-Kent L. Rev. 113, 2018, p. 128.

dosi uno spazio nei portafogli di investimento per una costruzione più efficiente e per ridurne i rischi di collasso.

Non a caso, in questi anni tra gli esperti del settore e nella letteratura economica si parla sempre più frequentemente di un processo di *finanziarizzazione* dell'arte[31]. Allocare a fianco di titoli azionari, obbligazionari, immobiliari dei beni incorrelabili si è di fatto dimostrata una strategia vincente per equilibrare i rendimenti e ammortizzare i rischi del proprio patrimonio.

Nel report annuale del 2016 condotto dalle agenzie di monitoraggio del mercato Deloitte e ArtTactic[32] si delinea la seguente composizione del portafoglio di un campione di investitori: il 64% in attività finanziarie, il 23% in quote immobiliari, il 13% in beni reali – i così detti *investment of passions* – di cui l'arte, insieme ad altri generi di oggetti collezionabili per passione come vini pregiati o macchine d'epoca, simbolizza una delle tipologie più rappresentative. Tuttavia il valore di un'opera, di qualsiasi natura esso sia, lo si specifica, è strettamente soggettivo e sensibile ad un ampio ventaglio di fattori. Sul mercato un'opera d'arte si presenta come un *unicum*, un bene distinto da eterogeneità e irripetibilità generando circuiti di vendita fondati sul monopolio dove è inauspicabile riscontrare un punto di incontro equilibrato tra domanda e offerta. L'arte è una categoria di investimento illiquida ma al tempo stesso volatile, che necessita di *timing* non brevi per maturare un valore stabile, al quale vanno poi sommate le spese di gestione dovute alle commissioni di acquisto, alla verifica dell'autenticità, alla conservazione, al trasporto, al restauro risultando allo stesso tempo un impegno oneroso. Il mercato dell'arte presenta, in aggiunta, un'ulteriore serie di criticità legate all'assenza di una regolamentazione, di una normativa di riferimento o ancora di organismi che tutelino gli interessi degli investitori, ma si evolve sulla base di un processo di auto-strutturazione tra soggetti-intermediari che vi operano a diverso titolo[33]. Scoraggia l'opacità di un settore dove le transazioni rese note sono solo la punta dell'iceberg di un

31. Cfr. P. Genco – A. Zorloni, *Struttura e dinamiche evolutive del mercato dell'arte contemporanea*, in «Economia e diritto del Terziario», 1, 2017.

32. Deloitte-Arttactic, *Art & Finance Report*, 2016.

33. P. Fandella, *Lo sviluppo dei fondi in arte come opportunità di diversificazione del portafoglio di investimento*, in «Rivista Bancaria», 2/3, 2018, p. 94.

filone di negoziazioni molto più vasto, specialmente a livello galleristico dove le vendite sono frutto di contrattazioni private e flessibili.

I primordiali esperimenti di investimento in questa categoria risalgono al 1904, quando in Francia viene inaugurato dal finanziere André Level il primo vero e proprio fondo comunecensito in opere d'arte sotto il nome di *Le Peau de l'Ours*. Diverse sono le teorie riguardo l'origine di un nome tanto evocativo: c'è chi fa appello a un aneddoto secondo cui nella stanza in cui fu siglato l'accordo fosse presente una pelle d'orso[34], o chi rievoca un'interpretazione didascalica legata alla novella *L'ours et les deux compagnons* dello scrittore e poeta francese J. La Fontaine[35]. Quest'ultima è sicuramente la più interessante e fa riferimento alle vicende di due cacciatori che vendettero la pelle di un orso ancor prima di averlo ucciso. Indubbiamente un monito alla prudenza che ricalca le scelte operative del gruppo di tredici investitori, parenti e amici stretti di Level. Figlio di industriali, André Level si impose nel settore finanziario e bancario lavorando come amministratore per la *Société française de Transports et Entrepôts frigorifiques*, coltivando parallelamente una radicata passione verso le arti visive che lo portarono a divenire un grande appassionato d'arte, un fervido collezionista e un assiduo frequentatore delle gallerie, tra cui quella dell'*art dealer* Ambroise Vollard, colui che mise in piedi la prima raccolta di arte moderna francese.

Questi particolari delle sue vicende biografiche motivano la genialità e la lungimiranza dell'intuizione che lo condusse all'ideazione di un fondo che, per la cifra irrisoria di 250 franchi all'anno *ad personam*, riuscì ad aggregare una modesta collezione di 145 pezzi ben selezionati completamente impernata sul contemporaneo, annoverando artisti i cui nomi oggi ci dicono tanto, ma che all'epoca godevano di una fama minore. Tra gli autori selezionati si contano personalità come Pablo Picasso, Henri Matisse, André Derain, Georges Braque, Camille Pissarro, Vincent Van Gogh, Maurice Denis, Pierre Bonnard, Al-

34. D. Thompson, *Lo squalo da 12 milioni di dollari. La bizzarra e sorprendente economia dell'arte contemporanea*, Milano, Mondadori, 2009, p. 342.

35. S. Segnalini, *Art funds e gestione collettiva del risparmio*, cit.

bert Marquet, Emile Bernard, Maurice de Vlaminck, Kees Van Dongen. A tal proposito, Le Peau de l'Ours può considerarsi il precursore di quei fondi completamente impernati sull'arte contemporanea, i cosiddetti *venture capital*.

La strategia di Level, il quale si occupò in prima persona della scelta e dell'acquisto delle opere affiancato da un *advisory council* di tre membri, fu particolarmente rischiosa essendo il settore del contemporaneo caratterizzato da un'imprevedibile volatilità dovuta alla mancata storicizzazione dei suoi protagonisti. Il 2 marzo 1914, esattamente dieci anni dopo la costituzione del fondo, le opere furono rivendute presso l'*Hotel Drouot* di Parigi a prezzi decuplicati rispetto a quelli originali e per la prima volta ci si rese conto di come l'arte potesse rappresentare una realtà economica concretamente redditizia. A totalizzare i prezzi più alti all'incanto furono dodici opere di Picasso e dieci di Matisse; soltanto Picasso riuscì a generare un importo di 31.301 franchi con tele quali *La Famille de Saltimbanques*, oggi conservata alla *National Gallery of Art* di Washington.

L'epilogo di questa vicenda fu positivo non solo per gli investitori, ma anche per gli artisti prescelti che, a fronte degli importanti ricavi ottenuti, videro devolvere a proprio favore il 5% dei guadagni del fondo come strumento di sostegno alla loro attività creativa[36].

Il *British Railways Pension Fund* fu invece il primo fondo che investì l'1% del proprio capitale in opere d'arte. Anch'esso capisaldo della storia degli *art funds*, fu lanciato dalla compagnia ferroviaria nel 1974 a favore dei propri impiegati impegnando una cifra di circa 3 milioni di sterline l'anno e direzionandosi, a differenza del suo predecessore, ad ogni segmento del mercato dell'arte. La collezione che ne derivò, costituita da circa 2.425 pezzi, comprendeva una vasta gamma di opere di cui principalmente arte figurativa (dipinti e disegni antichi di autori datati tra XV e XIX secolo o impressionisti), sculture, ceramiche cinesi, libri e manoscritti, mobili francesi, monete, rappresentando il 2,3% del portafoglio del fondo in un periodo storico in cui il

36. C. Zampetti, *"ArtFunds". Benefici e difficoltà*, in «Analisi Giuridica dell'Economia», 1, 2007, giugno, p. 190.

Regno Unito era flagellato da un'alta inflazione, moneta debole e mercato immobiliare a ribasso[37].

Il manager della compagnia, Christopher Lewin, incaricò la nota casa d'aste – ancora oggi leader del settore – Sothebhy's di formare e rivendere la collezione, orchestrata tra *masterpieces* e pezzi di minore importanza, frutto di una selezione non sempre dettata dalla ricerca dell'eccellenza[38] e con l'adozione di una strategia meno rischiosa rispetto al caso precedente. Di questi, solo alcuni fecero la fortuna del fondo che di fatto alla sua chiusura nel 1992 registrò un reddito annuale del 13,8% in un contesto di boom economico per il mercato dell'arte. Il fondo fu indubbiamente un successo, nonostante sottoperformò il mercato azionario con un ricavo totale di 168 milioni di sterline, per una spesa di partenza pari a un primo investimento di 40 milioni di sterline, proseguito con 3 milioni l'anno. Entrambi i casi sono l'esemplificazione di come un fondo, se dotato di un buon piano strategico, possa rappresentare una valida alternativa di investimento.

Tuttavia la storia degli *art funds* è costellata di insuccessi e di operazioni che spesso, a causa di una normativa troppo soffocante, non hanno mai ottenuto avvio. L'esperienza italiana testimonia questo dato: si ricordano il fondo *Pinacotheca* di Vegagest, specializzato in *Old masters* dal XV al XIX secolo con un patrimonio totale oscillante tra i 20 e i 50 milioni di euro, approvato nel 2007 dalla Banca d'Italia e affidato alla curatela dello storico e critico d'arte Vittorio Sgarbi ma che di fatto non è mai partito per via della stringente legislazione e il fondo *Gestiarte* che ha anticipato la sua chiusura con un rendimento di a malapena il 5%.

6. Opportunità per i potenziali investitori

Il mercato dell'arte è un contesto economico consolidato dove oggigiorno la domanda ha subito una crescita e riscon-

37. A. Zorloni, *L'economia dell'arte contemporanea. Mercati,strategie e star system*, Milano, FrancoAngeli, 2016, p. 179.

38. S. Segnalini, *Art funds e gestione collettiva del risparmio*, cit..

trato un'eterogeneità sorprendente nella propria composizione coinvolgendo nuove categorie di soggetti rispetto al passato. Alcune delle più grandi collezioni di opere d'arte appartengono a realtà bancarie o aziendali: tra i vari *players* a livello internazionale Unicredit è dotata di una raccolta di quasi 60.000 opere mentre Deutsche Bank ne conta circa 56.000, rappresentando le più grandi collezioni *corporate* al mondo[39]. Valorizzata nella sua funzione ornamentale, l'arte abita le *hall* e gli ambienti di quelli che sono conosciuti come *Art Hotel* o delle navi da crociera, regalando ai pernottatori lussuose ed esclusive esperienze di soggiorno.

Alla domanda collezionistica si somma anche quella speculativa, operata da individui che provengono prevalentemente dal mondo della finanza. In questo scenario, i fondi di investimento si stanno dimostrando un buon mezzo per indirizzare una fetta sempre più ampia di investitori, provenienti da qualsivoglia settore, verso quello delle arti visive. Gli *art funds* sono un prodotto finanziario di matrice estera, il cui funzionamento è analogo a quello dei fondi comuni di investimento ma con le peculiarità del settore di riferimento, quello artistico. Questi fondi hanno una struttura simile ai fondi tradizionali e ciò che li differenzia è, per l'appunto, l'oggetto dell'investimento: "l'acquisto di opere d'arte" e non di prodotti finanziari. Ricorrere a questi fondi garantisce agli investitori da un lato di diversificare il proprio portafoglio finanziario, dall'altro consente loro di abbattere i rischi attraverso un investimento ragionato su uno o più artisti, su singole correnti artistiche o anche più di una (i.e. impressionismo, cubismo, futurismo ecc.). Inoltre, come sostenuto dalla dott.ssa Eliana Romanelli:

> il lungo lasso temporale entro il quale vengono effettuati gli acquisti iniziali del fondo di investimento in arte e le vendite al momento dello spirare della *maturity* massima del fondo, permettono ai gestori di sfruttare le eventuali fluttuazioni di prezzo in modo da evitare la cessione di opere in momenti in cui il loro valore è sottovalutato o piatto o in modo da organizzare la vendita di opere in determinati periodi in cui risultano più ricercate, aumentando così le possibilità

39. A. Zorloni, op. cit., p. 151.

di massimizzare i profitti dell'investimento iniziale e ottenendo dei rendimenti che danno un'immagine particolarmente ottimistica dello stato del fondo[40].

Dotati di un patrimonio comune a una pluralità di investitori, gli *art funds* nacquero con l'obiettivo di permettere ai collezionisti meno abbienti delle fasce medio-alte di poter accedere ai grandi capolavori degli artisti, dalla categoria delle *Superstar* ai così detti *Blue Chip Artworks*[41], che altrimenti sarebbero rimasti fuori dalla loro portata rispetto a quella dei clienti istituzionali. Investire negli *art funds,* dunque, consente al fondista di acquistare le opere migliori ottenendo un'ampia diversificazione e una gestione passiva delle stesse. La partecipazione a un fondo d'investimento comporta l'impegno di una quota minima d'accesso, detta quota di sottoscrizione, che tuttavia risulta in genere significativamente onerosa e che di fatto ha ridotto la cerchia del potenziale *target* a cui questi prodotti erano indirizzati e coinvolgendo di fatto solo i *High Net Worth Individuals* (HNWI), cioè coloro che possiedono un patrimonio al netto che superi la soglia di valore di 1 milione di dollari. La cifra di sottoscrizione oscilla in media tra i 100.000 e i 250.000 dollari[42]; in numerosi casi supera questo *range*[43]mentre in altri si manifestano delle eccezioni.

Negli ultimi anni, infatti, sono sempre più numerosi i fondi che promettono quote di accesso più contenute, a partire dal caso dell'*ARTVest Fund* di *Artvest Sa*, fondo specializzato in arte contemporanea gestito da Etienne Ficheroulle in cui il valore di entrata corrisponde a 3.000 dollari; o da quello dell'*Artist Pension Fund* del 2004, che investe in opere direttamente donate dagli artisti (precisamente, un'opera all'anno per vent'anni) e il cui

40. E. Romanelli, op. cit.

41. L'espressione Blue Chips Artworks segnala quel filone di opere i cui valori toccano la cifra minima di 100 milioni.

42. B. Mezzogori, *I fondi di investimento in arte*, in Aa.Vv., *Arte contemporanea-Mercato*, Milano, Mondadori, 2008, p. 67.

43. G. Iannaccone, *Fondi comuni di investimento in opere d'arte: opportunità tra problematiche valutative e conflitti d'interesse*, in «Analisi Giuridica dell'Economia», fascicolo 1, il Mulino, giugno 2007, p. 200. L'autore fissa il valore minimo di sottoscrizione di una quota singola di un fondo di investimento in opere d'arte alla cifra di 250.000 dollari.

ricavato è devoluto come pensione agli artisti stessi. Il regolamento sulla gestione collettiva del risparmio emanato da Banca d'Italia in data 14 aprile 2005 stabilisce che, nei fondi chiusi, il valore della quota va calcolato e comunicato all'investitore con cadenza semestrale. In virtù dei principi generali, il calcolo del valore della quota di un fondo va operato sulla base del valore netto del patrimonio complessivo del fondo medesimo, la cui determinazione, peraltro, può risultare estremamente complessa nel caso di opere d'arte.[44]

Tra le altre possibilità riservate dagli *art funds* agli investitori è di primaria importanza l'ottimizzazione dei costi di negoziazione e di gestione delle opere[45], colpevoli di penalizzare la performance dell'investimento: sono strumenti vantaggiosi perché consentono di negoziare e contrattare le spese di commissione con la casa d'aste e con gli altri fornitori di servizi necessari a un collezionista, come di ridurre i costi di conservazione, assicurazione, trasporto e di *due diligence*[46]. Quest'ultima espressione racchiude tutte le procedure di indagine messe in atto dall'investitore per valutare i rischi di un possibile fallimento dell'attività finanziaria e dei suoi scenari futuri. Purtroppo per molti anni, a seguito di una normativa lacunosa e non armonizzata che disciplinasse il sistema del mercato dell'arte ovvero degli *art funds*, il rischio di inciampare in opere contraffatte non era poi così remoto. Un pericolo che diventava sempre più reale soprattutto con riferimento all'arte moderna e contemporanea: ossia opere «non facilmente riconoscibili nella loro singolarità»[47].

E dove circola tanto denaro, come nel mercato dell'arte, non mancano «situazioni al confine con la criminalità come l'ingresso nel mercato dell'arte di opere contraffatte accompagnate da certificazioni di gallerie spesso inesistenti, esperti fasulli, a volte da critici corrotti, organizzazioni ben strutturate illegali e senza scrupoli che si confondono con il mercato legale d'arte»[48].

---

44. *Ivi*, p. 201.

45. P. Fandella, *Lo sviluppo dei fondi in arte come opportunità di diversificazione del portafoglio di investimento,* in *Rivista Bancaria – Minerva Bancaria* N.2/3 /2018, p. 106.

46. A. Zorloni, op. cit.

47. L. Pacelli, *Il ruolo dei restauratori nei restauratori nella contraffazione e nel traffico illegale d'arte,* in «Rivista di Diritto delle Arti e dello Spettacolo», 1, 2017, p. 61.

48. *Ibidem.*

La specialità degli *art funds* consiste, in aggiunta, nella possibilità di attirare clienti che vogliono investire una fetta del proprio capitale in arte ma che non posseggono alcuna pregressa esperienza nel settore: la conoscenza della storia dell'arte permette di dotarsi di un coscienzioso metro di giudizio volto alla comprensione del reale valore di un'opera e di prevederne una rivalutazione; come sottolineano gli esperti[49] il segreto risiede nell'anticipare l'anticipazione, cioè nell'acquistare opere di artisti a basso prezzo ancora prima che essi vengano riconosciuti dalla critica. Inoltre, il fondo può mettere in atto strategie di coinvolgimento dell'investitore che rispondono all'espressione di "investimento con fruizione"[50], che consentono la possibilità di affittare le opere acquistate e di poter partecipare più attivamente alle attività del fondo. Del resto, quello tramite fondi è definito "investimento indiretto" poiché non prevede il totale coinvolgimento dell'investitore nelle fasi di acquisto e rivendita del bene.

A fronte di numerosi vantaggi, l'idea dei fondi d'arte non sembra ancora essere riuscita ad attrarre sufficiente interesse da parte degli investitori e in particolare degli investitori istituzionali, che per ora rimangono a guardare con una certa diffidenza a questa forma alternativa di investimento.

7. *Art funds*: tipologia di fondi

Ancora una volta, analizzando la situazione italiana in materia di *art funds* rispetto a quella presente negli Stati Uniti e Lussemburgo (considerata la seconda piazza dei fondi di investimento per condizioni fiscali, politiche e normative) emerge una profonda diversità o meglio arretratezza. Come già sostenuto in precedenza, in Italia non sono presenti fondi di investimento in arte e in passato i vari tentativi si sono dimostrati, non solo

49. A. Vettese, *Investire in arte: produzione, promozione e mercato dell'arte contemporanea*, Milano, Il Sole 24 Ore, 1991.

50. G. Iannaccone, *Fondi comuni di investimento in opere d'arte: opportunità tra problematiche valutative e conflitti d'interesse*, in «Analisi Giuridica dell'Economia», 1, 2007, p. 200.

per l'Italia, fallimentari[51]. La maggior parte dei fondi istituiti nel 2006 sono stati travolti dalla crisi del mercato finanziario globale nel 2008. Un evento che ne ha segnato, se così si può dire, la loro estinzione. Unico superstite è il *British Railway Pension Fund* che ha registrato rendimenti positivi del 13,3%. A partire dal 2011 sono stato mossi i primi passi verso una ripresa grazie all'istituzione *Contemporary Art Found*; del *Sobraine*in Russia; in Cina sono stati istituiti vari *Chinese Art Investment Trust*; in America è stato registrato l'*Art Investment Council* ecc.

Le tipologie di fondi sono due: «a lungo temine (10 anni) con *lock up* che vanno dai 3 ai 5 anni e diversificazione su tutto il periodo della storia dell'arte;a breve termine (5 anni) che puntano sul contemporaneo, dove è più facile fare *trading*»[52]. Durante questo periodo – che sia a lungo o breve termine – si dà avvio ad un vero e proprio processo di valorizzazione delle opere. Se il fondo sarà a lungo termine le opere prese in considerazione riguardano tutta a storia dell'arte; diversamente, nei fondi di investimento a breve termine le opere appartengono all'arte contemporanea. Un esempio di fondo a breve termine è il fondo *InArt fund* (presentato sul mercato il 5 dicembre 2017). È un fondo di diritto lussemburghese che investe in collezioni d'arte promosse in tutto il mondo al fine di accrescere il valore iniziale delle stesse. Il fondo utilizza tre criteri di selezione delle opere: artisti del dopoguerra deceduti, artisti contemporanei altamente promettenti, giovani talenti. Ogni opera viene valutata da

> una società esterna e indipendente, specializzata nell'analisi dell'apprezzamento delle opere d'arte, che utilizza metodi e algoritmi altamente validati e utilizzati dai *player* più importanti del mercato mondiale delle aste[53]. Una volta terminato il periodo di investimento le opere vengono rivendute secondo le modalità stabilite all'inizio del processo e il ricavato, tolte le spese di gestione e di amministrazione del fondo, viene suddiviso tra gli investitori[54].

---

51. Si rimanda al paragrafo *Breve Storia degli Art Funds.*
52. A. Zorloni, op. cit.
53. C. Merico, *In Art S.A. lancia In Art Fund* https://www.bluerating.com/private/528675/art-s-lancia-art-fund, 29 giugno 2018.
54. C. Durisotto, *Gli Art Fund: quando l'arte è solo un investimento,* http://www.collezionedatiffany.com/gli-art-fund-quanto-larte-solo-un-investimento/, 29 giugno 2018.

Nei fondi d'arte i *benchmark* (indici di mercato) di riferimento sono: *Mei Moses, Artnet, Art Market Research e Artprice.*

Molti fondi hanno il loro quartier generale a Lussemburgo, tra i quali è possibile individuare l' *"Advanced Capital Art Fund"*, di *Advanced Capital*, di cui non conosciamo l'oggetto dell'investimento; *Sgam Alternative Investment di Société Générale*, che investe in arte moderna contemporanea (XX e del XXI secolo); gruppo di fondi *"The Fine Art Fund" (The Fine Art Fund I, II e II; The Chinese Fine Art Fund; The middle Eastern Fine Art Fund).* Vi rientra l'arte cinese, l'arte del Medio Oriente, l'arte contemporanea.

Un fondo interessante è sicuramente *Arthena*, istituito nel 2017. Si tratta del primo fondo di investimento digitale in arte. In sostanza, vengono analizzate migliaia di dati riguardanti opere d'arte (artista, stile, dimensione ecc.). Combinando l'aspetto digitale con l'intuizione umana, la società riesce ad acquisire opere d'arte potenzialmente idonee a generare importanti rendimenti per gli investitori. Inoltre, il capitale viene raccolto mediante una piattaforma che si avvale di una tecnologia simile al *crowdfunding*. Attraverso l'attività di selezione di cui sopra, individuata l'opera si dà avvio all'attività di raccolta. Quando la somma viene raggiunta l'opera farà parte del fondo fino allo scadere dello stesso, attivando il meccanismo appena esposto. Diversi sono i fondi gestiti dalla società: da quelli a basso rischio (investono nell'arte moderna) a quelli ad alto rischio (l'investimento riguarda opere di artisti emergenti). Si tratta, dunque, di un fondo che, rispetto ad altri fondi, garantisce una maggiore trasparenza ed inoltre consente un investimento partendo da solo 10.000 euro, dunque un notevole abbassamento di prezzo all'ingresso rispetto ad altri fondi alternativi.

8. Funzionamento e strategie di acquisto degli *art funds*

Come anticipato, esistono due metodologie di investimento in opere d'arte. La prima è definita investimento diretto e prevede la partecipazione dell'investitore all'acquisto, la seconda è detta indiretta e ne fanno capo i *trust* e gli *art funds*, strumenti finanziari composti da un patrimonio comune (suddiviso in quote) riconducibile a una pluralità di risparmiatori[55]. Questi ultimi, definiti fondisti o quotisti, non hanno potere decisionale sull'operatività del fondo e si affidano all'esperienza di intermediari specializzati nominati da una SGR (anche estera o straniera), o da una società di consulenza[56].

La gestione di un *art fund*, come è dato intuire, non si limita alla raccolta del capitale e all'investimento dello stesso ma prevede la messa in atto di una serie di attività secondarie che la complicano e la articolano, e di fatto è la causa della scarsità di società di gestione che si dedicano interamente ed esclusivamente all'arte[57]. Inoltre, nel caso della gestione dei fondi in opere d'arte, l'esclusività del ruolo della Sgr appare molto ridotto, essendo quest'ultima composta prevalentemente da soggetti che provengono dal settore del *private equity* e che hanno una scarsa esperienza del mercato dell'arte. Per questo motivo, le Sgr si avvalgono dell'ausilio di una folta schiera di consulenti esterni esperti e consulenti d'arte che assumono le decisioni e con cui la Sgr istituisce un rapporto di collaborazione[58]. Le società di gestione devono essere costituite in formadi S.p.a. e sono assoggettate a una disciplina che coincide con quella prevista per le società di intermediazione mobiliare. Devono inoltre essere autorizzate allo svolgimento dell'attività dalla Banca d'Italia ed essere sottoposte alla vigilanza della Consob[59]. Per ogni fondo istituito, la società deve predisporre un regolamento che ne determini le caratteristiche, ad esempio se aperto o chiuso e il funzionamento. Nonostante esistano in forma aperta, la tipologia più comune di fondi in arte è la forma chiusa, come suggerito dal prof. dr. Ivone Vitulia secondo cui

> Si sostiene che i fondi chiusi rappresentino un elemento giuridico appropriato per il perseguimento degli scopi dell'investimento: la definizione dettagliata delle caratteristiche funzionali delle diverse fasi

---

55. B. Mezzogori, *I fondi di investimento in arte*, in Aa.Vv., *Arte contemporanea Mercato*, Milano, Mondadori, 2008, p. 65.
56. A. Zorloni, op. cit., p. 176.
57. F. M. Federici, *L'arte come investimento: gli art investment funds*, in «Art & Law», 9/2012, 5 ss.; (Newsletter di Negri-Clementi Studio Legale Associato, a cura di G. Negri-Clementie S.Stabile), p. 4.
58. G. Iannaccone, op. cit., p. 202.
59. Cfr. art. 34 TUF.

> presuppone una regolare amministrazione dei beni artistici, la quale è fondata su principi di chiarezza, completezza, sintesi e coerenza. Pertanto la funzione esercitata dal Regolamento interno appare chiara: definisce le caratteristiche del fondo, ne regola gli aspetti rilevanti, designa la partecipazione azionaria, che vincola i firmatari del fondo e ne determina il concreto esercizio[60],

limitando l'acquisto delle quote al momento di apertura del fondo e vietandone il rimborso ai quotisti durante tutto l'arco di tempo della sua attività.

I fondi chiusi prevedono la formula *lock-up*, che indica il periodo di tempo minimo iniziale in cui non è consentito il rimborso delle quote ai sottoscrittori.

La società è per legge investita del potere decisionale di amministrazione e disposizione del patrimonio del fondo e deve osservare alcune regole di comportamento, ovvero operare con diligenza e correttezza nei confronti dei partecipanti al fondo, ridurre al minimo il rischio di conflitti tra i patrimoni gestiti, mettere in atto procedure adeguate ad assicurare l'efficiente svolgimento dei servizi e adottare misure idonee a salvaguardare i diritti dei partecipanti. Nelle operazioni d'investimento la società deve anche osservare limiti e divieti fissati dalla Banca d'Italia al fine di contenere il rischio. All'investitore è di fatto richiesto solo l'acquisto delle quote, mentre spetta ai gestori del fondo costituire la collezione di opere, eventualmente affidandosi a pareri curatoriali esterni[61]. Ai *manager* spettano diversi compiti per avviare un fondo di investimento in arte. Il primo di questi è l'individuazione della strategia da attuare. Tutti i fondi sono accomunati dalla

---

60. Traduzione a cura degli autori. «[..] kann behauptet werden, dass der "geschlossenen Fonds" ein geeignetes juristisches Element für die Verfolgung des Investitionszwecks darstellt: die detaillierte Definition der funktionellen Merkmale der verschiedenen Phasen bedingt eine ordentliche Verwaltung der Kunstgüter, die auf den Grundsätzen der Klarheit, Vollständigkeit, Synthese und Kohärenz gründet. Somit erscheint die von der Geschäftsordnung ausgeübte Funktion klar: Sie definiert die Merkmale des Fonds, regelt dessen relevante Aspekte, bezeichnet das Beteiligungsverhältnis, das die Unterzeichner an den Fonds bindet und bestimmt dessen konkreten Betrieb». I. Vitulia, *Kunstfonds als neue Investitionsklassen*, Kunstrechtsspiegel 01/09, Heft 2, 2008, p. 24.

61. A. Negri-Clementi – F.M. Federici, *I fondi di opere d'arte*, in G. Negri-Clementi – S. Stabile (a cura di), *Il diritto dell'arte. Vol. 2: La circolazione delle opere d'arte*, Ginevra-Milano, Skira, 2013.

stessa strategia *buy and hold*, sotto diversa forma e gradazione, letteralmente "compra e tieni" nel lungo periodo.

Tenendo conto che l'arte classica e moderna offre rendimenti contenuti ma stabili e sicuri e che l'arte contemporanea (degli ultimi vent'anni) presenta un profilo maggiormente critico ma può maturare rendimenti elevatissimi nel breve periodo, è possibile effettuare un paragone delle due categorie rispettivamente con quanto avviene nei mercati obbligazionari ed azionari. A seconda del profilo artistico tratteggiato si definirà anche il grado di rischio del fondo: se impernato su molti artisti, con diverse opere di qualsiasi epoca si parla di collezione diversificata (come nel caso del *BRPF*), se incentrato sull'arte contemporanea e nello specifico sui giovani artisti emergenti si tratta di venture *capital art*, se basato sull'acquisto a basso prezzo con rivendita immediata e nel breve termine è definito di *trading art*, se concentrato su una selezione di artisti con approccio attivo teso alla valorizzazione di questi è detto *scuderia artisti*. Quest'ultimo è il caso del *Fine Art Fund Group* ideato da Lord Hanson, *ex vice-director* di Christie's, promosso dal *Fine Art Management Service Ltd* e lanciato nel 2003. Da questa iniziativa sono partiti altri fondi come *The Fine Art Fund I, II* e *III* di durata decennale, che hanno investito in un mix di opere composto dal 30-35% di Old Masters, 10-20% di impressionisti, 15-20% di arte moderna, 30-40% di *Postwar* sino al 1985, 5-10% in contemporanea. Di diversa costituzione sono i nuovi *The Middle Eastern Fine Art* e *Chinese Fine Art Fund*, nello specifico il portafoglio di quest'ultimo comprende invece porcellane imperiali, giade, pittura classica che sfocia nel contemporaneo e arti decorative.

La scelta delle opere su cui investire si concentra sulle seguenti categorie: *Old masters* (per gli artisti vissuti fino al diciannovesimo secolo), famosi autori contemporanei (*Post-War*), opere di autori contemporanei rappresentanti aree geografiche con un mercato in via di maturazione. Altri tipi di fondi hanno invece una struttura ad *ombrello* e possono dunque contenere al loro interno numerosi fondi disaggregati che si differenziano l'uno dall'altro. In genere il patrimonio di un fondo si aggira intorno alle 100-600 opere, che siano facilmente rivendibili sul mercato, quindi scelte tra i cataloghi d'asta, con allocazione del portafoglio di tipo *top-down*: prima sono scelti i settori e poi le opere da acquistare[62]. Stabilito il piano d'azione, ai gestori spetterà in primo luogo di ricercare le quote che costituiranno il patrimonio del fondo (unico strumento con cui ripagare i quotisti) e di creare rapporti e collegamenti con gli investitori. Successivamente si provvede con l'acquisizione delle opere mediante i canali d'asta, galleristici o contrattando direttamente con l'artista. È curata la supervisione sulle opere acquisite, ad esempio, assicurandosi dell'autenticità e che le modalità di trasporto, immagazzinamento, assicurazione e messa in sicurezza siano appropriate; si monitora l'andamento del mercato e si seguono gli artisti le cui opere sono parte del fondo.

La fase di disinvestimento avviene allo scadere del *timing* dell'investimento. Essendo l'arte un bene illiquido e detenibile nel lungo termine, durante il periodo di possesso le opere vengono promosse e rese celebri dai gestori del fondo attuando diverse soluzioni di valorizzazione, contrattando la negoziazione con le autorità competenti nel caso in cui le opere vengano concesse in prestito a musei o altre istituzioni culturali: a questo proposito si ricorda il *Cannonball Fund* promosso dalla *Globefin Asset Managemente* facente parte di un più ampio fondo diversificato per il valore di 600 milioni di dollari, che per promuovere la sua collezione di pop art comprendente artisti quali Andy Wahrol, Roy Lichtenstein e Keith Haring ha organizzato e promosso una serie di mostre di cui *A is for Andy* per favorirne le possibilità di circolazione una volta riproposte sul mercato. Le attività di valorizzazione consentono di ottenere ulteriori flussi di reddito attutendo gli ingenti costi derivanti dalle operazioni associate al possesso delle opere e afferenti alla custodia, alla manutenzione, al restauro. La rivendita avviene seguendo un piano d'azione specifico, dove i ricavi sono usati per pagare le commissioni di gestione e amministrazione del fondo mentre il restante va ai sottoscrittori delle quote.

---

62. A .Zorloni, *L'economia dell'arte contemporanea. Mercati, strategie e star system*, Milano, FrancoAngeli, 2016, p. 176.

9. Considerazioni conclusive

A seguito di quanto esposto fino ad ora è evidente che investire negli *art funds* porta con sé una serie di vantaggi come: l'abbattimento dei costi di *storage*, la condivisione del rischio, la possibilità di diversificazione del portafogli, l'eventualità di accedere ad opere d'arte di un certo valore, inoltre, i fondi di investimento in arte avvicinano il mercato dell'arte a quello finanziario attirando folta cerchia di soggetti che diversamente non investirebbero in questo settore rendendolo così più liquido. Basti pensare che nel 2017 sono stati 7,2 milioni di italiani che hanno investo in fondi comuni di investimento a differenza del 2012 in cui se ne registravano soltanto 5,4 milioni[63]. Per contro, esistono anche elementi di criticità particolarmente rilevanti. Tra gli aspetti negativi abbiamo sicuramente la mancanza di trasparenza e di conseguenza la presenza di asimmetrie informative le quali non consento agli investitori di avere una visione trasparente e concreta sul mercato dell'arte. Infatti, spesso i gestori del fondo utilizzano queste asimmetrie informative a proprio vantaggio per spingere investitori non esperti ad investire. In realtà queste asimmetrie informative possono allontanare gli investitori laddove si ritrovano dinanzi ad una situazione poco chiara. Un aspetto negativo è dato anche dalla quota di accesso particolarmente elevata che allontana i bassi-medi investitori a cui in realtà questi fondi erano indirizzati, in quanto in origine erano indirizzati a questa fascia. Altro elemento di criticità riguarda i conflitti di interesse tra gestore e investitore che nascono da problematiche afferenti alla remunerazione. Per ovviare «come regola generale, i gestori dei fondi d'arte hanno una notevole quantità di capitale propri investito nei fondi che gestiscono, in modo da allineare i propri interessi con quelli degli investitori»[64].

---

63. A. Schwarz, *Gli italiani investono sempre di più in fondi comuni di investimento*, https://bit.ly/2Xwr5zL, 26 giugno 2018.
64. *Ibidem*.

Tabella: L'importanza dell'investimento in arte *vs.* % di *wealth managers* che si stanno soffermando su questo servizio nei prossimi 12 mesi.

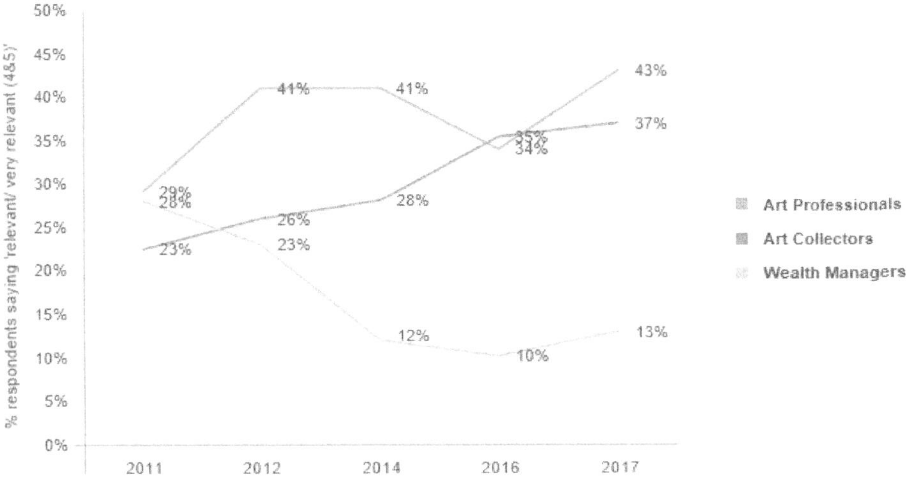

Fonte: Deloitte Luxembourg &ArtTactic, Art & Finance Report 2017

Sulla base dei dati offerti dal *Report 2017 Deloitte – ArtTactic* e riportati nella tabella emerge che i fondi di investimento in opere d'arte vedo per lo più la presenza di investitori non solo particolarmente facoltosi ma soprattutto soggetti intenditori d'arte. A fronte di ciò sembrerebbe che i fondi non abbiano raggiunto il loro vero scopo in quanto, sia la mancanza di trasparenza che la presenza di costi eccessivi per l'accesso al mercato, disinibiscono l'entrata da parte di investitori meno facoltosi.

Come sostenuto da Maurizio Dallocchio e Brunella Bruno nel loro articolo "la storia insegna prudenza" pubblicato sulla piattaforma web *Art Economy 24* (2007)[65] un *art funds* dovrebbe

> operare in un arco temporale sufficientemente ampio da consentire un'intelligente pianificazione degli acquisti e delle vendite; essere dotato di personale specializzato e di un sistema decisionale strutturato in modo da limitare il rischio di possibili conflitti di interesse, disporre di un patrimonio sufficientemente ampio da consentire un buon grado di diversificazione; ripartire con altri soggetti le spese di

---

65. M. Dallocchio – B. Bruno, *La storia insegna prudenza,* in "Il sole 24 ore", 30 giugno 2018, https://bit.ly/2U5NqlS.

conservazione e di assicurazione delle opere, per esempio noleggiandole a musei, gallerie e partecipanti al fondo[66].

Allo stato dell'arte, dunque, dinanzi ad una società sempre più digitalizzata e ad un mercato finanziario poco trasparente ed eccessivamente costoso in termini di accesso, al fine di garantire la presenza di questi fondi anche in Italia ed incentivare la circolazione e la valorizzazione del nostro patrimonio culturale si auspica l'istituzione di fondi sulla falsariga di *Arthena*. Un fondo che garantisce da un lato elementi di trasparenza – grazie all'utilizzo di algoritmi che raccolgono dati con riferimento ad ogni singola opera e combinati con l'intuizione umana rende possibile l'individuazione di pezzi d'arte immettere nel fondo e di conseguenza, l'investitore non esperto potrà, in un certo qual modo, avere un report di riferimento – ; dall'altro abbattono i costi di sottoscrizione se si pensa che al fondo è possibile accedervi partendo da una somma pari a 10.000 euro.

Il ruolo di internet e delle nuove tecnologie è messo in risalto e avvalorato da Brian L. Frey, a detta dei quali:

> La tecnofinanza (o tecnologia finanziaria) promette di trasformare il mercato dell'arte fornendo accesso e informazioni agli investitori al dettaglio. In teoria, i fondi d'arte potrebbero fornire l'accesso al mercato dell'arte utilizzando piattaforme di *crowdfunding* per vendere azioni in portafogli artistici e utilizzare l'analisi dei dati per identificare investimenti artistici promettenti. Forse potrebbero persino creare un "fondo indicizzato per l'arte" e consentire agli investitori al dettaglio di investire nel mercato dell'arte nel suo complesso, piuttosto che in un particolare artista o portfolio[67]

In Italia il mercato degli *art funds* non ha attecchito e ad oggi non se ne conta nessun esempio operativo. Tra le cause

66. A. Zorloni, op. cit.

67. Traduzione a cura degli autori. «Financial technology ("fintech") promises to transform the art market by providing access and information to retail investors. In theory, art funds could provide access to the art market by using crowdfunding platforms to sell shares in art portfolios, and use data analytics to identify promising art investments. Perhaps they could even create an "art index fund," and enable retail investors to invest in the art market as a whole, rather than a particular artist or portfolio», B. L. Frye, *New art for the people: art funds & financial technology*, 93 Chi.-Kent L. Rev. 113 (2018), 2018, p. 113.

Sotto un altro punto di vista l'art. 70 (Codice dei Beni Culturali e del Paesaggio) stabilisce fermamente da parte dello Stato un acquisto forzato per ciò che riguarda le merci per le quali è stata chiesta la necessaria autorizzazione alla libera circolazione (delle merci) o il loro ritiro definitivo dal territorio nazionale. Questa speciale disposizione descrive una forma di intervento da parte dello Stato che non interviene nel corretto corso della trattativa privata, ciò vale anche per l'operatività dei fondi in arte[68].

L'art. 70 del Codice dei Beni Culturali e del Paesaggio disciplina il *diritto di prelazione*, dispositivo giuridico che permette allo Stato di poter intervenire nelle trattative di vendita di un bene culturale vincolato[69] e di poterlo acquistare al medesimo prezzo stabilito nell'atto di alienazione[70]. Di fatto questa disposizione limita la circolazione di un'importante fetta di opere d'arte nel nostro Paese, congiuntamente a una normativa penalizzante per la circolazione internazionale.

---

68. Traduzione a cura degli autori. «Unter einem anderen Gesichtspunkt legt Art. 70 einen "Zwangskauf" von Seiten des Staates bezüglich der Güter fest, für die die notwendige Genehmigung für den freien Verkehr des Gutes oder den endgültigen Austritt desselben aus dem nationalen Hoheitsgebiet beantragt worden ist. Diese Sonderregelung beschreibt eine Interventionsform des Staates, die nicht in den korrekten Ablauf der privaten Verhandlungen eingreift, das gilt auch für die Operativität von Kunst-fonds». Cfr. I. Vitulia, *Kunstfonds als neue Investitionsklassen*, Kunstrechtsspiegel 01/09, Heft 2, 2008, p. 23.

69. Per approfondimenti sul tema Cfr. R.D. Cogliandro, *Il procedimento di valutazione della "culturalità" del bene: la verifica e la dichiarazione*, in «Rivista di Diritto delle Arti e dello Spettacolo», 1, 2018.

70. Cfr. C. Menale, *I beni culturali nell'ordinamento giuridico italiano*, in F. Dell'Aversana (a cura di), *Manuale di diritto delle arti e dello spettacolo*, Varazze, PM edizioni, 2016.

Appendice

Tabella: Dove investono i fondi in arte, quanto rendono e con quale passaporto

Fondi	Management	Sede	Tipo di arte	Assets under management	Lancio	Rend. %
Artemundi Global Fund	Artemundi	Isole Cayman	Dal XV sec. al Moderno	150-200 lavori	2008	81,8%
Tiroche Deleon Collection	Art Vantage PCC Limited	Gibilterra	Arte contemporanea	20 milioni $	2011	30,92%
Anthea Contemporary Art Investment Fund SICAV FIS	Anthea	Svizzera	Arte post-war e contemporanea (35% emergenti, 65% affermati)	36 lavori; 13 artisti	2013	23;40%
Day Star Art Fund	Nexus Fund Adm. (B&C Lmt.)	Gibilterra	XIX sec. e contemporanea	60 milioni $	2014.	20%
The Fine Art Fund I	The Fine Art Fund	Lussemburgo	Dagli old masters ai contemporanei	80 lavori; 65 artisti	2004	14,23%
The Chinese Fine Art Fund	The Fine Art Fund	Lussemburgo	Artecinese	10 milioni $	2006	10%
The Middle Eastern Fine Art	The Fine Art Fund	Lussemburgo	Arte Medio Oriente	25 milioni $	2008	10%
The Fine Art Fund II	The Fine Art Fund	Lussemburgo			2006	10%
The Fine Art Fund III	The Fine Art Fund	Lussemburgo			2010	10%
Art Fonds 21	Art Fonds 21 – AG art-fonds-21.com	Germania	Arte contemporanea	28 artisti	2007.	10%+
Twentieth Century Master Collection	The Collectors Fund	USA	Arte Americana XXI sec.	Attese 25-35 opere	2012	N.d.
BGAPrivate Equity Inv. Fund	Brazil Golden Art, Brazil Plural	Brasile	Arte brasiliana contemporanea	n.d.	2011	9,80%

Fonte: M. A. Marchesoni, M. Pirrelli, *I fondi d'arte rendono ma solo all'estero*, in Il Sole 24 Ore, del 21 gennaio 2017. Dati aggiornati al maggio 2015 da Private Art Investor.com

Capitolo VI

Il trafugamento delle opere d'arte

Carla Ippolito, Angelica Lama

1. Cenni storici

La storia dei furti di opere d'arte fonda le sue radici in epoche antiche. I primi ad aver fatto vere e proprie razzie furono i miliziani Romani. Durante le campagne militari i saccheggi dei territori conquistati erano prassi comune; la brama di bottino, infatti, era una delle motivazioni che spingeva i soldati a combattere per la vittoria. Vincere una battaglia significava anche tornare a casa con oro, monete e oggetti appartenenti al popolo sconfitto.

Dal 212 a.C., con la conquista di Siracusa ebbe inizio anche la razzia di oggetti d'arte. Lo storico latino Tito Livio scrive che

> [...] Marcello, occupata Siracusa [...] spedì a Roma gli oggetti d'arte, le statue, i quadri dei quali era ricca Siracusa, spoglie nemiche conquistate per diritto di guerra. E di là ebbe poi inizio l›ammirazione per le opere dell'arte greca e l'abuso dello spogliare ogni luogo sacro e profano [...][1].

Da quel momento, ogni conquista militare comportò l'arrivo a Roma di opere d'arte che andarono ad abbellire edifici pubblici e private dimore. Dalla Grecia arrivarono statue in bronzo e in marmo, dall'Egitto gli obelischi che ancora oggi costituiscono gli elementi centrali delle più importanti piazze di Roma.

Nel corso dei secoli, la prassi di considerare le opere d'arte come bottino di guerra non si è mai arrestata. Nella prima metà del XX secolo, tra i più celebri trafugamenti figura l'obelisco di Axum, monumento che è stato anche al centro di una complessa vicenda politica nazionale e internazionale durata oltre settant'anni. A seguito della conquista d'Etiopia da parte delle truppe di Mussolini, nel 1937 una delle stele funerarie dell'an-

---

1. Tito Livio, *Storia di Roma*, Libro XXV, 40.

tica città di Axum fu prelevata e trasportata fino a Roma. Dopo essere stata restaurata, fu innalzata a Porta Capena davanti al Ministero dell'Africa italiana (oggi sede della FAO)[2].

La stele era in pietra basaltica, alta 24 metri e pesante circa 150 tonnellate[3]. Stilisticamente, era intagliata in rilievo sui quattro lati, a sezione rettangolare con una base più larga rispetto all'estremità. Le stele axumite erano monumenti funebri di epoca millenaria che indicavano genericamente l'esistenza di un'area cimiteriale e non singole tombe[4]. Quella trafugata e portata a Roma risaliva probabilmente al II o III sec. d.C. e faceva parte di un gruppo di sei obelischi rinvenuti durante degli scavi archeologici effettuati da una spedizione di studiosi tedeschi nel 1906[5].

Lo scavo e l'innalzamento della stele di Axum segnarono l'inizio dell'attività archeologica nell'Africa Orientale Italiana, che durò fino allo scoppio della Seconda guerra mondiale[6]. A seguito dell'attacco degli inglesi all'Eritrea e alla Somalia venne meno la stessa sovranità italiana sul Paese, con il rientro dall'esilio, il 20 gennaio 1941, dell'imperatore di Etiopia[7].

Dopo la fine della Seconda Guerra mondiale, il 10 febbraio 1947 fu firmato a Parigi il Trattato di Pace tra l'Italia e le Potenze Alleate ed Associate, di cui l'Etiopia era parte. In Italia entrò in vigore il 16 settembre 1947[8].

I rapporti tra Italia ed Etiopia furono disciplinati dagli articoli 37, 74, 75 e 79. L'Italia avrebbe dovuto versare un risarcimento della somma di 25 milioni di dollari e restituire, entro diciotto mesi dall'entrata in vigore del Trattato, «tutte le opere d'arte, gli archivi e oggetti di valore religioso o storico appartenenti all'Etiopia od a cittadini etiopici e portati dall'Etiopia in Italia dopo il 3 ottobre 1935» e nel caso fosse stato «impossibile per l'Italia effettuare la restituzione di oggetti aventi un valore artistico, storico od archeologico» era previsto l'impegno «a consegna-

2. M. Santi, *La stele di Axum da bottino di guerra a patrimonio dell'umanità: una storia italiana*, Milano, Mimesis, 2014, p. 73.
3. *Ivi*, p. 45.
4. M. Santi, op. cit., p. 24.
5. *Ivi*, p. 27.
6. *Ivi*, p. 86.
7. *Ivi*, p. 90.
8. Gazzetta Ufficiale della Repubblica Italiana n. 295 del 24 dicembre 1947.

re oggetti della stessa natura e di valore approssimativamente equivalente a quello degli oggetti sottratti»[9].

I negoziati per dare concreta attuazione al Trattato di Parigi si presentarono subito complessi. Solo nel 1952 i gioielli della corona etiopica, le opere d'arte e altri oggetti furono restituiti all'imperatore d'Etiopia. Fra questi, però, non figurava l'obelisco di Axum[10]. Le trattative diplomatiche si interruppero per l'inconciliabilità delle posizioni delle due parti: l'Italia cercava di evitare la restituzione della stele che, secondo ambienti governativi, avrebbe creato gravi ripercussioni di ordine politico interno[11]; per gli etiopici, l'obelisco rappresentava invece il simbolo dell'antichità e dell'indipendenza, motivo di prestigio e di orgoglio.

Dopo varie ed estenuanti trattative, il 5 marzo 1956 fu sottoscritto ad Addis Abeba l'*Accordo (con annessi e note) fra l'Italia e l'Etiopia per il regolamento delle questioni economiche e finanziarie derivanti dal Trattato di pace*[12] che prevedeva, fra le altre clausole, un risarcimento di 16.300.000 dollari attraverso la fornitura di beni e servizi industriali.

Gli obblighi derivanti dal Trattato di Pace del 1947 riguardanti le restituzioni sarebbero stati sostituiti da quelli di cui agli Annessi A, B e C dell'Accordo.

L'Annesso A riguardava gli oggetti già restituiti dall'Italia in diverse occasioni, l'Annesso B conteneva una lista di oggetti che il Governo italiano si sarebbe impegnato a riconsegnare se e quando fossero stati trovati, l'Annesso C prevedeva espressamente la restituzione della stele di Axum, da concludersi entro sei mesi con trasporto a carico del Governo italiano.

Ma le riserve da parte dell'Italia circa l'effettiva restituzione dell'obelisco e delle altre opere d'arte non si esaurirono con la firma dell'accordo. Anzi, negli ambienti governativi si riteneva che sarebbe stato meglio costruire una chiesa in Etiopia piuttosto che restituire la stele[13].

9. Art. 75 del Trattato di Parigi.
10. M. Santi, op. cit., pp. 91-97.
11. *Ivi*, p. 100.
12. Accordo ratificato con D.P.R. n. 643 del 15 giugno 1956.
13. *Corriere della Sera* dell'8 marzo 1956, *Dichiarazioni dell'on. Bettiol sulla portata dell'accordo concluso con il Governo di Addis Abeba.*

Gli anni successivi furono drammatici per l'Etiopia, con la carestia del 1973 e il colpo di Stato militare, la morte dell'imperatore e l'inizio della guerra civile che durò fino al 1978. L'Etiopia fu isolata a livello internazionale e gli scavi archeologici nella regione subirono una battuta d'arresto fino alla fine degli anni Ottanta. Il nuovo governo, guidato da Menghistu, non richiese mai all'Italia la restituzione della stele[14]. Essa tornò ad essere argomento di discussione dopo la fine del regime, nel 1991. Nacque una campagna internazionale a favore della restituzione, cui aderirono studiosi, intellettuali e politici di tutto il mondo[15].

Il 4 marzo 1997 fu siglata a Roma, tra le varie polemiche politiche[16], una Dichiarazione congiunta che stabiliva le procedure e le varie fasi per la restituzione dell'obelisco, il cui ritorno alla terra di origine sarebbe dovuto avvenire entro l'anno[17].

Il progetto esecutivo per lo smontaggio, il trasporto ed il rimontaggio della stele fu affidato all'ICCROM, organismo internazionale specializzato nella conservazione e nel restauro delle opere d'arte[18]. Nel frattempo era scoppiato il conflitto fra Etiopia ed Eritrea che fu causa dell'inutilizzabilità dei porti in Eritrea e della susseguente sospensione delle operazioni fino a dicembre del 2000, pochi mesi dopo la fine della guerra[19]. Ma il cambio di legislatura e di Governo in Italia l'anno successivo fecero riaccendere il dibattito politico dentro e fuori le aule parlamentari[20]. La questione rimase sospesa per mesi, fin quando, all'alba del 28 maggio 2002, un fulmine si abbatté sulla sommità della stele, causandone seri danni. Si rese necessario un intervento di restauro prima di poter considerare l'idea di smontaggio e tra-

---

14. M. Santi, op. cit., pp. 141-142.

15. *Ivi*, pp. 144-148.

16. Interrogazione a risposta orale n. 3-00865 presentata dall'on. Simeone nella seduta n. 165 della Camera dei Deputati dell'11 marzo 1997. Allegato B ai resoconti stenografici degli Atti Parlamentari, Camera dei Deputati, XIII Legislatura.

17. *Italian-Ethiopian Joint Statement*, firmato a Roma il 4 marzo 1997.

18. Risposta del Governo all'interrogazione n. 4-10313 presentata dall'on. Alemanno nella seduta n. 200 della Camera dei Deputati del 27 maggio 1997, resa dal Sottosegretario per gli affari esteri Serri in data 24 giugno 1998, seduta n. 378.

19. M. Santi, op. cit., p. 171.

20. *Ivi*, pp. 175-177.

sporto[21]. Per il trasporto del monumento, diviso in tre pezzi, il Governo etiopico chiese il mezzo aereo per evitare il passaggio attraverso l'Eritrea che il trasporto via mare avrebbe comportato. Le difficoltà tecniche circa il reperimento di un aereo adatto a trasportare blocchi così pesanti e l'insufficienza dei fondi disponibili fecero ritardare ancora una volta le operazioni[22].

Il 18 novembre 2004 furono firmati quattro accordi per la cooperazione e lo sviluppo culturale tra Italia ed Etiopia[23]. In particolare, i due Paesi si impegnavano a cooperare contro il traffico illegale di beni culturali nel rispetto della Convenzione internazionale dell'UNESCO[24] del 1970. Nel memorandum d'intesa sul trasferimento e la consegna dell'obelisco, Italia ed Etiopia ribadirono gli obblighi assunti nei precedenti trattati. L'Italia avrebbe dovuto assicurare il trasporto della stele con un mezzo aereo fino ad Axum in condizioni di massima sicurezza. Doveva farsi carico anche di finanziarne la ri-erezione ed il restauro eseguiti dall'UNESCO con il supporto tecnico di esperti italiani ed etiopici[25].

I sondaggi dell'area archeologica di Axum evidenziarono la fragilità del terreno, oltre alla presenza di tombe e cunicoli a pochi metri di profondità[26]. Comunque, il primo frammento del monumento decollò dall'Italia il 18 aprile 2005[27], l'ultimo atterrò

21. F. Giuliani, *Per il viaggio non è necessario segarlo a pezzi, La Repubblica,* (ed. Roma) del 29 maggio 2002.

22. L. Colonnelli, *Obelisco di Axum, tre pezzi e quattro verità,* in "Corriere della Sera" (ed. Roma), 15 luglio 2004 e *L'obelisco? Chissà quando torna,* in "Corriere della Sera" (ed. Roma), 22 luglio 2004.

23. *Executive programme for cultural co-operation for the years 2005-2007 between the Republic of Italy and the Federal Democratic Republic of Ethiopia,* fatto a Roma il 18 novembre 2004.

24. L'Organizzazione delle Nazioni Unite per l'Educazione, la Scienza e la Cultura è un'agenzia delle Nazioni Unite che ha lo scopo di promuovere la pace e la comprensione tra le nazioni mediante la scienza, la cultura, l'istruzione, la comunicazione e l'informazione. È stata fondata il 16 novembre 1945. A giugno 2018, l'UNESCO conta 195 membri e 11 membri associati.

25. *Memorandum of understanding on the transfer and handover of the Axum obelisk between the Government of the Italian Republic and the Government of the Federal Democratic Republic of Ethiopia,* redatto a Roma il 18 novembre 2004.

26. P. Brogi, *Axum, sbarca l'Unesco per indagare sulla sicurezza del sito, Corriere della Sera* (ed. Roma) del 13 aprile 2005.

27. P. Brogi, *Ore 19.30: destinazione Axum. L'ultimo viaggio dell'obelisco, Corriere della Sera* (ed. Roma) del 19 aprile 2005 e M. Alberizzi, *Finito l'«esilio»: l'obelisco torna ad Axum, Corriere della Sera* del 19 aprile 2005.

ad Axum il 25, tra i festeggiamenti delle autorità e della comunità etiope[28].

Le analisi scientifiche sul sito archeologico e tutte le operazioni preliminari, sotto l'egida dell'UNESCO, durarono altri tre anni. Fra giugno e luglio del 2008 i blocchi della stele furono posizionati nel luogo originario[29]. Finalmente, il 4 settembre, la stele axumita fu inaugurata nel corso di una solenne cerimonia[30].

2. I saccheggi dei nazisti

Le più gravi minacce per i capolavori dell'arte italiana giunsero nel corso del Novecento a causa della Seconda guerra mondiale, da una parte per la brama di Hitler di saccheggiare e trasferire in Germania il meglio del patrimonio artistico europeo e dall'altra per il rischio dovuto ai bombardamenti alleati che spesso distruggevano luoghi che contenevano anche capolavori.

Nel maggio del 1938, Hitler, nel corso di una visita di Stato in Italia per incontrare l'alleato Mussolini, visitò sia Roma che Firenze, rimanendone affascinato[31]. La linea teorica dei nazisti, ribadita da Hitler nel corso della sua visita, era quella di ricostruire una presunta genesi del genio artistico teutonico attraverso le tante diramazioni dell'arte classica e mediterranea[32].

Da giovane Hitler aveva sognato di diventare artista e architetto, ma il suo sogno si infranse allorché la sua domanda di ammissione all'Accademia di belle arti di Vienna fu respinta per ben due volte. Dopo un decennio iniziò ad accarezzare il sogno di trasformare la Germania in un impero, il più grande che il mondo avesse mai visto. Dal 1938 aveva iniziato a programmare la costruzione di un grande museo nella città di Linz,

---

28. M. Alberizzi, *Birra, canti e danze per l'obelisco ad Axum*, *Corriere della Sera* del 26 aprile 2005.

29. M. Santi, *La stele di Axum da bottino di guerra a patrimonio dell'umanità*, op. cit., pp. 232-233.

30. M. Alberizzi, *Torna a casa l'obelisco di Axum. Un'operazione da sei milioni di euro*, *Corriere della Sera* del 5 settembre 2008.

31. R.M. Edsel, *Monuments Men*, Milano, Sperling & Kupfer, 2013, pp. 9-10.

32. F. Bottari, *Rodolfo Siviero. Avventure e recuperi del più grande agente segreto dell'arte*, 2ª ed., Roma, Castelvecchi, 2016, p. 56.

la cittadina austriaca da cui proveniva, per ospitare la sua collezione privata, che andava ammassando fin dagli anni Venti. La sua intenzione era quella di creare un intero quartiere culturale. Al centro di tutto sarebbe sorto il *Führermuseum*: la più grande e spettacolare raccolta di opere d'arte del mondo. A tal fine, egli aveva già completato l'epurazione dell'*establishment* culturale tedesco, confiscando le collezioni artistiche degli ebrei e tutte le loro proprietà. Con l'espansione del suo potere in Europa, la prassi di espropriazione per motivi razziali si sarebbe presto trasformata in un'operazione di puro saccheggio. Il 26 giugno 1939 Hitler diede l'ordine di costruire il nuovo museo di Linz[33].

Altro protagonista del saccheggio di opere d'arte fu il Maresciallo del Reich Hermann Göring, la cui «avidità e depravazione si mescolavano al tentativo di dar vita a una ridicola reincarnazione teutonica di un signore del Rinascimento»[34].

Diversamente da Hitler, la ragione delle razzie del Maresciallo era il puro godimento personale. Lui amava il lusso e gli oggetti d'arte ne facevano parte. La politica di saccheggio del patrimonio artistico da parte dei nazisti era pensata su larga scala e comprendeva l'incameramento di tutte le opere d'arte nei Paesi occupati: nel '39 venne depredato l'intero patrimonio artistico della Polonia; nel '40 Göring fece rastrellare in via riservata un terzo dei capolavori del Louvre[35]. La Germania si distinse particolarmente per la politica di sistematico saccheggio e confisca di opere d'arte in palese violazione delle norme del diritto internazionale bellico. Tale attività fu il risultato di una politica programmata da parte del regime nazista e non di episodi attribuibili ai singoli.

Le mire dei tedeschi sul patrimonio artistico italiano erano iniziate già nel 1937, quando una commissione presieduta dal principe Filippo d'Assia venne ad acquistare la statua del *Discobolo*, copia romana in marmo da un originale greco di Mirone, di proprietà del principe Lancellotti, classificata fin dal 1909

---

33. R. M. Edsel, op. cit., pp. 11-12.

34. S. Bertoldi nella presentazione di R. Siviero, *L'arte e il nazismo: esodo e ritorno delle opere d'arte italiane: 1938-1963*, Cantini, Firenze, 1984, p. 7.

35. F. Bottari, *Rodolfo Siviero. Avventure e recuperi del più grande agente segreto dell'arte*, op.cit., pp. 61-62.

opera di alto interesse nazionale e quindi non esportabile[36]. Nonostante il parere negativo del Consiglio Superiore delle Scienze e delle Arti, il *Discobolo* arrivò a Monaco di Baviera nel 1938, su espressa richiesta di Hitler. Grazie all'accondiscendenza di Mussolini, contro cui nulla poté il Ministero dell'Educazione Nazionale[37], che pure cercò di contrastare questa pratica, iniziò l'esportazione di molti altri capolavori[38].

In questo modo presero la via della Germania, sotto forma di "acquisti", capolavori quali la *Leda* di Tintoretto e la *Madonna dell'Umiltà* di Masolino. Il Ministro Bottai cercò di fermare l'emorragia di opere dando direttive ai soprintendenti per sapere quali beni, anche privati, fossero stati acquistati ed esportati illegittimamente dai tedeschi[39]. La sua battaglia risultò tuttavia vana: Mussolini e Ciano, allora Ministro degli Affari Esteri, aderivano a qualunque richiesta dei tedeschi.

Questo modo di fare razzie di opere d'arte da parte dei nazisti durò fino all'8 settembre 1943. Da allora i tedeschi istituirono in Italia il *Kunstschutz* sotto la guida di un colonnello delle SS. Il *Kunstschutz*, in italiano *"protezione dell'arte"*, era un ente tedesco nato durante la Prima guerra mondiale per proteggere il patrimonio artistico dai danni di guerra, poi trasformato nel 1940 in un dipartimento del governo d'occupazione nazista, attivo soprattutto in Belgio e in Francia. Il suo compito ufficiale era quello di proteggere il patrimonio culturale dalle offese belliche e dai bombardamenti degli Alleati. In realtà divenne un modo per trafugare tutte le opere d'arte e portarle in Germania, senza neppure doverle acquistare.

In Italia, il problema della difesa del patrimonio artistico da parte del Governo era stato completamente trascurato. Non esistevano *bunker* o miniere per proteggerlo, a differenza di quanto era stato fatto in Germania. Dallo scoppio della Seconda guerra mondiale, la strategia utilizzata dall'Italia era stata quella di

---

36. Legge 20 giugno 1909, n. 364, recante «disposizioni su cose immobili e mobili che abbiano interesse storico, archeologico, paletnologico o artistico» (art. 1).

37. All'epoca non esisteva il Ministero dei Beni Culturali e l'amministrazione che vigilava sul patrimonio pubblico era la Direzione alle Antichità, alle Gallerie e ai Monumenti, interna al Ministero dell'Educazione Nazionale, affidato a Giuseppe Bottai.

38. R. Siviero, op. cit., p. 21.

39. *Ivi*, p. 22.

trasferire le opere d'arte dalle città alle campagne, considerate più sicure. Molte opere erano state salvate solo grazie alla resistenza di pochi funzionari e cittadini antifascisti[40]. Protagonisti di questa operazione di salvataggio furono in particolare Giulio Carlo Argan, allora ispettore generale delle Antichità e Belle Arti; Emilio Lavagnino, funzionario della soprintendenza di Roma; Pasquale Rotondi, soprintendente alle Gallerie delle Marche. Nel 1940 furono messe al sicuro circa quattromila opere museali[41]. All'inizio del 1943 erano circa cinquanta i rifugi in Italia in cui erano state convogliate le opere d'arte, rifugi che con l'Europa in fiamme e la guerra sempre più violenta cominciavano ad essere insicuri. Si decise allora di trasferire le opere in Vaticano dove, fra ottobre del '43 e gennaio del '44, furono trasportate centinaia di casse.

Intanto, nel luglio del 1943 il Governo fascista era caduto e gli Alleati erano sbarcati in Sicilia. Con l'armistizio dell'8 settembre il Paese cadde sotto la dominazione nazista. Man mano che gli Alleati risalivano lungo la penisola, i tedeschi indietreggiavano verso Nord, saccheggiando e distruggendo tutto ciò che trovavano sul loro percorso.

Fu dalla data dell'armistizio che si costituì a Firenze un'organizzazione segreta formata da partigiani, funzionari civili e militari di convinzioni antifasciste, con lo scopo di rintracciare e recuperare le opere d'arte trafugate. A capo di essa vi era Rodolfo Siviero, un agente segreto arruolato prima della guerra nei servizi segreti fascisti, poi passato nelle file degli oppositori. Dopo l'8 settembre 1943, Siviero divenne punto di riferimento dell'*intelligence* inglese a Firenze. Il suo principale compito fu quello di seguire l'itinerario dei convogli tedeschi che portavano al Nord le opere d'arte prelevate dai depositi durante la ritirata e comunicarle agli Alleati. Criticato e chiacchierato, era un personaggio un po' fuori le righe, che agiva con metodi non sempre ortodossi. La sua casa di Firenze diventò una sorta di centrale operativa in cui Siviero teneva i contatti con gli Alleati e i partigiani.

---

40. *Ivi*, pp. 34-35.
41. F. Bottari, *Rodolfo Siviero. Avventure e recuperi del più grande agente segreto dell'arte*, op. cit., pp. 69-71.

Si creò così una rete di infiltrati e informatori antifascisti capace di intercettare ogni comunicazione nemica[42]. Questa operazione di spionaggio ebbe dei costi notevoli anche in termini di vite umane.

Le razzie dei tedeschi dopo l'8 settembre 1943 iniziarono da Montecassino. A quella data, l'archivio bibliografico e parte delle opere d'arte dei musei di Napoli erano stati trasferiti per ragioni di sicurezza nei depositi dell'abbazia. Il 14 ottobre si presentarono all'abate due ufficiali della Divisione Göring con l'ordine di trasportare a Roma e in Vaticano il patrimonio artistico, adducendo come motivazione il fatto che l'abbazia avrebbe fatto parte della linea di resistenza tedesca e quindi sottoposta al fuoco nemico. Intuendo le vere intenzioni dei tedeschi, i monaci cercarono di portare in salvo i codici più preziosi in consegna all'abbazia. Come temuto, alcuni autocarri carichi di opere non arrivarono mai a Roma, ma presero direttamente la via per Berlino[43]. Alcune di queste opere, fra cui la *Danae* di Tiziano, andarono ad adornare la residenza privata di Göring, altre furono consegnate a Hitler[44].

Contemporaneamente al *Kunstschutz* si erano andati costituendo in America dei comitati per la protezione del patrimonio artistico e culturale dell'Europa. Scopo di questi comitati, sorti tra la fine del '42 e l'inizio del '43, era di proteggere i monumenti dalla distruzione della guerra e di valutare i danni di quelli colpiti. Questi comitati si fusero poi nella «*Commissione Roberts*» – successivamente rinominata *Monuments, Fine Arts and Archives* (MFAA)[45] – formata da funzionari di musei e storici dell'arte, i quali furono inseriti all'interno dell'esercito statunitense. Parallelamente fu poi costituito l'*Art Looting Investigation Unit*, con lo scopo di ritrovare quanto trafugato dai tedeschi in Europa[46].

L'opera del gruppo di Siviero venne ad integrare quella del MFAA. Agli uomini della "*Monumenti*" furono consegnate le

42. *Ivi*, p. 76.
43. R. Siviero, op. cit., pp. 29-31.
44. *Ivi*, p. 33.
45. R. M. Edsel, *Monuments Men: missione Italia*, Milano, Sperling & Kupfer, 2014, p. 55.
46. R. Siviero, op. cit., pp. 48-51.

prime liste dei quadri rubati e quelle delle opere d'arte esportate clandestinamente da Hitler e Göring[47].

Con l'avanzata del fronte alleato da Sud, le truppe tedesche ebbero l'ordine da Himmler, capo delle SS, di trasportare al Nord tutte le opere d'arte contenute nei depositi delle ville di campagna e dei castelli in Toscana. Fra luglio e agosto del 1944 furono asportati i 260 dipinti originariamente appartenenti alle Gallerie Uffizi e Pitti, destinazione San Leonardo di Passiria in Alto Adige, un territorio già annesso alla Germania. Fra le opere saccheggiate vi erano anche i due dipinti di Lucas Cranach *Adamo* ed *Eva*, particolarmente apprezzati da Hitler nel corso della sua visita agli Uffizi nel '38. I quadri, dopo un viaggio non privo di rischi attraverso il nord dell'Italia, arrivarono direttamente al quartier generale di Hitler. I due Cranach rappresentavano la genesi della stirpe germanica e come tali, secondo la logica di Hitler, dovevano ritornare al luogo di origine[48].

I tedeschi convogliarono le sculture fiorentine nel deposito di Campo Tures, in Sud Tirolo. Fra questi, il *Bacco* di Michelangelo, il *David* e il *San Giorgio* di Donatello. Malamente imballate e caricate su autocarri, scamparono miracolosamente ai bombardamenti aerei alleati che sorvolavano continuamente la zona[49].

Nell'ottobre del 1944, poco dopo l'occupazione della Toscana da parte degli Alleati, la situazione era questa: i tedeschi avevano portato in Germania e nell'Italia settentrionale più di duemila oggetti d'arte appartenenti a gallerie pubbliche e cittadini privati; i partigiani erano riusciti a strappare dalle loro mani diversi capolavori[50].

Con la consapevolezza della disfatta imminente, da dicembre 1944 i trasporti delle opere dai depositi dell'Alto Adige verso la Germania s'interruppero. Nel frattempo, i due dipinti di Cranach erano stati trasferiti dal quartier generale di Hitler al deposito di San Leonardo, a seguito delle accuse ai tedeschi, da parte degli Alleati, di rubare le opere d'arte[51].

47. *Ivi*, p. 65.
48. *Ivi*, pp. 73-75.
49. R. Siviero, op. cit., p. 85.
50. *Ivi*, p. 90.
51. *Ivi*, pp. 93-96.

Nel febbraio del 1945, le opere d'arte contenute nella residenza di Göring furono trasportate nella miniera di sale di Altaussee, presso Salisburgo. A guerra finita, furono ritrovate e salvate dagli uomini della MFAA insieme con altri seimila capolavori razziati in tutta Europa.

Il percorso del *Kunstschutz* seguiva quello della ritirata delle truppe tedesche verso il Brennero, quindi le regioni del Nord-Ovest furono meno prese di mira. Ciò nonostante, i tedeschi riuscirono a trovare il luogo in cui era nascosta la collezione numismatica di Vittorio Emanuele III e a portarla in Austria. Furti di opere d'arte avvennero anche dai musei di Genova, Torino e Milano[52].

Col passare delle settimane, l'avanzata delle truppe anglo-americane arrivò fino al nord dell'Italia. La cessazione ufficiale delle ostilità in Italia avvenne il 2 maggio 1945.

Gli Alleati arrivarono poco dopo ai depositi altoatesini, in cui erano nascoste le collezioni trafugate dalla Toscana e la raccolta numismatica del Re d'Italia.

Seicento di quelle opere rientrarono a Firenze il 21 luglio 1945. Ma tantissime altre mancavano ancora all'appello e l'operato di Siviero e dei suoi ora era rivolto a questo non facile compito[53]. Bisognava ritrovare, fra gli altri, i bronzi del Museo Nazionale di Napoli, gli ori di Pompei, la *Danae*, il *Discobolo* Lancellotti, e tanti altri[54].

Alcuni di questi furono trovati nelle miniere di Altaussee, da cui uscirono migliaia di opere che i nazisti avevano trafugato in tutta Europa, come la *Madonna di Bruges* di Michelangelo o *l'Adorazione dell'agnello mistico* di Van Eyck. Qui furono ritrovate le opere prelevate da Montecassino. A causa dell'umidità del luogo e del cattivo stato di conservazione, molti di questi capolavori presentavano seri danni.

Il lavoro di restituzione delle opere ai legittimi proprietari fu lungo e complesso, soprattutto quelle provenienti dalle collezioni private di cui era difficile identificarne la provenienza. Il

52. *Ivi*, pp. 125-126.

53. Il 16 maggio 1945 Siviero è ufficialmente incaricato, dal Comando generale alleato, della ricerca e del recupero del materiale artistico trafugato: è istituito l'Ufficio recuperi.

54. R. Siviero, op. cit., p. 136.

numero ufficiale delle opere restituite ai Paesi di origine tramite i centri di raccolta, comunicato dal Governo USA nel 1951, fu di settecentomila. Il numero complessivo di quelle trafugate resta sconosciuto[55].

Il Governo italiano aveva chiesto, il 28 novembre 1945, l'adesione alla convenzione delle Nazioni Unite relativa alle opere d'arte trafugate durante la guerra. Il Trattato di Pace del 1947 poneva l'Italia come nazione vinta e obbligata alle riparazioni di guerra. Per questo motivo riottenere le opere che si trovavano nei centri di raccolta non fu facile. Le biblioteche furono le prime ad essere recuperate. Poco dopo ritornarono in Italia le opere d'arte dei musei di Napoli, Firenze e Venezia. Fu inoltre richiesto alla Commissione alleata che anche le opere d'arte illegalmente esportate da Hitler e Göring prima dell'8 settembre 1943 fossero restituite all'Italia[56]. Si trattava delle opere acquistate dai nazisti in Italia fra il 1938 e il 1943 e che non rientravano nelle restituzioni.

Il Trattato di Pace prevedeva, infatti, che la Germania restituisse all'Italia solo i beni trafugati dopo il 3 settembre 1943. L'*Art Looting Investigation Unit* aveva riconosciuto l'illegalità delle esportazioni di Hitler e Göring avvenute prima di quella data, in massima parte ottenute a seguito di violenze, intimidazioni e ricatti, non ostacolate dal regime fascista. Il Governo militare alleato acconsentì affinché un gruppo di trentanove opere fosse restituito all'Italia, mentre per altre cinquanta furono richieste ulteriori indagini. Ma il governo bavarese, sotto la cui giurisdizione le opere erano in deposito, non era dello stesso avviso degli americani[57]. I tedeschi non volevano restituire queste opere perché ritenevano che fossero state pagate. Alla fine, grazie anche alla modifica dell'art. 77 del Trattato di pace ottenuta da Siviero nel 1948, fu riconosciuto il fondamento giuridico delle richieste di restituzione e finalmente il *Discobolo* e altre opere riuscirono a tornare in Italia.

Per evitare che le opere d'arte ritornate in patria fossero reclamate da coloro che le avevano vendute a suo tempo a Hitler

55. *Ivi*, p. 138.
56. *Ivi*, p. 144.
57. *Ivi*, pp. 151-152.

e Göring, fu approvata dal Parlamento italiano un'apposita legge[58], che prevedeva l'avocazione allo Stato italiano di tutte «le opere di interesse artistico, storico e bibliografico» che dal 1° gennaio 1936 all'8 maggio 1945 fossero state trasferite in proprietà e a qualsiasi titolo a personalità politiche naziste o sudditi germanici e di cui il Governo italiano aveva ottenuto restituzione da parte di quello militare alleato in Germania[59].

Con la fine del controllo militare alleato in Germania, iniziarono le trattative col nuovo governo federale tedesco. Una serie di protocolli siglati nel corso del 1952 con i suoi rappresentanti sancì la nuova collaborazione fra i due Paesi. Il 27 febbraio 1953 fu firmato a Roma un successivo accordo fra il presidente del Consiglio De Gasperi e il cancelliere tedesco Adenauer per istituire una Commissione mista con lo scopo di programmare la restituzione del patrimonio sottratto[60]. Il primo risultato fu la firma di un protocollo per la restituzione di quaranta opere d'arte tra cui figuravano molti capolavori. A questo accordo seguirono altre restituzioni nel 1954[61].

Le opere da rintracciare erano ancora seicento. Una buona parte di queste si trovava in Germania orientale, vale a dire nel settore sotto l'influenza dell'Unione Sovietica. Un deposito con oggetti trafugati in Italia fu individuato a Weimar. Fra gli oggetti rinvenuti vi erano opere provenienti dalle collezioni reali. Altre opere furono rintracciate a Lipsia e a Jena.

Col passare degli anni il Governo italiano mostrava di voler chiudere al più presto la questione dei recuperi: la Germania occidentale era ormai stata restituita alla democrazia e c'era una volontà da ogni parte di chiudere i conti con il passato nazista[62].

La Delegazione per le restituzioni, inoltre, si vide ridurre notevolmente i fondi, ciò che avrebbe reso impossibile riuscire a

---

58. Legge 14 gennaio 1950, n. 77, *Avocazione allo Stato del materiale artistico, storico e bibliografico recuperato in Germania e restituito allo Stato italiano dal Governo militare alleato.*

59. L. 14 gennaio 1950, n. 77, art. 1.

60. R. Siviero, op. cit., pp. 168-171.

61. *Ivi*, pp. 173-176.

62. La Germania Ovest faceva parte dal 1951 della CECA, (Comunità Europea del Carbone e dell'Acciaio); nel 1957 sarebbe stata fra i sei firmatari dei Trattati di Roma che istituirono la Comunità Europea.

recuperare le seicento opere rimaste[63]. Fra queste figuravano le *Fatiche d'Ercole* del Pollaiolo, che saranno ritrovate dallo stesso Siviero nel 1963 a Los Angeles, fra i beni di un ex soldato della Wehrmacht emigrato in California[64].

Nel 1987 la Delegazione per le restituzioni fu sciolta. Molte opere non sono state recuperate ed alcune sono andate probabilmente distrutte. Ad oggi, circa duemilacinquecento opere d'arte sottratte o perdute durante la Seconda guerra mondiale compaiono ancora negli elenchi del Comando Carabinieri per la Tutela del Patrimonio Culturale[65], incaricato di rintracciarle. La cifra non tiene conto di quelle uscite dal Paese in violazione delle leggi sull'esportazione del patrimonio artistico[66].

3. Il fenomeno degli scavi clandestini

Dal 1909 tutto ciò che si trova nel sottosuolo appartiene allo Stato e non ai privati[67]; principio confermato dalla legge Bottai del 1939, poi confluito nel Testo Unico e infine nel Codice dei beni culturali e del paesaggio del 2004[68]. Tuttavia, leggi e convenzioni non hanno mai costituito un deterrente per i criminali

---

63. R. Siviero, op. cit., p. 199.

64. R. M. Edsel, *Monuments Men: missione Italia*, cit., p. 286.

65. Il Comando Carabinieri per la Tutela del Patrimonio Culturale è stato istituito il 3 maggio 1969. Svolge compiti concernenti la sicurezza e la salvaguardia del patrimonio culturale nazionale attraverso la prevenzione e la repressione delle violazioni alla legislazione di tutela dei beni culturali e paesaggistici L'Italia è stata la prima Nazione al mondo a dotarsi di un organismo di polizia specializzato nel settore, precedendo di un anno la disposizione prevista nella Convenzione UNESCO del 1970 con cui si invitavano gli Stati parti ad istituire uno specifico servizio per assicurare la protezione dei beni culturali contro l'importazione, l'esportazione e l'illecito trasferimento (art. 5). Attualmente, il Comando è strutturato attraverso 15 Nuclei e una Sezione distribuiti sul territorio nazionale e ha una funzione di polo informativo e di analisi per tutte le forze di polizia, con particolare riferimento all'alimentazione della Banca Dati dei beni culturali illecitamente sottratti.

66. R. M. Edsel, *Monuments Men: missione Italia*, cit., p. 287.

67. Legge 20 giugno 1909, n. 364, art. 15: «Il Governo può eseguire scavi per intenti archeologici in qualunque punto del territorio dello Stato, [...]. Le cose scoperte appartengono allo Stato. [...] »

68. D.Lgs. 22 gennaio 2004, n. 42, art. 91 comma 1: «Le cose indicate nell'articolo 10, da chiunque e in qualunque modo ritrovate nel sottosuolo o sui fondali marini, appartengono allo Stato e, a seconda che siano immobili o mobili, fanno parte del demanio o del patrimonio indisponibile [...]».

in nessun campo, ivi compresi i ladri d'arte, siano essi soldati durante una guerra o ladri su commissione in tempo di pace.

Nel 1970, anno in cui l'UNESCO emanava la *Convenzione concernente le misure da adottare per interdire e impedire l'illecita importazione, esportazione e trasferimento di proprietà dei beni culturali*, e successivamente alla nascita del Comando Carabinieri per la Tutela del Patrimonio Culturale, in Italia aveva inizio quella che è stata definita la "Grande Razzia", ovvero il più grande saccheggio di reperti archeologici dal sottosuolo nazionale. Razzia che è durata circa trent'anni e che, seppur in maniera ridotta, persiste ancora oggi. Ciò che è cambiato nel traffico odierno dei reperti archeologici è il ruolo dei musei, che non sono più i clienti finali del saccheggio.

Secondo uno studio dell'Università americana di Princeton, dal 1970 in poi, dal sottosuolo italiano sono stati estratti illegalmente più di un milione e mezzo di reperti, tutti rivenduti principalmente a una cinquantina di musei nel mondo[69] e solo una minima parte è stata finora restituita.

Protagonisti del saccheggio sono stati in prima battuta i c.d. *tombaroli*, cioè scavatori di frodo nelle zone con alta densità di tombe e reperti archeologici, principalmente nel Lazio, in Puglia, Sicilia, Calabria e Campania; poi intermediari senza scrupoli, mercanti d'arte internazionali, collezionisti e alcuni tra i più importanti musei nel mondo, tra cui il Metropolitan Museum of Art di New York e il Getty Museum di Malibu, ma anche l'Altes Museum di Berlino e la Ny Carlsberg Glyptotek di Copenhagen, il Louvre e il British Museum, oltre ad alcuni musei giapponesi[70].

Un'organizzazione collaudata, che ha contribuito alla fioritura di un ricco mercato nero mondiale dell'arte. Questa razzia è stata possibile anche a causa di un apparato sanzionatorio debole, di una grave sottovalutazione del fenomeno e di uno scarso controllo del territorio. Sradicati dal luogo in cui si trovavano prima di essere illegalmente scavati, i reperti archeolo-

69. F. Isman, *L'Italia dell'arte venduta. Collezioni disperse, capolavori fuggiti*, Bologna, Il Mulino, 2017, p. 193.

70. Il *Miho*, museo giapponese non lontano da Kyoto, aperto nel 1997, contiene una raccolta che è stata costituita interamente con reperti provenienti da scavi clandestini in Italia.

gici sono stati decontestualizzati, rendendone così impossibile la lettura da un punto di vista storico e scientifico. Impossibilità aggravata altresì dal metodo utilizzato dai protagonisti di questi saccheggi che al fine di accrescere il proprio guadagno talvolta provvedevano a frantumare il reperto trafugato, poiché chi acquista parte di un bene è poi disposto a versare ulteriori ingenti somme per averne tutti i frammenti[71].

Secondo un'indagine della Camera dei Comuni di Londra, nel 2000 il traffico illecito di antichità e cultura nel mondo superava i sei miliardi di dollari all'anno, posizionandosi subito dopo quello delle armi e della droga[72].

Oltre alle organizzazioni criminali, il mercato nero dell'arte ha tra i suoi protagonisti anche persone che esercitano professioni rispettabili come medici, avvocati, docenti o antiquari, tutti con la comune passione per il commercio illegale d'arte[73]. Perfino Maria Callas aveva in una sua villa in Veneto tre pannelli di un sarcofago di Paestum del IV secolo a.C. che, dopo essere stati esportati in Svizzera e poi in Francia e successivamente rientrati in Italia, sono stati rintracciati dopo molte peripezie dal Gruppo Tutela Patrimonio Archeologico della Guardia di Finanza[74] quando stavano per essere rivenduti ad un commerciante di marmi antichi di Ostia[75].

Tale mercato è caratterizzato da grandi numeri, non solo in termini di flusso di denaro. In Svizzera, crocevia di tutti gli acquisti illegali d'arte, sono stati sequestrati, nel 1995 e nel 2001, due depositi con oltre novemila oggetti di arte rubata, quasi tutti di provenienza italiana. In trentatré magazzini sparsi fra New York, Londra e la Svizzera, l'inglese Robin Symes, forse il più intraprendente dei mercanti d'arte illegale, deteneva circa 17mila oggetti provenienti da scavi clandestini, valutati 160 milioni di euro[76].

71. F. Isman, *I predatori dell'arte perduta*, Milano, Skira, 2009, p. 27.

72. *Ivi*, p. 29.

73. *Ivi*, pp. 123-124.

74. Anche la Guardia di Finanza si occupa di "archeologia rubata", con buoni risultati: nel quadriennio 2008-2011 sono stati recuperati oltre 150.000 reperti di interesse archeologico.

75. P. Brogi, *Ecco il sarcofago di casa Callas, Corriere della Sera*, (ed. Roma) del 13 febbraio 2003.

76. F. Isman, *I predatori dell'arte perduta*, cit., p. 28.

Come in una catena, gli oggetti trafugati passavano di mano in mano seguendo percorsi riservati e sicuri, e i protagonisti di questa spoliazione, pur se legati uno all'altro, rispettavano una rigida gerarchia secondo cui, ad esempio, il *tombarolo* restava tale a vita[77], poiché non c'era possibilità di passare da un rango inferiore ad uno superiore.

È un mercato che, oltre a rendere moltissimo, comporta pochi rischi. La prima vittima illustre della razzia, il *Cratere di Eufronio,* di cui meglio si dirà in seguito, fu pagato trenta milioni di lire agli scavatori di frodo che lo dissotterrarono a Cerveteri nel 1971. Il Metropolitan Museum di New York lo pagherà, l'anno successivo, un milione di dollari, una cifra che fece scalpore all'epoca: mai un unico pezzo era stato pagato così tanto. La *Venere di Morgantina* fu acquistata da un intermediario per 400mila dollari da chi la scavò. Al Getty Museum fu rivenduta per diciotto milioni di dollari nel 1988[78].

A fronte di tanto guadagno i rischi sono minimi. Le pene edittali in Italia sono troppo lievi affinché un processo si possa concludere prima che sia avvenuta la prescrizione. Inoltre, finché un reperto non viene esposto, è difficile dimostrare che sia stato scavato illegalmente e i mercanti spesso avevano l'astuzia di mettere in commercio i reperti solo in prossimità della raggiunta prescrizione del reato. L'unico personaggio di rilievo ad aver avuto una condanna definitiva è stato Giacomo Medici, uno dei più grandi trafficanti internazionali, condannato nel 2012 a otto anni di reclusione ai domiciliari e al pagamento di una provvisionale di 10 milioni di euro allo Stato italiano per i danni arrecati al patrimonio storico ed artistico della Nazione, oltre alla confisca dei quattromila oggetti che gli erano stati sequestrati nel 1995 a Ginevra[79]. Nemmeno l'altro grande trafficante d'arte, Gianfranco Becchina, ha mai avuto una condanna, poiché i reati sono caduti in prescrizione.

Le varie figure protagoniste di questa spoliazione sono persone diversissime fra loro, perché non si può accomunare chi

77. *Ivi,* p. 183.

78. F. Isman, *I predatori dell'arte perduta,* cit., pp. 33 e 70-71.

79. G. Baldi su *Civonline.it, quotidiano telematico dell'Etruria,* 30 maggio 2012 (http://www.civonline.it/articolo/traffico-di-reperti-archeologici-condannato-giacomo-medici).

scava a chi intermedia, vende o compra. Tutti, però, sono legati da un'indissolubile catena, ognuno ha un ruolo ben definito, nessuno prescindibile l'uno dall'altro.

Lo scavatore non tratta mai direttamente con il museo o il grande collezionista, così come questi ultimi non comprano direttamente da chi scava per il timore di possibili falsi[80]. Negli anni d'oro dello scavo illegale, dal 1975 al 1990 circa, le squadre di scavatori lavoravano in piccoli gruppi durante il giorno, per destare meno sospetti. Gli strumenti usati per trovare oggetti nel sottosuolo, con gli anni sono diventati sempre più sofisticati. Dagli *spilloni,* lunghe e sottili aste di metallo, ai piccoli *metal detector* fino alla c.d. *branda,* un sofisticatissimo e potente *metal detector* talmente pesante da richiedere almeno due persone per il trasporto[81].

Gli scavatori, nonostante si siano resi responsabili di autentiche devastazioni, si sono autodefiniti "archeologi" o addirittura "uomini di cultura"[82].

Gli antiquari protagonisti della razzia erano sovente in contatto con i restauratori, a cui portavano i reperti appena scavati, spesso in frammenti proprio a causa dello scavo.

La figura del restauratore, in questa piramide, ha svolto una funzione non così evidente, ma fondamentale. Il restauratore, infatti, ha un peso notevole al fine di determinare l'autenticità degli oggetti e quindi il loro valore. Sugli oggetti rubati spesso avviene una sorta di "ripulitura", sia facendo delle modifiche alla struttura, sia smembrandoli in più parti prima di essere introdotti sul mercato nazionale o internazionale. Tutto ciò al fine di renderne più difficoltosa l'identificazione. Ad esempio, in caso di dipinti di particolare valore e al fine di facilitarne l'esportazione, restauratori senza scrupoli ridipingono sopra il supporto originale raffigurazioni moderne che, una volta che i dipinti sono giunti a destinazione, vengono facilmente asportate. In caso di affreschi è d'uso ricoprirli con una patina di gesso per esportarli come pannelli per costruzioni[83].

80. F. Isman, *I predatori dell'arte perduta,* cit., p. 113.
81. *Ivi,* pp. 114-121.
82. *Ivi,* pp. 92-93.
83. L. Pacelli, *Il ruolo dei restauratori nella contraffazione e nel traffico illegale d'arte,* in «Rivista di diritto delle arti e dello spettacolo», 2017, 1, p. 63.

I restauratori che hanno avuto un ruolo di connivenza nella «Grande Razzia» sono diversi, ma i più influenti sono stati gli svizzeri Fritz e Harry Bürki, a cui sono stati confiscati cinquecento reperti. Fritz Bürki conosceva Robert Hecht (uno dei maggiori mercanti internazionali d'arte che fu fra i protagonisti della vendita del *Cratere di Eufronio* al Metropolitan Museum di New York) fin da giovane. Dotati di un laboratorio molto tecnologico, i Bürki hanno restaurato i maggiori capolavori a partire proprio dal *Cratere*. Si sono prestati anche a fare da copertura di acquisti per conto del *Getty*: il museo, infatti, comprava ufficialmente da loro, quando invece chi vendeva era Hecht o Medici[84].

Il nome dei Bürki è legato anche ai tredici reperti che il Museum of Fine Arts di Boston ha restituito all'Italia nel 2006, fra cui la statua di Vibia Sabina[85]. Ma il caso più straziante è sicuramente quello che riguarda una serie di affreschi del 40 a.C., provenienti dalla zona di Torre Annunziata e Boscoreale. Quando i *tombaroli* arrivano a scavare le pareti affrescate della villa romana rimaste intatte dall'eruzione del Vesuvio nel 79 d. C., le fotografano, prima di staccare i dipinti con metodi che le danneggeranno gravemente, compromettendone per sempre l'integrità. Tre di quelle pareti, ricomposte in pannelli più piccoli per facilitarne il trasporto e la vendita, saranno ritrovate nel deposito di Medici, ma dalle foto risulta l'esistenza di altre due pareti, che non sono state però ritrovate. Il confronto fra le foto prima dello scavo e il ritrovamento dei pannelli ne testimonia la devastazione. Gli affreschi staccati arrivano ai Bürki in undici pezzi, pieni di lacune recenti. Loro provvedono a ricomporli e restaurarli nel loro laboratorio di Zurigo, trattenendoli per altri tre anni prima di restituirli a Medici con la complicità di una funzionaria delle dogane svizzere, Fiorella Cottier Angeli[86]. La vendita degli affreschi, concordata per un milione e 300mila dollari, però non va a buon fine: pochi giorni prima dell'incasso, il 13 settembre 1995, gli investigatori arrivano nel deposito di Medici, concludendone così la carriera di trafficante d'arte. Si

84. F. ISMAN, *I predatori dell'arte perduta*, cit., p. 126.

85. L. PACELLI, *Il ruolo dei restauratori nella contraffazione e nel traffico illegale d'arte*, op. cit., p. 65.

86. F. ISMAN, *I predatori dell'arte perduta*, cit., pp. 93-97.

è stimato che il valore degli affreschi si aggiri attorno ai dodici milioni di euro, ma superiore è il danno causato dalla devastazione. Inoltre, nulla si sa dell'esatta ubicazione della villa, rendendo impossibile conoscere quanti e quali altri tesori celava al suo interno[87].

I restauratori implicati nella «Grande Razzia» sono stati molti. La loro figura di conoscitori d'arte dovrebbe portarli ad amarla e non contribuire alla loro distruzione. Ma per fortuna, non tutti i restauratori sono implicati in traffici illeciti o contraffazione di opere d'arte, anzi, si ritiene che quelli che fanno il loro lavoro con onestà e professionalità siano la stragrande maggioranza.

Quando le opere d'arte sono sottratte all'illegalità e tornano nel luogo di origine, il lavoro del restauratore (onesto) si rivela fondamentale per l'oggetto trafugato, che spesso ha riportato danni più o meno importanti.

Un esempio di restauro su un reperto archeologico trafugato e poi recuperato è quello del *Volto d'avorio*. Il *Volto* è parte di una statua di enormi dimensioni ricavata da un'unica zanna di elefante, frutto di uno scavo clandestino effettuato nel 1994 da Pietro Casasanta, il "re dei tombaroli", nella campagna di Anguillara Sabazia. Il reperto, scavato insieme ad altri frammenti presumibilmente appartenenti alla stessa statua, è stato datato alla seconda metà del I sec. a.C. Per poterlo recuperare, gli inquirenti italiani hanno impiegato circa dieci anni. Il restauro eseguito all'ISCR[88] ha dovuto fronteggiare importanti lesioni accompagnate da rotture, dovute alle condizioni non ideali di temperatura e umidità in cui era stato conservato il reperto durante il lungo peregrinare attraverso l'Europa[89].

I grandi trafficanti erano il necessario collegamento tra chi scavava, i mercanti d'arte grandi e piccoli, i musei e i collezio-

87. *Ivi*, p. 97.

88. L'Istituto Superiore per la Conservazione ed il Restauro di Roma (ISCR) è uno dei due istituti in Italia (l'altro è l'Opificio delle Pietre Dure di Firenze) specializzati nel campo del restauro e della conservazione delle opere d'arte e del patrimonio culturale.

89. G. Capponi, *Il restauro degli oggetti trafugati, l'esperienza dell'ISCR*, in M.G. Bernardini – M. Lolli Ghetti (a cura di), *Capolavori dell'archeologia. Recuperi, ritrovamenti, confronti. Catalogo della mostra al Museo Nazionale di Castel S. Angelo dal 21 maggio al 5 novembre 2013*, Roma, Gangemi, 2013, p. 41.

nisti. Fra gli italiani appartenenti a questa categoria figuravano Giacomo Medici, attivo soprattutto in Etruria, e Gianfranco Becchina, padrone degli scavi clandestini al Sud[90].

L'intermediario più importante è stato Giacomo Medici. Originario di Santa Marinella, dopo aver iniziato ad acquistare direttamente dai *tombaroli* di Cerveteri e dintorni, si trasferisce a Ginevra, dove apre una galleria d'arte e dal 1991 un deposito in porto franco. Vende migliaia di reperti che, tramite intermediari come Hecht e Symes, arrivano ai musei europei e americani. Nel suo deposito, quando i Carabinieri vi arrivano il 13 settembre 1995, vengono rinvenuti migliaia di reperti e foto che testimoniano le varie fasi di un oggetto, dallo scavo al restauro, fino alla vendita[91]. Dall'indagine che ha portato alla sua condanna è emerso che Medici ha trattato oltre diecimila reperti del valore di trenta milioni di euro.

Il museo *Getty* ha acquistato almeno quarantadue pezzi provenienti dal trafficante, ma nei suoi registri il nome di Medici non compare mai. I venditori ufficiali erano Hecht, Symes o i Bürki. Tuttavia, sono stati trovati documenti che hanno provato che la curatrice del Getty negli anni Novanta, Marion True, fosse ben a conoscenza della reale provenienza degli oggetti fatti acquistare dal museo.

Medici divideva il mercato clandestino di reperti rubati in Italia con un altro trafficante, Gianfranco Becchina. Siciliano di Castelvetrano, Becchina era il "re" degli scavi nel Sud e nelle Isole. Si fa conoscere quando riesce a vendere al Getty, nel 1984, una statua greca per dieci milioni di dollari, poi riconosciuta come un falso dopo molti anni. Dalla Sicilia si trasferisce a Basilea, dove rileva la Galleria "Antike Kunst Palladion". Da lì inizia i suoi lucrosi affari.

Nel 2001 sono stati scoperti, nella sua galleria, cinque magazzini in cui erano custoditi più di cinquemila reperti archeologici provenienti da scavi clandestini, oltre ad un immenso archivio con fotografie dei reperti eseguite prima e dopo il restauro, fatture, prezzi, bolle di spedizione e lettere indirizzate ai collezionisti: 13.000 fascicoli suddivisi in centoquaranta raccoglitori. Gra-

90. F. ISMAN, *I predatori dell'arte perduta*, cit., p. 127.
91. *Ivi*, p. 130.

zie a questo archivio i Carabinieri, in collaborazione con l'FBI statunitense, sono riusciti a ricostruire la trama della complicata filiera del commercio illegale di opere d'arte[92]. In questo dossier risultavano molti più oggetti fotografati e registrati rispetto a quelli trovati nei depositi, segno che ci sono ancora tante opere da ritrovare. Una di queste opere è stata rintracciata proprio grazie alla documentazione fotografica esistente nel "Becchina dossier", come fu ribattezzato dagli investigatori americani. Si tratta del coperchio di un sarcofago in marmo di Carrara del valore di quattro milioni di dollari, di epoca romana, di cui si erano perse le tracce per più di trent'anni. Trovato nel 2015 in un deposito di New York, era pronto a partire per il Giappone, acquistato da un mercante di antichità che aveva stretti legami con Becchina[93].

Nei depositi sequestrati nel 2001, il trafficante divideva i reperti fra restaurati e da restaurare e li vendeva quando i reati erano prescritti. Spediva molti materiali alla casa d'aste inglese Sotheby's. Anche lui aveva stretti rapporti sia con Hecht che con i curatori del Getty, a cui ha venduto per 500.000 dollari il *Cratere di Europa*, vaso dipinto a Paestum nel IV secolo a.C. dall'artista Asteas. Scavato a Sant'Agata dei Goti nel Beneventano, nel 1974, il reperto arriva al museo di Malibu nel 1987. Nel 2005 sarà restituito allo Stato italiano[94].

Becchina è forse il primo a trattare con il Medio Oriente ricevendo oggetti da diversi Paesi. Ha venduto ai più grandi collezionisti degli Stati Uniti, fra cui i Levy-White che hanno finanziato l'intera ala greco-romana del *Metropolitan* di New York[95]. Fra le fatture ritrovate nel suo archivio ci sono quelle per il Louvre, il *Met*, il museo di Berlino e, ovviamente, il *Getty*, tutte datate negli anni Ottanta.

I due nomi di spicco fra i mercanti d'arte implicati nella razzia sono l'americano Robert Hecht e l'inglese Robin Symes. Erano il *trait-d'union* fra i trafficanti italiani e i musei.

---

92. V. Ferrante, *I tesori dell'arte nelle mani della mafia*, in "La Repubblica", 12 gennaio 2015.
93. *Ibidem*.
94. F. Isman, *I predatori dell'arte perduta*, cit., p. 137.
95. *Ivi*, p. 30.

Nel traffico illegale d'arte è stato cruciale anche il ruolo delle maggiori case d'asta. I mercanti ne facevano spesso uso per i loro affari: mettevano in vendita, tramite dei prestanome, i reperti che poi riacquistavano in proprio. In questo modo centinaia di oggetti venivano "ripuliti" per simulare un'origine lecita. Il maggior cliente di antichità della casa d'aste londinese Sotheby's era Medici che vendeva e riacquistava i reperti durante le aste, determinandone così il prezzo. Secondo un'indagine di due archeologi inglesi, il 90 per cento dei pezzi antichi presentati alle aste delle tre maggiori case (Christie's, Sotheby's, Bonhams) aveva un'origine non accertata. Proprio a causa dello scandalo susseguente alle inchieste che ne dimostrarono il coinvolgimento, Sotheby's rinunciò, dal 1997, alle aste di archeologia a Londra. Da lì passavano non solo gli oggetti provenienti da scavi di frodo, ma anche quelli rubati dai musei[96].

Insieme con i musei, i collezionisti sono stati i terminali della razzia. Se non ci fossero stati loro, con la domanda di beni archeologici, non ci sarebbe stata l'offerta da parte dei *tombaroli*.

Alcune delle più rilevanti collezioni private di antichità che si sono costituite nel secondo dopoguerra, soprattutto negli Stati Uniti, hanno in gran parte attinto al mercato clandestino. Le collezioni Hunt, Fleischman, Levy-White e Tempelsman, Ortiz e Borowsky sono nate apposta per accogliere opere destinate ai maggiori musei del mondo. L'intento, emerso nel corso delle indagini, era quello di simulare una provenienza lecita cosicché l'ultimo acquirente, il museo, potesse sostenere di aver acquistato in buona fede. Più che amore per l'arte, si trattava di banali operazioni di riciclaggio[97]. Le raccolte citate sono state tutte costituite in tempi brevi nel corso degli anni Ottanta e Novanta del XX secolo ed esposte in musei quali il Metropolitan, il Getty, ma anche la Royal Academy di Londra e l'Ermitage di San Pietroburgo.

Sconosciute agli studiosi prima di allora, alcune di queste collezioni sono state rapidamente rivendute, seguendo le alterne vicende finanziarie e giudiziarie dei proprietari. Il *Getty Museum* acquistò nel 1996, per ottanta milioni di dollari, l'intera

96. *Ivi*, pp. 31-32.
97. *Ivi*, pp. 30-31.

collezione Fleischman, la cui provenienza era quasi totalmente clandestina[98].

Anche la collezione dei Levy-White, sostenitori del Metropolitan, è stata formata per buona parte da oggetti frutto di scavi clandestini. Gli oggetti messi in esposizione per la mostra *Glorie del Passato* erano stati acquisiti dai maggiori trafficanti dell'epoca. L'Italia chiese la restituzione di venti oggetti nel 2006, riuscendo ad ottenerne dieci, fra cui diversi vasi e un frammento degli affreschi di Boscoreale[99].

Per i loro acquisti al mercato nero dell'arte, i collezionisti erano consigliati da insigni studiosi, gli stessi che poi compravano le opere per conto dei musei.

I musei hanno rappresentato l'ultimo anello della catena, la parte più alta dell'organigramma piramidale della «Grande Razzia». Lungi dall'essere vittime dei trafficanti d'arte, a volte hanno collaborato con loro, dimostrando, da documenti emersi e incauti acquisti, che non erano in buona fede. I *curator* di quegli anni, specialmente Dietrich Von Bothmer al Metropolitan e Marion True al Getty, avevano stretti rapporti con i mercanti d'arte internazionali che si rifornivano a loro volta da Medici e Becchina. Tutti comunque consapevoli della provenienza illecita dei reperti.

Ad oggi la stagione nera della "Grande Razzia" è probabilmente finita, grazie all'azione incessante di magistrati e Carabinieri e all'attività di cooperazione internazionale giudiziaria e di polizia che ha permesso di ricostruire l'intera filiera del traffico anche oltre i confini nazionali; resta l'attività di scavo per il piccolo commercio, sia interno che internazionale, che alimenta i piccoli antiquari e i collezionisti che vogliono "abbellire" le loro case con frammenti e piccoli oggetti[100].

Il ruolo rivestito da alcuni fra i più importanti musei nel traffico illecito di opere d'arte porta necessariamente ad alcune considerazioni generali. Fra le funzioni assegnate ai musei dall'*International Council of Museums* (ICOM), l'organizzazione non governativa di musei e operatori museali, vi sono la con-

98. F. Isman, *I predatori dell'arte perduta*, cit., pp. 148.
99. *Ivi*, p. 149.
100. *Ivi*, p. 38.

servazione, l'interpretazione e la valorizzazione del patrimonio culturale dell'umanità[101]. Essi sono custodi, quindi, della cultura mondiale e come tali dovrebbero agire nel massimo rispetto di essa preservando l'integrità del patrimonio artistico. A differenza dei trafficanti d'arte, il cui principale interesse è quello del guadagno e non certo dell'amore per l'arte, ai musei è demandata una funzione altamente etica che va al di là della valorizzazione economica del bene culturale.

Eppure, nei musei maggiormente coinvolti in questo mercato, i direttori e i curatori, che erano studiosi di fama internazionale, violando norme giuridiche e principi etici, non si sono fatti alcuno scrupolo nell'acquisire reperti che sapevano avere provenienza illecita o, nella migliore delle ipotesi, sconosciuta.

L'ICOM, comunque, si è impegnato per favorire la collaborazione a livello internazionale anche per quanto riguarda il contrasto al traffico illecito di beni culturali. L'organizzazione è infatti intervenuta esplicitamente a favore della risoluzione della controversia che ha contrapposto per lunghi anni il Governo italiano al Getty Museum. Prima dell'accordo firmato nel 2007 per la restituzione di quaranta opere allo Stato italiano, l'ICOM, nel 2006, intervenne nella disputa fra le parti con un comunicato ufficiale del suo Presidente. Si schierò apertamente in supporto del Governo italiano nelle azioni legali intraprese contro i musei per la restituzione dei beni culturali illecitamente esportati.

Facendo riferimento al Codice etico professionale e sottolineando il ruolo centrale dei musei nella lotta al traffico illecito di beni culturali, il Presidente dell'ICOM invitò gli istituti museali ad agire con la dovuta diligenza, ribadendo la necessità di accertarsi della provenienza di tali beni e di acquisirne la documentazione completa[102].

101. Art. 1 del Codice etico professionale dell'*International Council of Museums* (ICOM) per i musei. Il Codice è stato adottato dall'Assemblea Generale dell'ICOM nel 1986 e revisionato l'8 ottobre 2004. Esso stabilisce i valori e i principi condivisi dall'ICOM e dalla comunità internazionale dei musei. Contiene, inoltre, i principi ai quali dovrebbero ispirarsi tutti gli operatori del settore, al fine di evitare, in particolare, acquisizioni di beni e materiali di provenienza illecita o dubbia. Il limite del Codice ICOM è che, essendo un codice deontologico, è privo di qualsiasi valore giuridico.

102. *Statement by the President of ICOM on current legal actions against museums for the return of illegally exported cultural property (especially Italy Vs the J. Paul Getty Museum)*, https://icom.museum/wp-content/uploads/2018/07/Statement_en.pdf.

Purtroppo, come si è visto, non sempre i musei hanno seguito le direttive indicate dall'ICOM, nonostante l'impegno dell'organizzazione nel favorire il ritorno dei beni culturali illecitamente sottratti ai Paesi di origine.

4. La ricollocazione delle opere, gli accordi e i negoziati per la restituzione

Le indagini che hanno portato alla luce questo mercato nero hanno suscitato un vasto scandalo in particolare negli Stati Uniti, dove i due maggiori musei coinvolti, il Metropolitan e il Getty, sono stati sommersi dalle accuse e costretti a rivedere la propria politica di acquisizioni. Sulla stampa americana il museo di Malibu è stato definito "il museo dei tombaroli" in quanto la metà dei suoi capolavori ha provenienza illecita. La Svizzera, luogo di transito in cui le antichità scavate illegalmente venivano portate in attesa di essere commercializzate, nel 2006 ha concluso un trattato bilaterale con l'Italia che rende più severe le regole dei suoi porti franchi[103]. Nel 2003 la Confederazione elvetica ha sottoscritto e ratificato la Convenzione UNESCO del 1970 e dal 2005 ha introdotto l'obbligo di fattura per le opere. Anche la Gran Bretagna dal 2003 ha adottato regole più severe. Il British Museum, dal 1988, ha preso la decisione di non acquistare più reperti archeologici apparsi sul mercato dopo il 1970 in mancanza di una sicura documentazione precedente[104].

Nel 2001 il Governo degli Stati Uniti ha invece stipulato con il Governo italiano un memorandum d'intesa che ha limitato l'importazione negli USA di determinate categorie di beni culturali comprendenti reperti archeologici dell'età classica, preclassica e imperiale. Tali categorie includono manufatti in pietra, metallo, ceramica, vetro e pitture murali create approssimativamente tra

103. F. Isman, *L'Italia dell'arte venduta*, cit., p. 213. L'Accordo bilaterale tra il Governo della Repubblica italiana e il Consiglio federale svizzero sull'importazione e il rimpatrio di beni culturali è stato firmato il 20 ottobre 2006 in applicazione della Convenzione UNESCO del 14 novembre 1970. L'accordo disciplina l'importazione, il transito e il rimpatrio di beni culturali tra le parti contraenti e trova applicazione esclusivamente per le categorie di beni elencati nell'Allegato (art. 1).

104. *Ivi*, p. 166.

il IX secolo a.C. e il IV secolo d.C., identificati con precisione in una lista annessa all'accordo. Il memorandum d'intesa è stato rinnovato ed ampliato per la prima volta nel gennaio 2006, poi di nuovo nel 2011, includendo anche le monete nella lista di beni soggetti a limitazione alle importazioni dagli Stati Uniti. Nel 2016 il memorandum è stato di nuovo rinnovato per altri cinque anni, pur senza subire modifiche rispetto ai precedenti[105]. L'accordo bilaterale è stato la base per le successive convenzioni che hanno permesso di eseguire molte restituzioni di opere trafugate. Fra il 2006 e il 2008 sono state stipulate cinque convenzioni con altrettanti musei: con il Metropolitan Museum of Art di New York, per la restituzione di cinque opere fra cui il *Cratere di Eufronio*; con il Museum of Fine Arts di Boston, per tredici opere, fra cui la statua di Vibia Sabina; con il Getty Museum di Los Angeles, per quaranta opere, tra cui la *Venere di Morgantina* e alcuni frammenti di affreschi provenienti da Pompei; con il Princeton University Art Museum, per la restituzione di otto opere; con il Cleveland Museum of Art, per un totale di quattordici oggetti antichi restituiti[106]. Tali accordi sono il frutto di una profonda azione diplomatica internazionale e prevedono una collaborazione scientifica come la possibilità di compiere scavi sul suolo italiano e studiare i reperti ritrovati. Essi costituiscono un buon compromesso fra il desiderio dei musei di Paesi importatori quali gli Stati Uniti di ampliare le loro collezioni e la necessità di controllare l'uscita illecita di beni culturali da parte di Paesi esportatori come l'Italia[107].

Nel 2015 sono rientrati in Italia, dopo una complessa vicenda giudiziaria internazionale durata più di dieci anni, gli oltre cinquemila reperti archeologici del valore complessivo di circa cinquanta milioni di euro che erano stati ritrovati nei depositi di Basilea di proprietà di Becchina nel 2001. I reperti provenivano da scavi clandestini effettuati in Calabria, Campania, Lazio, Pu-

---

105. https://eca.state.gov/cultural-heritage-center/cultural-property-protection/bilateral-agreements/italy/us-italy.

106. https://storico.beniculturali.it/mibac/export/MiBAC/sito-MiBAC/Contenuti/MibacUnif/Comunicati/visualizza_asset.html_125703064.html.

107. A. Frontini, *Il museo complice? Traffico e restituzione del patrimonio archeologico italiano*, in *Annali 2013-2014*, Associazione Nomentana di Storia e Archeologia, Monterotondo, p. 24.

glia, Sardegna e Sicilia. Si è trattato del più grande quantitativo di reperti archeologici mai recuperati in un'unica operazione[108].

Due importanti restituzioni sono avvenute nel corso del 2017. La prima, dal Getty Museum, ha riguardato una statuetta in marmo alta 74 centimetri, raffigurante Zeus in trono e databile intorno al 100 a.C., proveniente probabilmente dal parco archeologico sommerso di Baia (Napoli), acquistata dal museo californiano nel 1992. Il Getty ha preso la decisione di restituire volontariamente la scultura recependo le informazioni fornite dalle autorità italiane che avevano scoperto un frammento della statua[109].

L'altra restituzione è quella riguardante l'arrivo dagli Stati Uniti di diversi beni archeologici provenienti da scavi clandestini o frutto di furti avvenuti in Italia, tra cui un frammento della pavimentazione del ponte di una delle navi di Caligola rinvenute nel lago di Nemi durante gli scavi effettuati dal 1928 al 1932 e date alle fiamme dai nazisti in ritirata nel 1944. Il reperto, rubato dopo la fine della guerra e arrivato nelle mani di una collezionista italiana residente negli Stati Uniti, è stato recuperato grazie alle indagini dei Carabinieri in collaborazione con le autorità americane[110].

Nel febbraio 2018 è stato siglato l'accordo fra il MIBACT e lo Speed Art Museum di Louisville (Kentucky) per la restituzione di un cratere in ceramica a figure rosse risalente al IV secolo a.C., frutto di scavi clandestini ed esportazione illecita dal sito archeologico di Paestum. Il museo lo aveva acquistato nel 1990 da Symes, il quale aveva indicato una falsa provenienza del reperto. Scoperte le prove dell'illecita origine del vaso nel 2015, il museo ha contattato il Ministero per iniziare l'iter di restituzione[111].

108. V. Ferrante, *Arte, recuperati oltre 5.000 reperti archeologici*, *La Repubblica* del 21 gennaio 2015.

109. Comunicato stampa del Ministero dei beni e delle attività culturali e del turismo del 13 giugno 2017 (https://storico.beniculturali.it/mibac/export/MiBAC/sito-MiBAC/Contenuti/MibacUnif/Comunicati/visualizza_asset.html_541691187.html).

110. Comunicato stampa del Ministero dei beni e delle attività culturali e del turismo del 20 ottobre 2017 (https://storico.beniculturali.it/mibac/export/MiBAC/sito-MiBAC/Contenuti/MibacUnif/Comunicati/visualizza_asset.html_701678329.html).

111. Comunicato stampa del Ministero dei beni e delle attività culturali e del turismo del 3 febbraio 2018 (https://storico.beniculturali.it/mibac/export/MiBAC/

Tuttavia, le restituzioni sono solo la minima parte di quanto detenuto dai musei. Il Getty, ad esempio, ha restituito un sesto dei reperti illecitamente importati dall'Italia e che ancora conserva nei suoi depositi. I tredici pezzi restituiti dal Museo di Belle Arti di Boston sono in realtà una parte dei trentotto acquisiti illegalmente dal nostro Paese[112].

4.1 Il caso di Vibia Sabina e altre restituzioni dal Museo di Belle Arti di Boston

Fra il 1971 e il 1999, il Museum of Fine Arts di Boston acquisì molti oggetti di arte antica da mercanti d'arte e gallerie. Fra i reperti acquisiti dal museo c'era la statua di Vibia Sabina, che fu comprata nel 1979 dal restauratore svizzero Fritz Bürki. L'intermediario fu Hecht che affermò che la statua proveniva da una collezione di proprietà di una famiglia aristocratica bavarese, senza altre specificazioni. Di solito, questo era un modo per dire che la provenienza era sconosciuta[113].

La statua in marmo bianco, alta poco più di due metri, rappresenta l'imperatrice Vibia Sabina, moglie dell'imperatore Adriano e nipote di Traiano. La statua proviene con molta probabilità da villa Adriana a Tivoli, la reggia in cui la coppia imperiale ha risieduto almeno fin dal 125 d.C.[114].

Quando, nel 1995, i Carabinieri, di concerto con le autorità svizzere, arrivarono al deposito di Medici a Ginevra, ebbero la prova che anche la statua di Vibia Sabina aveva una provenienza illecita. Infatti, fra le migliaia di foto che furono trovate nel

---

sito-MiBAC/Contenuti/MibacUnif/Comunicati/visualizza_asset.html_1500243047.html).

112. F. Isman, *I predatori dell'arte perduta*, cit., p. 38.

113. G. Soldan – R. Contel – A. Chechi, *Case 13 Antiquities – Italy and Boston Museum of Fine Arts*, Arthemis, Art-Law Centre, Università di Ginevra, 2012, p. 2. (https://plone.unige.ch/art-adr/cases-affaires/13-antiquities-2013-italy-and-boston-museum-of-fine-arts-1).

114. S. De Caro, *Arte romana*, in L. Godart, S. De Caro (a cura di) *Nostoi, capolavori ritrovati. Catalogo della mostra al Palazzo del Quirinale, Roma, 21 dicembre 2007 – 2 marzo 2008*, Ancona, Tecnostampa, 2007, p. 232.

deposito, c'era l'immagine della Sabina con ancora addosso le incrostazioni dello scavo[115].

Nel settembre 2006 fu siglato l'accordo tra il Ministero per i Beni e le Attività Culturali e il Museo di Boston per la restituzione della statua e di altri dodici oggetti trafugati, che comprendevano undici vasi (sei attici e cinque italioti) e una base triangolare in marmo, con decorazione figurata a bassorilievo in stile neoattico, anch'essa proveniente da villa Adriana. L'accordo è simile a quello stipulato con il Metropolitan di New York. Entrambi prevedevano il ritorno dei beni reclamati e l'impegno del Governo italiano a dare in prestito "opere significative". Tuttavia, mentre il Metropolitan rifiutò di accettare la clausola che indicava che il museo avrebbe dovuto informare l'Italia in caso di future acquisizioni, prestiti o donazioni di beni che avrebbero potuto avere un'origine italiana, il museo di Boston la accettò[116].

La statua di Vibia Sabina si trova oggi a Villa Adriana.

5. Convenzioni e normative a difesa del patrimonio

Una trattazione della normativa riguardo ai furti e agli illeciti trasferimenti delle opere d'arte non può prescindere dal considerare più in generale le norme che riguardano la protezione dei beni culturali.

La normativa internazionale che si è preoccupata della tutela dei beni culturali è nata in riferimento ai conflitti armati.

Le prime Convenzioni internazionali contenenti clausole sulla protezione dei beni culturali in tempo di guerra risalgono al periodo tra la fine del XIX e l'inizio del XX secolo. Esse sono le Convenzioni (II) e (IV) concernenti le leggi e gli usi di guerra terrestre, firmate all'Aja rispettivamente nel 1899 e nel 1907; la Convenzione (IX) riguardante il bombardamento da parte di forze navali in tempo di guerra, anch'essa del 1907. Di queste Convenzioni, l'Italia ha ratificato solo quella del 1899, mentre delle altre è mera firmataria.

---

115. G. Soldan – R. Contel – A. Chechi, op. cit., p. 2.
116. *Ivi*, p. 4.

Tali Convenzioni, pur non essendo dedicate in maniera specifica ai beni culturali, contengono alcune norme relative alla tutela di questi. Per quanto riguarda il contenuto, nei Regolamenti annessi alle Convenzioni (II) e (IV) è previsto espressamente il divieto di saccheggio delle città o località anche se occupate[117]. Inoltre, in entrambe le Convenzioni risiede il principio secondo il quale i beni dedicati all'arte e alle scienze devono essere considerati alla stregua dei beni di proprietà privata anche se appartengono allo Stato. I monumenti storici, le opere d'arte e di scienza non devono essere oggetto di saccheggio, distruzione o danneggiamento. Viene introdotto il concetto di responsabilità penale individuale per i colpevoli dei crimini citati[118].

Anche la (IX) Convenzione relativa al bombardamento di forze navali in tempo di guerra prevedeva il divieto di saccheggiare le città conquistate a seguito di bombardamento[119].

Uno dei difetti di queste Convenzioni è che, trattandosi di trattati che regolavano il comportamento delle parti in caso di conflitto armato, potevano essere applicate solo in caso di guerra ufficialmente dichiarata, il che permetteva solo l'applicazione del diritto internazionale di guerra e non di quello di pace[120]. Inoltre, erano attuabili solo se tutti i Paesi coinvolti nel conflitto erano anche parte della Convenzione[121].

Il primo trattato internazionale mondiale che si è concentrato esclusivamente sulla protezione del patrimonio culturale in caso di conflitto armato è la *Convenzione per la protezione dei beni culturali in caso di conflitto armato*[122], adottata all'Aja il 14 maggio 1954, a seguito delle distruzioni e dei saccheggi ai danni del

117. Cfr. art. 28 Regolamento annesso alla Convenzione (II) e art. 47 Regolamento annesso alla Convenzione (IV).

118. Cfr. art. 56 Convenzione (II) e Convenzione (IV).

119. Cfr. art. 7 Convenzione (IX).

120. A. Gioia, *La protezione dei beni culturali nei conflitti armati*, in F. Francioni, A. Del Vecchio, P. De Caterini, (a cura di) *Protezione internazionale del patrimonio culturale: interessi nazionali e difesa del patrimonio comune della cultura: atti del Convegno, Roma, 8-9 maggio 1998*, Milano, Giuffrè, 2000, pp. 74-75.

121. Cfr. art. 2 Convenzione (IV).

122. La Convenzione, entrata in vigore il 7 agosto 1956, è stata ratificata dall'Italia con Legge 7 febbraio 1958, n. 279. A ottobre 2018 è stata ratificata da 133 Stati; fra gli ultimi, il Regno Unito, che l'ha ratificata il 12 settembre 2017. (http://www.unesco.org/eri/la/convention.asp?KO=13637&language=E).

patrimonio culturale avvenuti durante la Seconda guerra mondiale[123].

La Convenzione è anche il primo trattato in cui si dà per la prima volta un'ampia definizione di *bene culturale*[124], abbandonando la tendenza presente nelle Convenzioni di inizio secolo ad accomunare i beni culturali ad altri beni meritevoli di tutela come luoghi di culto e ospedali[125]. Significativa è anche l'affermazione in base alla quale il danneggiamento di beni culturali appartenenti ad un popolo comporta il danneggiamento del patrimonio comune dell'umanità[126].

Inoltre, essa è applicabile non solo in caso di guerra dichiarata, ma in occasione di qualsiasi conflitto armato che sorga tra due o più Stati contraenti, anche se l'esistenza di un formale stato di guerra non è riconosciuto da uno o più Stati coinvolti[127]. È applicabile, altresì, in caso di conflitti interni ad uno Stato[128] (le c.d. guerre civili).

Per quanto riguarda la protezione dei beni, gli Stati contraenti si impegnano a predisporre, già in tempo di pace, misure adeguate per la salvaguardia dei beni culturali situati sul proprio territorio, nel caso in cui si verificasse un conflitto armato[129]. Gli Stati si impegnano, inoltre, a proibire, prevenire e far cessare il furto, il saccheggio e qualsiasi atto di vandalismo verso detti beni[130].

È infine sancita la responsabilità penale di tutti coloro che abbiano infranto o dato l'ordine di infrangere la Convenzione[131].

---

123. http://www.unesco.org/new/en/culture/themes/armed-conflict-and-heritage/convention-and-protocols/1954-hague-convention/

124. In base all'art. 1 sono considerati beni culturali: i beni, mobili o immobili, di grande importanza per il patrimonio culturale dei popoli, inclusi i monumenti architettonici, storici o artistici, i siti archeologici, le opere d'arte, i manoscritti, i libri e altri oggetti di interesse artistico, storico o archeologico; nonché le collezioni scientifiche di ogni genere.

125. A. Gioia, op. cit., p. 78.

126. *Ivi*, p. 79.

127. Cfr. art. 18 della Convenzione per la protezione dei beni culturali in caso di conflitto armato.

128. Cfr. art. 19.

129. Cfr. art. 3.

130. Cfr. art. 4.

131. Cfr. art. 28.

Tuttavia, la Convenzione del 1954 non contiene alcuna disposizione in materia di traffico illecito e restituzione[132]. L'argomento fu comunque inserito nel testo del Protocollo adottato nel corso della stessa conferenza diplomatica. Va però precisato che il Protocollo non è parte integrante della Convenzione, ma va considerato come un accordo internazionale distinto; infatti, non necessariamente gli Stati che sono parte della Convenzione lo sono anche del Protocollo aggiuntivo[133].

Nel Protocollo si dispone l'impegno, da parte di uno Stato belligerante, ad impedire l'esportazione di beni culturali dal territorio da esso occupato e, nel caso in cui quest'obbligo sia violato, lo Stato occupante ha l'onere di prenderli in custodia e restituirli al termine delle ostilità[134]. Viene anche previsto, a carico del Paese occupante, l'obbligo di fornire un indennizzo al possessore in buona fede di questi beni[135].

Uno dei difetti della Convenzione del 1954 è che non fa menzione della responsabilità degli Stati per la violazione delle disposizioni, ma solo di quella degli individui, peraltro mitigata dalla possibilità di sanzioni disciplinari e non solo penali[136].

I crimini commessi contro i beni culturali nel corso dei tanti conflitti che ebbero luogo alla fine degli anni Ottanta e agli inizi dei Novanta del XX secolo misero in luce le molte carenze della Convenzione, rendendo necessario un nuovo accordo che la migliorasse. Fu così che, il 26 marzo 1999, fu adottato il *Secondo Protocollo alla Convenzione per la protezione dei beni culturali in caso di conflitto armato*[137]. Dal punto di vista formale, non si è trattato di un emendamento ma, al pari del Primo Protocollo,

---

132. M. Frigo, *La circolazione internazionale dei beni culturali. Diritto internazionale, diritto comunitario e diritto interno*, Milano, Giuffrè, 2007, pp. 98-99.

133. Il Primo Protocollo alla Convenzione dell'Aja fu firmato il 14 maggio 1954 ed entrò in vigore il 7 agosto 1956. L'Italia l'ha ratificato con Legge 7 febbraio 1958, n. 279, contestualmente alla ratifica della Convenzione. A ottobre 2018 ne sono parte 110 Paesi, tra gli ultimi ad averlo ratificato c'è il Regno Unito, il 12 settembre 2017. Gli Stati Uniti non ne sono parte.

134. Cfr. artt. I e II del Protocollo alla Convenzione dell'Aja del 1954.

135. Cfr. art. I, punto 4.

136. A. Gioia, op. cit., p. 89.

137. Il Secondo Protocollo alla Convenzione dell'Aja è entrato in vigore il 9 marzo 2004. L'Italia lo ha ratificato con Legge 16 aprile 2009, n. 45. A ottobre 2018 ne fanno parte 82 Paesi. Gli Stati Uniti non ne sono parte. Si vedano: https://bit.ly/2TyVQl9 e https://bit.ly/36eZ8Bc.

di un autonomo accordo internazionale che si è aggiunto alla Convenzione[138].

In linea generale, il Secondo Protocollo del 1999 non sostituisce la Convenzione del 1954, ma la completa[139]. Esso riafferma l'immunità dei beni culturali in caso di conflitto armato interno o internazionale, amplia la sfera degli obblighi in capo allo Stato occupante, stabilisce il principio della responsabilità penale personale a carico degli autori di determinati illeciti contro tali beni[140]. Introduce, inoltre, un regime di "protezione rafforzata" per i beni culturali che rivestono grande importanza per l'umanità[141].

Nel Protocollo sono contenute due disposizioni che riguardano in maniera specifica il problema della circolazione dei beni in caso di occupazione territoriale. La prima vieta qualsiasi esportazione, rimozione o trasferimento illecito di proprietà di beni culturali, l'avvio di scavi archeologici e qualsiasi alterazione dei beni culturali con lo scopo di celare o distruggere reperti storici e culturali[142]. La seconda disposizione impone agli Stati contraenti l'adozione di misure necessarie per reprimere qualsiasi esportazione, rimozione o trasferimento illecito della proprietà di un bene culturale da un territorio occupato[143]. A tale riguardo, in Italia, la legge con cui è stato ratificato il Secondo Protocollo stabilisce le sanzioni penali per chi ne viola le disposizioni[144].

Tuttavia, nessuna disposizione del Secondo Protocollo riguarda la restituzione dei beni illecitamente esportati, che resta regolata da norme convenzionali e consuetudinarie già esistenti[145]. Inoltre, l'esistenza di norme giuridiche vincolanti di per sé non è garanzia di una loro generale osservanza[146]. Infine, come

---

138. A. Gioia, op. cit., p. 93.
139. http://www.unesco.org/new/en/culture/themes/armed-conflict-and-heritage/convention-and-protocols/second-protocol/.
140. M. Frigo, *La circolazione internazionale dei beni culturali*, op. cit., pp. 101-102.
141. Cfr. Cap. III, art. 10.
142. Cfr. Cap. II, art. 9.
143. Cfr. Cap. IV, art. 21.
144. Legge 16 aprile 2009, n. 45, artt. 11-12.
145. M. Frigo, op. cit., p. 103.
146. *Ivi*, p. 114.

per tutte le convenzioni, si tratta di norme che non hanno carattere retroattivo.

Tra la fine degli anni Sessanta e l'inizio dei Settanta, i furti perpetrati nei musei e nei siti archeologici avevano subito un notevole incremento, particolarmente nei Paesi in via di sviluppo. Nei Paesi del Nord del mondo invece, ai collezionisti privati e, talvolta, alle istituzioni ufficiali, venivano offerti in numero sempre maggiore oggetti che erano stati fraudolentemente importati o erano di dubbia origine[147]. Emerse così la necessità di ampliare la protezione dei beni culturali prescindendo dalla presenza o meno di conflitti armati. Fu in questo contesto che a Parigi, il 14 novembre 1970, nacque la *Convenzione concernente le misure da adottare per interdire e impedire l'illecita importazione, esportazione e trasferimento di proprietà dei beni culturali*[148]. È stato il primo strumento legale internazionale per la lotta contro il traffico illecito di opere d'arte in tempo di pace.

La Convenzione del 1970 è il risultato di una profonda revisione del progetto preliminare predisposto dal Segretario Generale dell'UNESCO. Furono necessari circa dieci anni di lavori preparatori e diversi compromessi prima di giungere al testo finale. I negoziati misero in risalto i contrastanti interessi fra Paesi "importatori" e Paesi "esportatori" di opere d'arte e di beni culturali in generale[149].

Nel Preambolo è sancito che i beni culturali sono uno degli elementi fondamentali della civilizzazione e della cultura dei popoli e assumono valore se ne sono conosciuti l'origine e il loro ambiente. Pertanto, è necessario che la protezione del pa-

147. http://www.unesco.org/new/en/culture/themes/illicit-trafficking-of-cultural-property/1970-Convention

148. La Convenzione UNESCO è entrata in vigore il 24 aprile 1972. A ottobre 2018, ne sono parte 137 Stati. L'Italia l'ha ratificata con legge 30 ottobre 1975, n. 873, entrata in vigore il 2 gennaio 1979.

149. In base alla definizione dello studioso statunitense J. H. Merryman, per Paesi "esportatori" o *Source Nations* si intendono i Paesi dotati di un ricco patrimonio culturale e conseguentemente di una legislazione interna più restrittiva sulla circolazione internazionale di beni culturali. Ne sono esempio l'Italia, la Grecia, la Turchia. I Paesi "importatori" o *market Nations* sono importatori di opere d'arte in quanto possiedono una quantità limitata di beni culturali propri rispetto ad un'elevata domanda culturale. Di conseguenza non si applicano limiti stringenti alle importazioni di beni culturali, favorendo indirettamente l'esportazione illecita dagli Stati-origine. Esempi di *market Nations* sono gli Stati Uniti, la Gran Bretagna, la Germania, l'Olanda.

trimonio culturale sia adeguatamente organizzata sia a livello nazionale che internazionale ed esige la stretta collaborazione tra Stati. È dovere di ciascuno Stato proteggere il proprio patrimonio culturale dal pericolo di furto, scavi clandestini ed esportazione illecita. È inoltre previsto che i musei, le biblioteche e gli archivi, in quanto istituzioni culturali, debbano vigilare affinché la costituzione delle loro collezioni sia fondata su principi morali universalmente riconosciuti[150].

All'art. 1 troviamo una lunga e dettagliata elencazione dei beni che rientrano nell'ambito di applicazione della Convenzione, facendo riferimento non alle sole opere d'arte, ma a tutti i beni che ciascuno Stato esplicitamente ritiene che presentino un'importanza storica, archeologica, letteraria, artistica e scientifica. L'art. 4 definisce ulteriori classi di beni che sono da considerare necessariamente appartenenti al patrimonio culturale di ciascuno Stato[151].

Per contrastare l'esportazione illecita di beni culturali, gli Stati contraenti si impegnano ad istituire un apposito certificato che deve accompagnare il bene in questione tramite il quale se ne autorizza l'esportazione[152].

Per quanto riguarda l'importazione, gli Stati si impegnano ad adottare tutte le misure necessarie per: *a)* impedire l'acquisizione, da parte di musei e altre istituzioni, di beni culturali esportati illecitamente da un altro Stato contraente; *b)* vietare l'importazione dei beni culturali rubati in un museo o altra istituzione pubblica; *c)* restituire, su richiesta dello Stato di origine, ogni bene culturale rubato e illecitamente importato dopo l'entrata in vigore della Convenzione, a condizione che lo Stato richiedente versi un equo indennizzo alla persona che lo aveva acquistato in buona fede o che lo detiene legalmente[153].

---

150. Cfr. Preambolo della Convenzione UNESCO del 1970.

151. Le categorie indicate all'art. 4 sono: «(a) beni culturali creati dal genio individuale o collettivo di cittadini dello Stato considerato [...]; (b) beni culturali trovati sul territorio nazionale; (c) beni culturali acquisiti da missioni archeologiche, tecnologiche o di scienze naturali, con il consenso delle autorità competenti nel Paese di origine di tali beni; (d) beni culturali formanti oggetto di scambi liberamente consentiti; (e) beni culturali ricevuti a titolo gratuito o acquistati legalmente con l'assenso delle autorità competenti del Paese di origine di tali beni.»

152. Cfr. art. 6.

153. Cfr. art. 7.

Questa parte relativa all'importazione è quella che più diverge dal testo originale discusso durante i lavori preparatori, sotto la pressione soprattutto degli Stati Uniti e di altri Paesi forti importatori di opere d'arte. Nel progetto preliminare era previsto un più rigoroso controllo sull'importazione di beni culturali. Questa era vietata nel caso in cui il bene in questione fosse sprovvisto di un certificato obbligatorio previsto dalla Convenzione[154]. Erano inoltre previste delle precise sanzioni penali nei confronti di funzionari delle istituzioni pubbliche o private che avessero acquistato opere senza averne accertato la provenienza. Inoltre, nel testo definitivo è vietata l'importazione dei beni culturali rubati dai musei (escludendo così oggetti provenienti da scavi illegali e quindi non inventariati), ma non di quelli illecitamente trasferiti[155].

Un altro limite della Convenzione riguarda la restituzione dei beni, prevista sia all'art. *7(b)(ii)* che all'art. 13*(b)* e *(c)*. Il primo la subordina alla previsione di un equo indennizzo a favore dell'acquirente in buona fede che peraltro è generico e quindi demandato alla determinazione dei singoli Stati quanto a termini e modalità. Per quanto concerne gli obblighi di restituzione previsti dall'art. 13, questi trovano un limite nella conformità alla legislazione interna cui si deve attenere ciascuno Stato[156]. Queste disposizioni sono scarsamente idonee ad essere applicate efficacemente all'interno di ordinamenti statali, specie in assenza di norme che ne facilitino l'esecuzione in sede di adattamento. Ciò è vero anche riguardo all'ordinamento italiano, laddove l'adattamento è avvenuto tramite la semplice dicitura nella legge di ratifica che si limita a dare «piena ed intera esecuzione» alla Convenzione, senza aver apportato alcuna modifica alle norme già presenti nel nostro ordinamento[157].

La Convenzione non ha efficacia retroattiva, quindi non è applicabile ai beni culturali rubati o illecitamente esportati prima della sua entrata in vigore. Tuttavia, l'art. 15 non preclude la possibilità che gli Stati possano concludere tra di essi accordi

---

154. M. Frigo, op. cit., p. 10.
155. *Ivi*, p. 11.
156. Cfr. I comma art. 13.
157. M. Frigo, op. cit., p. 16.

particolari concernenti la restituzione di beni culturali esportati dal loro territorio di origine prima dell'entrata in vigore della Convenzione.

Benché la Convenzione dell'UNESCO del 1970 rappresenti un momento di svolta nella cooperazione internazionale in materia di tutela dei beni culturali, i meccanismi da essa predisposti per il controllo della circolazione dei beni e soprattutto per la loro restituzione si sono rivelati scarsamente efficaci[158].

Il persistere, anzi l'aumento del traffico illecito di beni culturali durante tutti gli anni Ottanta e la bassa percentuale di oggetti d'arte recuperati hanno messo in discussione l'efficacia degli strumenti giuridici internazionali fino ad allora elaborati. Le difficoltà nell'applicare questi strumenti erano dovute soprattutto all'assenza di norme internazionali che regolassero gli aspetti di diritto privato della protezione dei beni culturali[159].

Fu proprio in ragione delle difficoltà di applicazione determinate dalle disposizioni di diritto privato a tutela dell'acquirente in buona fede che l'UNESCO si rivolse, nel 1986, all'UNIDROIT, Istituto Internazionale per l'Unificazione del Diritto Privato[160], al fine di redigere un progetto preliminare di convenzione che potesse risolvere le lacune presenti nella Convenzione del 1970. Furono necessari otto anni di negoziati per avvicinare le posizioni più distanti fra i comitati di esperti che si successero nell'elaborazione del testo[161]. Il 24 giugno 1995, al termine di una Conferenza diplomatica tenutasi a Roma su invito del Go-

158. *Ibidem.*

159. W. Rodinò, *La Convenzione UNIDROIT sui beni culturali rubati o illecitamente esportati* in F. Francioni – A. Del Vecchio – P. De Caterini (a cura di), *Protezione internazionale del patrimonio culturale: interessi nazionali e difesa del patrimonio comune della cultura:atti del Convegno, Roma, 8-9 maggio 1998,* Milano, Giuffrè, 2000, p. 104. Il testo dell'art. *7(b)(ii)* prevede che «gli Stati parti della Convenzione si impegnino ad adottare misure appropriate per recuperare e restituire su richiesta dello Stato d'origine [...] qualsiasi bene culturale rubato e importato in tal modo dopo l'entrata in vigore della presente Convenzione nei confronti degli Stati interessati, a condizione che lo Stato richiedente versi un equo indennizzo alla persona in buona fede o che detiene legalmente la proprietà di tale bene. [...]».

160. L'Istituto è un organismo intergovernativo indipendente il cui scopo è di studiare bisogni e metodi per modernizzare, armonizzare e coordinare il diritto privato e in special modo quello commerciale fra Stati e gruppi di Stati. http://www.unesco.org/new/en/culture/themes/illicit-trafficking-of-cultural-property/1995-unidroit-convention/.

161. W. Rodinò, op. cit., p. 105.

verno italiano, alla quale parteciparono rappresentanti di quasi 80 Paesi, venne adottata la Convenzione dell'UNIDROIT «*sui beni culturali rubati o illecitamente esportati*»[162]. Fu scelta, quindi, la strada di un nuovo e autonomo strumento convenzionale, anziché procedere ad una revisione della Convenzione del 1970, allo scopo di coinvolgere anche Stati che non ne erano parte[163].

La Convenzione dell'UNIDROIT rafforza le disposizioni della Convenzione UNESCO e le completa formulando un *corpus* minimo di norme giuridiche comuni in materia di restituzione e ritorno dei beni culturali tra gli Stati contraenti, nell'intento di favorire la protezione del patrimonio culturale nell'interesse di tutti. Le due Convenzioni sono dunque compatibili e complementari[164]. A differenza della Convenzione UNESCO, la UNIDROIT è di carattere *self-executing*: le sue norme sono direttamente applicabili senza che necessariamente vengano emanate apposite leggi interne[165].

Per quanto riguarda i contenuti, l'ampio preambolo illustra chiaramente gli intenti che la Convenzione persegue. In linea con quanto stabilito anche dalla Convenzione UNESCO, gli Stati contraenti affermano l'importanza di proteggere il patrimonio culturale al fine di promuovere la comprensione fra i popoli, nonché la diffusione della cultura per il benessere dell'umanità. Viene poi espressa la preoccupazione per il traffico illecito dei beni culturali e per i danni irreparabili che spesso ne derivano[166].

---

162. La Convenzione è entrata in vigore il 1° luglio 1998. A ottobre 2018 è stata ratificata da 45 Stati, quasi tutti "esportatori". L'Italia ha autorizzato la ratifica e dato esecuzione alla Convenzione UNIDROIT con Legge 7 giugno 1999, n. 213. In Italia è entrata in vigore il 1° aprile 2000.

163. M. Frigo, op. cit., p. 19.

164. *Ibidem*.

165. A tal proposito va fatta una considerazione sulla legge italiana con cui è stata ratificata la Convenzione (n. 213 del 7 giugno 1999). Essa non si limita a dare esecuzione al trattato nel suo complesso, ma contiene alcune disposizioni attuative che non coincidono totalmente con quelle della Convenzione. Si tratta dell'art. 4, concernente l'ipotesi di equo indennizzo e dell'art. 5, relativo ai soggetti legittimati alla richiesta di restituzione. Tali articoli introducono degli elementi di discrezionalità non previsti dalla Convenzione stessa e che potrebbero costituire motivi di controversia. (M. Frigo, *La circolazione internazionale dei beni culturali*, op. cit., pp. 136-137).

166. G. Volpe, *Manuale di diritto dei beni culturali*, 3ª ed., Padova, Cedam, 2013, pp. 283-284.

I primi due articoli definiscono la nozione di bene culturale e l'ambito di applicazione della Convenzione, che è riservata alle richieste di carattere internazionale nel caso in cui un bene culturale sia stato rubato o illecitamente esportato dal territorio di uno Stato contraente in violazione delle norme sull'esportazione di tali beni[167]. La definizione di *carattere internazionale* resta piuttosto ambigua e nemmeno in sede di lavori preparatori ci fu intesa comune riguardo a tale definizione[168]. Sono invece considerati beni culturali i beni che sono importanti per l'archeologia, la preistoria, la storia, la letteratura, l'arte o la scienza. La disposizione rimanda, per una più dettagliata elencazione, all'annesso alla Convenzione. Le categorie di beni corrispondono a quelle già elencate nell'art. 1 della precedente Convenzione UNESCO, ma con la differenza che non devono più essere specificamente designate dallo Stato contraente come facenti parte del patrimonio nazionale[169].

È prevista poi la duplice ipotesi, ai capitoli II (artt. 3-4) e III (artt. 5-7), della *restituzione* e del *ritorno*. La prima si riferisce ai beni oggetto di furto, mentre il secondo ai beni illecitamente esportati intesi come trasferiti dal territorio di uno Stato contraente in violazione delle norme interne in materia di esportazione dei beni culturali. Per quanto riguarda la restituzione, il possessore di un bene rubato è obbligato a restituirlo, indipendentemente dalla buona fede. Ai beni rubati sono equiparati quelli illecitamente scavati o illecitamente trattenuti pur se scavati in maniera lecita[170].

Sono stati introdotti, per la prima volta, dei termini di prescrizione e decadenza per poter utilizzare tale strumento. Un'eccezione è costituita dai beni facenti parte integrante di monumenti, siti archeologici o collezioni pubbliche, i quali non sono soggetti a prescrizione, ferma restando la possibilità da parte di uno Stato di stabilire un termine di settantacinque anni. Viene precisato il significato di *collezione pubblica*[171] a cui sono

---

167. Cfr. art. 1 Convenzione UNIDROIT.
168. M. Frigo, op. cit., p. 20.
169. Cfr. art. 2 Convenzione UNIDROIT e art. 1 Convenzione UNESCO.
170. Cfr. art. 3 Convenzione UNIDROIT.
171. Art. 3 punto (7): «Una collezione pubblica è ogni raccolta di beni culturali inventariati o altrimenti identificati che sono proprietà di: a) uno Stato contraente; b)

equiparati i beni culturali sacri o comunque importanti per una comunità autoctona o tribale[172].

Il possessore di un bene rubato, obbligato comunque a restituirlo, ha diritto al pagamento di un equo indennizzo, a condizione che non abbia saputo e non potesse ragionevolmente sapere che il bene era stato rubato e che possa provare di aver agito con la dovuta diligenza in occasione dell'acquisto[173].

L'obbligo della restituzione previsto agli articoli 3 e 4 è uno degli aspetti centrali e nuovi della Convenzione del 1995. In realtà, lo scopo della Convenzione UNIDROIT non è di permettere il recupero di un certo numero di beni culturali (che per forza di cose sono relativamente rari) attraverso decisioni giudiziarie o accordi privati, ma di ridurre il traffico illecito arrivando ad un cambiamento progressivo ma profondo dei comportamenti di tutti gli attori del mercato dell'arte e di tutti gli acquirenti[174].

L'altra questione che la Convenzione affronta è quella dell'uscita del bene culturale dal territorio nazionale in violazione della normativa statale in cui il bene si trova. Infatti, le legislazioni nazionali che dettano misure contro l'illecita esportazione non possono essere applicate al di fuori dei confini dello Stato proprio a causa della loro valenza territoriale. Per questo è intervenuta la Convenzione regolando il "ritorno" dei beni culturali illecitamente esportati, previsto agli articoli 5-7 [175].

Sono beni illecitamente esportati quelli che sono usciti dal territorio di uno Stato in violazione delle proprie leggi che ne regolamentano l'esportazione, al fine di proteggere il proprio

---

una collettività regionale o locale di uno Stato contraente; c) una istituzione religiosa situata in uno Stato contraente; oppure d) una istituzione creata a fini essenzialmente culturali, pedagogici o scientifici in uno Stato contraente e riconosciuta in tale Stato come di interesse pubblico.»

172. Cfr. art. 3 punto (8).

173. I criteri per determinare se il possessore abbia agito con la dovuta diligenza sono elencati al punto (4) dell'art. 4: «[...] si terranno in conto tutte le circostanze dell'acquisto e in particolare: la qualità delle parti, il prezzo pagato, la consultazione da parte del possessore di ogni registro ragionevolmente accessibile di beni culturali rubati e ogni altra informazione e documentazione pertinenti che esso avrebbe ragionevolmente potuto ottenere, nonché la consultazione di organismi ai quali poteva avere accesso o ogni altro passo che una persona ragionevole avrebbe effettuato nelle stesse circostanze».

174. https://www.unidroit.org/overviecp/english.

175. W. Rodinò, op. cit., p. 112.

patrimonio culturale. Al pari dei beni illecitamente esportati sono considerati i beni temporaneamente esportati per una mostra o un restauro e che non siano stati riconsegnati in conformità alle autorizzazioni ricevute[176].

Per far accettare a tutti gli Stati l'applicazione di norme straniere al proprio interno, gli esperti che hanno discusso e redatto il testo hanno dovuto far leva sul sentimento comune che i beni culturali non possono essere considerati come dei comuni beni mobili[177]. Il primo punto dell'art. 5 prevede che lo Stato da cui il bene è stato illecitamente esportato sia l'unico soggetto legittimato a farne richiesta. Lo Stato richiedente deve dimostrare che l'esportazione arrechi un significativo pregiudizio all'integrità o alla conservazione del bene; inoltre, tale bene deve rivestire per lo Stato «un'importanza culturale significativa»[178]. La differenza di disciplina tra furto e illecita esportazione risiede nel fatto che, se il furto è universalmente riconosciuto come un'infrazione, non lo è altrettanto l'esportazione illecita[179]. La domanda deve essere presentata entro un termine di tre anni dalla conoscenza del luogo in cui il bene si trova o, in ogni caso, entro il termine di cinquant'anni dalla data dell'illecito[180].

L'equo indennizzo riconosciuto al possessore sia di un bene rubato, sia illecitamente esportato, è a carico dello Stato richiedente. All'argomentazione avanzata dai Paesi "esportatori" di opere d'arte, secondo cui il proprietario che è stato privato del possesso del bene in questione non ha sempre le capacità finanziarie per poter versare l'indennizzo all'acquirente in buona fede, rischiando così di non poterlo recuperare, si può rispondere che la Convenzione del 1995 parla di *equo* indennizzo e non di rimborso del prezzo pagato[181]. Starà all'autorità competente dello Stato parte in cui si trova il bene illecitamente esportato stabilire l'entità di detto indennizzo tenendo conto delle circo-

176. Cfr. art. 5 par. (2) Convenzione UNIDROIT.
177. W. Rodinò, op. cit., p. 113.
178. Cfr. art. 5 par. (3).
179. W. Rodinò, op. cit., p. 114.
180. Cfr. art. 5 par. (5).
181. https://www.unidroit.org/overviecp/english

stanze del caso e delle risorse dei richiedenti[182]. Inoltre, i requisiti della *"dovuta diligenza"* in caso di restituzione sono tali che sarà sempre più difficile per il possessore provare di aver agito con tale diligenza e quindi aver diritto ad un indennizzo[183]. Nel ritorno di opere illecitamente esportate si deve tener conto, in particolare, della mancanza del certificato di esportazione previsto dalla legge dello Stato richiedente[184].

La Convenzione non impedisce ad uno Stato contraente di applicare norme più favorevoli alla restituzione o al ritorno di beni culturali rubati o illecitamente esportati rispetto a quelle previste dal suo testo[185].

Infine, la Convenzione prevede espressamente di non avere carattere retroattivo[186]. La decisione fu presa a seguito dell'insistenza da parte di alcuni Paesi su questo punto, mentre altri temevano che ciò potesse sembrare una legittimazione degli atti illeciti compiuti fino ad allora. Il compromesso fu trovato con l'inserimento di entrambe le formule[187].

Per vigilare sul buon funzionamento della Convenzione è stato stabilito che il Presidente dell'UNIDROIT possa convocare, periodicamente o su richiesta di cinque Stati contraenti, un comitato speciale[188]. La norma, tuttavia, non dà alcuna indicazione sulla composizione del comitato. Il primo comitato si riunì il 19 giugno 2012 nella sede dell'UNESCO a Parigi. L'incontro fornì l'opportunità di valutare l'impatto della Convenzione del 1995 al di là del numero delle ratifiche. Inoltre, diede agli Stati la possibilità di uno scambio di opinioni sulle loro esperienze, al

---

182. W. Rodinò, *La Convenzione UNIDROIT sui beni culturali rubati o illecitamente esportati*, op. cit., p. 110.

183. Cfr. art. 4 par. (4).

184. Cfr. art. 6 par. (2).

185. Cfr. art. 9.

186. Cfr. art. 10.

187. L'art. 10 così prevede: «1) Le disposizioni del Capitolo II si applicano ad un bene culturale che è stato rubato dopo l'entrata in vigore della presente Convenzione [...]» e «(3) La presente Convenzione non legittima in alcun modo un'operazione illecita di qualunque natura che ha avuto luogo prima dell'entrata in vigore della presente Convenzione [...], né limita il diritto di uno Stato o di ogni altra persona di intentare, al di là della presente Convenzione, un'azione per la restituzione o il ritorno di un bene culturale rubato o illecitamente esportato prima dell'entrata in vigore della presente Convenzione.»

188. Cfr. art. 20.

fine di confrontarsi e discutere delle difficoltà incontrate nell'attuare la Convenzione[189].

Ad oggi, però, il numero di Stati che ha ratificato la Convenzione del 1995 resta limitato, soprattutto fra gli Stati importatori di beni culturali.

5.1 La normativa nazionale

La legislazione italiana per la tutela dei beni di interesse artistico e storico (la nozione di bene culturale arriverà solo nella seconda metà del XX secolo) ha origini molto antiche. Provvedimenti a tutela delle «*cose d'antichità ed arte*» furono emanati fra il XVII e il XIX secolo, prima dell'Unità d'Italia[190]. La prima legge in materia, dopo la nascita del Regno d'Italia, fu promulgata nel 1902 (legge Nasi)[191]. Essa fu ben presto sostituita dalla legge n. 364 del 20 giugno 1909, che conteneva il divieto di esportazione di «cose che abbiano interesse storico, archeologico o artistico tale che la loro esportazione costituisca un danno grave per la storia, l'archeologia o l'arte».

Trent'anni dopo fu approvata, il 1° giugno 1939, la legge n. 1089 (legge Bottai) avente ad oggetto la «tutela delle cose d'interesse artistico o storico». Il Capo IV conteneva «disposizioni sulla esportazione ed importazione». Al suo interno era previsto un divieto generale di esportazione delle cose di interesse artistico, storico, archeologico o etnografico, ma solo se ciò avesse costituito un «*ingente danno*» per il patrimonio nazionale[192]. In caso di concessione della licenza di esportazione era dovuta una tassa calcolata in base al valore delle cose determinato dal Ministro dell'Educazione Nazionale. Queste disposizioni si applicavano anche in caso di esportazione temporanea[193]. Come

189. https://www.unidroit.org/english/conventions/1995culturalproperty/1meet-120619/pres-e.pdf.

190. G. Volpe, op. cit., p. 271.

191. Legge 12 giugno 1902, n. 185 «portante disposizioni circa la tutela e la conservazione dei monumenti ed oggetti aventi pregio d'arte o di antichità».

192. Cfr. art. 35 della Legge 1° giugno 1939 n. 1089.

193. Cfr. art. 40.

abbiamo visto, però, la presenza di tali divieti non fu di intralcio alle mire di Hitler e Göring sul nostro patrimonio artistico.

Dopo la Seconda guerra mondiale, con l'Italia repubblicana, la protezione dei beni culturali trovò il suo fondamento nell'art. 9 della Costituzione che così recita: «La Repubblica promuove lo sviluppo della cultura e la ricerca scientifica e tecnica. Tutela il paesaggio e il patrimonio storico e artistico della Nazione».

La norma rappresenta un'innovazione rispetto al passato poiché non era presente nello Statuto albertino del 1848[194]; secondo la concezione dell'epoca pre-repubblicana, infatti, la tutela dell'arte e della ricerca scientifica non erano considerate materie di rilievo costituzionale[195].

Durante i lavori dell'Assemblea Costituente l'attenzione fu rivolta più all'analisi del secondo comma dell'art. 9 che non a quella del primo, il quale fu approvato senza alcun dibattito. Ciò ha portato a considerare, da parte dei primi costituzionalisti, l'intera disposizione come di scarso rilievo[196]. Essa è stata ritenuta a lungo una norma programmatica e non precettiva, vale a dire una di quelle norme aventi un mero valore etico-politico e non vincolante, il cui destinatario è il legislatore. Le disposizioni contenute nell'art. 9 furono rivalutate a partire dagli anni Settanta, quando alcuni studiosi diedero un contributo importante per far comprendere il vero ruolo della cultura nell'ambito del nostro ordinamento democratico[197].

Già nel biennio successivo all'adozione della Carta costituzionale cominciò ad avvertirsi la necessità di una revisione di leggi e regolamenti allora vigenti nel settore artistico e culturale perché essi erano chiaramente inadeguati rispetto agli obiettivi di conservazione e promozione dell'arte sanciti dall'art. 9 della Costituzione. A tale scopo furono istituite, a partire dal 1950, diverse commissioni di studio, con lo scopo di operare una rifor-

194. F. Dell'Aversana, *Fonti e principi del diritto dello spettacolo*, in F. Dell'Aversana (a cura di) *Manuale di diritto delle arti e dello spettacolo*, Varazze, PM, 2016, p. 40.

195. *Ivi*, p. 43.

196. *Ivi*, p. 40.

197. *Ivi*, pp. 40-41.

ma sia dell'impianto normativo, sia dell'apparato organizzativo del settore, che fosse in linea col dettato costituzionale[198].

La Commissione Franceschini[199] introdusse per la prima volta in una legislazione nazionale il concetto di *bene culturale* (dopo essere apparso nel testo della Convenzione dell'Aja del 1954) come «testimonianza materiale avente valore di civiltà». Si affermò, quindi, una nozione aperta di bene culturale[200], passando da una concezione estetizzante delle «cose d'interesse artistico e storico» contenuta nella legge Bottai ad una storicistica, secondo cui «appartengono al patrimonio culturale della Nazione tutti i beni aventi riferimento alla storia della civiltà»[201]. Questo concetto di bene culturale fu poi ufficializzato all'interno della legge che istituì il Ministero per i Beni culturali e Ambientali nel 1975[202].

La legge 1089 del 1939 sopravvisse per sessant'anni, quando fu sostituita dal Testo Unico delle disposizioni legislative sui beni culturali e ambientali emanato nel 1999 che riorganizzò la normativa in materia[203]. Nel Testo Unico confluirono, oltre alle disposizioni della legge Bottai, anche quelle della legge n. 88 del 1998 (*Norme sulla circolazione dei beni culturali*)[204] che recepì la Direttiva comunitaria 93/7/CEE e adeguò l'ordinamento giuridico italiano al Regolamento CEE n. 3911/92[205].

---

198. G. Clemente di San Luca, R. Savoia, *Manuale di diritto dei beni culturali*, II ed., Napoli, Jovene, 2008, pp. 16-17.

199. Istituita con Legge 26 aprile 1964, n. 310, la *Commissione d'indagine per la tutela e la valorizzazione del patrimonio storico, archeologico, artistico e del paesaggio* concluse i suoi lavori nel 1966. È conosciuta come "Commissione Franceschini" dal nome del suo presidente, Francesco Franceschini. Scopo della Commissione fu quello di monitorare lo stato di salute del patrimonio artistico italiano ed elaborare proposte concrete mirate alla sua tutela e valorizzazione. Gli obiettivi da perseguire erano: 1) revisione delle leggi di tutela; 2) ordinamento del personale; 3) adeguamento dei mezzi finanziari.

200. C. Menale, *I beni culturali nell'ordinamento giuridico italiano*, in F. Dell'Aversana (a cura di) *Manuale di diritto delle arti e dello spettacolo*, Varazze, PM, 2016, p. 267.

201. *Ivi*, p. 274. G. Volpe, Manuale di diritto dei beni culturali, op. cit., p. 124.

202. D.l. 14 dicembre 1974, n. 657, convertito in legge 29 gennaio 1975, n. 5.

203. D.Lgs. 29 ottobre 1999, n. 490.

204. Legge 30 marzo 1998, n. 88. Tale legge aveva in realtà già operato alcune modifiche rispetto alla L.1089/39, ma le innovazioni erano quasi esclusivamente di ordine terminologico.

205. G. Volpe, op. cit., p. 291.

La normativa attualmente vigente è costituita dal Codice dei beni culturali e del paesaggio, emanato con il D.Lgs. 22 gennaio 2004, n. 42[206], che è andato a sostituire il Testo Unico. Il Codice riprende buona parte della normativa del Testo Unico, aggiungendo delle novità. Non si limita a riorganizzare la materia, ma mira alla sua codificazione[207].

Fra le novità di carattere generale c'è una più articolata definizione dei beni culturali oggetto di tutela, prevista agli artt. 10 e 11[208]. Per quanto riguarda gli aspetti relativi alla circolazione in ambito internazionale, le disposizioni sono contenute nel Capo V del Codice[209]. L'art. 64-*bis* dispone che il controllo sulla circolazione dei beni sia finalizzato a preservare l'integrità del patrimonio culturale e sia esercitato nel rispetto dei vincoli comunitari e degli impegni assunti tramite la stipula di convenzioni internazionali. Inoltre, è stabilito che i beni che costituiscono il patrimonio culturale, con riferimento al regime della circolazione internazionale, non possono essere assimilati a merci.

L'uscita definitiva dal territorio nazionale dei beni culturali mobili indicati ai primi tre commi dell'art. 10 è vietata[210]. Al

---

206. Il Codice è entrato in vigore il 1° maggio 2004.

207. C. Menale, op. cit., p. 270.

208. Art. 10 del Codice dei beni culturali e del paesaggio: «1. Sono beni culturali le cose immobili e mobili appartenenti allo Stato, alle regioni, agli altri enti pubblici territoriali, [...] che presentano interesse artistico, storico, archeologico o etnoantropologico. 2. Sono inoltre beni culturali: a) le raccolte di musei, pinacoteche, gallerie e altri luoghi espositivi dello Stato, delle regioni, degli altri enti pubblici territoriali [...]; b) gli archivi e i singoli documenti [...]; c) le raccolte librarie delle biblioteche [...]. Art. 11: 1. Sono assoggettate alle disposizioni espressamente richiamate le seguenti tipologie di cose: a) gli affreschi, gli stemmi, i graffiti, le lapidi, le iscrizioni, i tabernacoli ed altri elementi decorativi di edifici, [...]; b) gli studi d'artista [...]; c) le aree pubbliche [...]; c) le opere di pittura, di scultura, di grafica e qualsiasi oggetto d'arte di autore vivente o la cui esecuzione non risalga ad oltre settant'anni, [...]; e) le opere dell'architettura contemporanea di particolare valore artistico, [...]; f) le fotografie, [...], gli esemplari di opere cinematografiche, [...]; g) i mezzi di trasporto aventi più di 75 anni, [...] ».

209. Il Capo V, diviso in quattro Sezioni, è stato oggetto di modifiche da parte del D.Lgs. 26 marzo 2008, n. 62 e del D.Lgs. 7 gennaio 2016, n. 2. La Sezione I (art. 64-bis) contiene i principi in materia di circolazione internazionale; la Sezione I-bis (artt. 65-72) prevede le norme relative ad uscita e ingresso nel territorio nazionale; la Sezione II (artt. 73-74) riguarda l'esportazione dal territorio dell'Unione europea; la Sezione III (artt. 75-86) disciplina la restituzione, in ambito UE, di beni culturali illecitamente usciti dal territorio di uno Stato membro; la Sezione IV (artt. 87-87-bis) recepisce le Convenzioni UNIDROIT del 1995 e UNESCO del 1970.

210. Cfr. art. 65 del Codice dei beni culturali e del paesaggio.

di fuori dei casi elencati, essa è subordinata ad un attestato di libera circolazione con validità quinquennale, rilasciato dall'ufficio di esportazione competente presso cui l'interessato deve presentare denuncia[211]. Ciò nonostante, l'ufficio di esportazione può proporre al Ministero l'acquisto coattivo del bene per un valore equivalente a quello indicato nella denuncia[212].

Il Codice prevede anche l'ipotesi di esportazione temporanea di un bene culturale per mostre o esposizioni d'arte di alto interesse culturale o altri casi quali l'attuazione di accordi culturali con istituzioni museali straniere. Anche in caso di esportazione temporanea è necessario ottenere un attestato di circolazione che avrà valore limitato nel tempo[213]. Non possono comunque uscire i beni che rischiano di subire danni o che costituiscono il fondo principale di musei, pinacoteche, gallerie, archivi o biblioteche[214]. L'art. 72 è dedicato all'ingresso nel territorio nazionale di determinati beni culturali. In questo caso il Codice distingue fra beni provenienti da uno Stato membro dell'Unione europea (si parla in questo caso di *spedizione*) e beni provenienti da un Paese terzo (*importazione*). I certificati di avvenuta spedizione o importazione hanno validità quinquennale.

L'esportazione al di fuori del territorio dell'Unione europea è disciplinata dal Regolamento (CE) n. 116/2009 del 18 dicembre 2008. In questo caso, oltre all'attestato di libera circolazione, è necessaria anche la licenza di esportazione contemplata dal Regolamento comunitario che può essere rilasciata dallo stesso ufficio che ha emesso l'attestato, entro quarantotto mesi dal rilascio di quest'ultimo. La validità della licenza è annuale[215].

La Sezione III del Capo V disciplina la restituzione dei beni culturali illecitamente usciti dal territorio di uno Stato membro dell'Unione europea. Le disposizioni in essa contenute riproducono quelle previste dalla Direttiva 2014/60/UE.

Riguardo alla circolazione illecita di beni culturali, sono espressamente richiamate la Convenzione UNIDROIT e le re-

---

211. Cfr. art. 68.
212. Cfr. art. 70.
213. Cfr. art. 71.
214. Cfr. artt. 66-67.
215. Cfr. art. 74.

lative norme di ratifica. Resta ferma anche la disciplina dettata dalla Convenzione UNESCO del 1970[216].

La Parte IV del Codice predispone sanzioni di natura penale e amministrativa.

È stato recentemente approvato dalla Camera dei Deputati un disegno di legge che si propone di riformare le disposizioni penali a tutela del patrimonio culturale[217]. Esso si caratterizza per diversi aspetti e obiettivi: favorire la coerenza sistematica del quadro sanzionatorio penale che è attualmente frammentato fra codice penale e Codice dei beni culturali; introdurre nuove fattispecie di reato; aumentare le pene vigenti; introdurre delle aggravanti quando oggetto di reati comuni siano beni culturali[218].

Il disegno di legge prevede, altresì, l'adeguamento del sistema sanzionatorio alla gravità dei traffici illeciti di beni culturali, nonché il potenziamento degli strumenti investigativi per perseguire più efficacemente i reati contro il patrimonio culturale.

Ad oggi, le disposizioni in materia sono in parte contenute nel codice penale, ma soprattutto nel Codice dei beni culturali e del paesaggio. In particolare, nel Codice dei beni culturali sono previste sanzioni penali a tutela dei beni culturali così come sono definiti ed elencati nell'art. 10. Sono previste sanzioni penali contro i responsabili di esportazione illecita, ricerche archeologiche non autorizzate e impossessamento illecito di beni culturali appartenenti allo Stato[219]. Per quanto riguarda l'esportazione illecita, è prevista la reclusione da uno a quattro anni per chiunque trasferisca all'estero beni facenti parte del patrimonio culturale senza attestato di libera circolazione o licenza di esportazione. Ancora più lieve è la pena per chi esegue scavi archeologici senza concessione[220].

---

216. Cfr. artt. 87 e 87-*bis*.

217. Disegno di legge A.C. 893 approvato dalla Camera dei Deputati il 18 ottobre 2018 e trasmesso al Senato con atto n. 882 - «Disposizioni in materia di reati contro il patrimonio culturale». http://www.senato.it/service/PDF/PDFServer/BGT/01077572.pdf.

218. http://www.camera.it/temiap/documentazione/temi/pdf/1131069.pdf?_1542107756575

219. Cfr. artt. da 169 a 176 del Codice dei beni culturali e del paesaggio.

220. Art. 175: «È punito con l'arresto fino ad un anno e l'ammenda da euro 310 e euro 3099: a) chiunque esegue ricerche archeologiche o, in genere, opere per il ri-

Nel codice penale non sono molte le disposizioni riconducibili alla tutela dei beni culturali: esse hanno natura delittuosa (è il caso dei delitti di danneggiamento, deturpamento e imbrattamento di cose di interesse storico e artistico[221]) e contravvenzionale (reato di danneggiamento al patrimonio archeologico, storico o artistico di cui all'art. 733 c.p.).

Le sanzioni si sono rivelate eccessivamente miti per costituire un valido deterrente soprattutto alla luce dell'enorme numero di furti e illecite esportazioni di opere d'arte avvenuti negli ultimi quarant'anni.

5.2 Le disposizioni Comunitarie

Per quanto riguarda la normativa nell'ambito della Comunità Europea, le prime proposte in materia di tutela dei beni culturali, in vista dell'attuazione del mercato unico europeo, furono il Regolamento CEE n. 3911/92 del Consiglio, del 9 dicembre 1992, relativo all'esportazione di beni culturali al di fuori del territorio della Comunità, e la Direttiva 93/7/CEE del Consiglio, del 15 marzo 1993, riguardante la restituzione dei beni culturali usciti illecitamente dal territorio di uno Stato membro e che si trovino nel territorio di un altro Stato membro della Comunità Europea.

L'origine della normativa comunitaria va riportata fino al 25 marzo 1957, data in cui fu firmato il Trattato di Roma che istituiva la Comunità Economica Europea. Scopo del Trattato era di costituire una forte integrazione fra gli Stati membri, affermando come principio fondamentale la libera circolazione delle merci, delle persone, dei servizi e dei capitali all'interno dell'area comunitaria[222]. I successivi trattati (Atto Unico Europeo del 1986 e Trattato di Maastricht del 1992) intervennero a regolare non soltanto l'ambito economico, ma anche quello culturale e sociale.

---

trovamento di cose indicate all'art 10 senza concessione [...]; b) chiunque, essendovi tenuto, non denuncia nel termine prescritto [...] le cose indicate nell'art. 10 rinvenute fortuitamente o non provvede alla loro conservazione temporanea».

221. Cfr. artt. 635 e 639 c.p.

222. G. Volpe, op. cit., p. 268.

Già il Trattato di Roma prevedeva una clausola affinché i beni culturali non fossero considerati come delle merci, quindi al di fuori della possibilità di libera circolazione. Restavano inalterati «divieti o restrizioni all'importazione, all'esportazione o al transito giustificati da motivi [...] di protezione del patrimonio artistico, storico o archeologico nazionale [...]»[223].

Anche nell'ambito del diritto comunitario non fu facile arrivare a una definizione comune di bene culturale per la contrapposizione fra Stati esportatori, più legati ad una visione protezionistica del diritto interno, e Stati importatori, più propensi a limitare le categorie di beni suscettibili di divieti e controlli all'esportazione[224].

Principale scopo dei due strumenti normativi comunitari in materia di beni culturali è quello di rafforzare la cooperazione tra le varie amministrazioni nazionali, presupposto essenziale per l'efficacia dei mezzi di controllo sull'esportazione di beni culturali verso Paesi terzi e per il buon funzionamento delle azioni di restituzione di tali beni. A tal fine introducono norme uniformi che mirano ad evitare che beni culturali partiti in assenza di controlli doganali da uno Stato in cui sono tutelati possano illecitamente essere esportati al di fuori della Comunità[225]. Alcuni Stati avevano infatti espresso il timore che l'abolizione di controlli doganali interni facilitasse l'esportazione di beni culturali verso Paesi extracomunitari attraverso il passaggio in Stati con legislazioni più permissive.

Punto principale del Regolamento n. 3911/92 (così come del Regolamento n. 116/2009 che lo ha sostituito) è l'introduzione della licenza di esportazione che un bene culturale deve avere per poter uscire dal territorio della Comunità europea. Essa viene rilasciata da un'autorità competente dello Stato in cui il bene si trovava lecitamente alla data del 1° gennaio 1993, a meno che non si tratti di beni esportati temporaneamente per mostre o manifestazioni culturali. La licenza di esportazione è valida in tutto il territorio comunitario. Tuttavia, la licenza può essere ne-

223. Cfr. art. 30 del Trattato di Roma del 1957.

224. G. VOLPE, op. cit., p. 269. Fra gli Stati membri dell'Unione europea vengono considerati Paesi esportatori la Grecia e l'Italia, mentre i Paesi importatori sono la Gran Bretagna, l'Olanda, la Germania.

225. *Ivi.*, p. 288.

gata da uno Stato membro qualora la sua legislazione preveda una particolare tutela del patrimonio nazionale avente valore artistico, storico o archeologico[226].

Per quanto riguarda l'ambito di applicazione, il Regolamento non contiene alcuna definizione specifica di bene culturale, ma rimanda all'elenco ad esso allegato, ferma restando la libertà degli Stati membri di definire i beni da considerare patrimonio nazionale[227].

È stabilito, inoltre, che gli Stati membri siano competenti a determinare le sanzioni da adottare in caso di violazione degli obblighi disposti dal Regolamento[228].

Per quanto riguarda le norme sulla restituzione di beni culturali illecitamente usciti dal territorio di uno Stato membro della Comunità europea, il 15 marzo 1993 fu adottata la Direttiva del Consiglio 93/7/CEE. L'obiettivo della direttiva era di assicurare il rientro materiale dei beni culturali nello Stato membro dal cui territorio tali beni erano usciti illecitamente, a prescindere dai diritti di proprietà applicabili a tali beni. L'applicazione di tale direttiva ha, tuttavia, messo in luce i limiti del sistema destinato ad ottenere la restituzione di tali beni culturali. Le relazioni sull'applicazione della direttiva inviate nel corso degli anni dagli Stati membri alla Commissione europea ne hanno rivelato una scarsa applicazione. Le cause, in particolare, erano la ristrettezza del suo ambito di applicazione, i termini troppo brevi per l'avvio di un'azione di restituzione, nonché i costi elevati legati alle azioni di restituzione[229]. Il 15 maggio 2014 fu quindi emanata la Direttiva del Parlamento e del Consiglio 2014/60/UE che abrogò la precedente[230].

Una prima differenza fra le due direttive è quella relativa alla definizione di bene culturale. Infatti, mentre nella direttiva attualmente in vigore si definisce bene culturale qualsiasi bene classificato da uno Stato membro tra i beni del «*patrimonio artistico, storico o archeologico nazionale*» secondo la legislazione

226. Cfr. art. 2 dei Regolamenti (CEE) n. 3911/92 e (CE) n. 116/2009.

227. Cfr. il Preambolo e art. 1 dei Regolamenti (CEE) n. 3911/92 e (CE) n. 116/2009.

228. Cfr. art. 9 dei Regolamenti (CEE) n. 3911/92 e (CE) n. 116/2009.

229. Cfr. par. (8) del preambolo alla Direttiva 2014/60/UE.

230. La Direttiva 2014/60/UE è entrata in vigore il 17 giugno 2014. L'abrogazione della 93/7/CEE è decorsa dal 19 dicembre 2015.

interna, in quella del 1993 era prevista, in aggiunta, l'appartenenza ad una delle categorie indicate nell'allegato oppure alle collezioni pubbliche figuranti negli inventari dei musei, degli archivi e dei fondi di conservazione delle biblioteche o degli inventari di istituzioni ecclesiastiche[231]. Con la Direttiva del 2014 si espande notevolmente il campo di applicazione, lasciando agli Stati la facoltà di indicare il proprio patrimonio nazionale, prescindendo dall'appartenenza a categorie predeterminate o a soglie di antichità e/o valore economico per poter essere restituite[232]. Possono essere considerati, pertanto, beni aventi interesse storico, paleontologico, etnografico o numismatico o valore scientifico, siano essi parte di collezioni pubbliche oppure singoli elementi, siano essi provenienti da scavi regolari o clandestini, purché classificati o definiti come patrimonio nazionale[233].

Altro elemento di differenza fra le due direttive è quello riferito al termine procedimentale di verifica della connotazione culturale del bene uscito illecitamente dal territorio di uno Stato e reperito in un altro Stato membro. Questo termine è stato portato da due a sei mesi[234]. La Direttiva del 1993 prevedeva infatti un termine troppo breve affinché uno Stato potesse procedere a verificare la natura culturale del bene ai fini del suo recupero. Un termine più lungo dovrebbe permettere agli Stati membri di adottare le misure necessarie alla conservazione del bene culturale ed evitare che sia sottratto alla procedura di restituzione[235].

Un altro termine che ha subito una sostanziale modifica con l'introduzione delle nuove disposizioni comunitarie è quello relativo all'azione di restituzione[236]. Il termine per esercitare l'azione di restituzione è stato portato a tre anni (rispetto all'anno previsto dalla Direttiva 93/7/CEE) a decorrere dalla data in cui lo Stato membro, dal cui territorio il bene culturale è uscito illecitamente, viene a conoscenza del luogo in cui si trova il bene culturale e dell'identità del suo possessore o detentore. L'estensione di tale termine, che ricalca quello previsto dalla Conven-

231. Cfr. art. 1 Direttiva 93/7/CEE e art. 2 Direttiva 2014/60/UE.
232. Cfr. par. (9) del preambolo alla Direttiva 2014/60.
233. *Ivi*.
234. Cfr. art. 4(3) Direttiva 93/7 e art. 5(3) Direttiva 2014/60.
235. Cfr. par. (13) del preambolo alla Direttiva 2014/60.
236. Cfr. art. 7(1) Direttiva 93/7 e art. 8(1) Direttiva 2014/60.

zione UNIDROIT del 1995, dovrebbe facilitare la restituzione e scoraggiare l'uscita illecita di beni del patrimonio culturale. Resta il termine assoluto di prescrizione di trent'anni, salvo per beni appartenenti a determinate categorie in cui l'azione si prescrive in settantacinque anni o in un termine superiore se previsto dalla legge interna dello Stato membro richiedente[237].

Anche il paragrafo relativo alla *dovuta diligenza* e all'*equo indennizzo* è stato oggetto di revisione. Come ribadito dalla Direttiva 2014/60/UE, è importante che tutti i soggetti sul mercato mostrino diligenza nelle operazioni relative ai beni culturali, al fine di raggiungere gli obiettivi dell'Unione europea di prevenzione e lotta contro il traffico illecito di beni culturali. Il pagamento dell'indennizzo è assicurato, qualora ne sia ordinata la restituzione, solo se il possessore abbia dimostrato di aver esercitato la diligenza richiesta all'atto dell'acquisizione del bene culturale[238]. Tale diligenza deve essere verificata, a seconda del caso, sulla base di criteri uniformi espressamente indicati all'art. 10[239]. L'indennizzo è dovuto dallo Stato membro richiedente al momento della restituzione, fermo restando il diritto dello Stato di richiedere il rimborso alle persone responsabili dell'uscita illecita del bene culturale dal suo territorio[240].

Al fine di garantire un'efficace e uniforme applicazione del nuovo testo normativo e facilitare la cooperazione amministrativa fra Stati membri, è stato introdotto un sistema d'informazione del mercato interno (c.d. IMI) specifico per i beni culturali[241]. L'IMI è utilizzabile dalle autorità centrali degli Stati membri per attività di cooperazione, consultazione e scambio di informa-

237. Cfr. art. 8(1) della Direttiva 2014/60.

238. Cfr. I comma art. 10 della Direttiva 2014/60.

239. Così il primo capoverso dell'art. 10: «Per determinare l'esercizio della diligenza richiesta da parte del possessore si tiene conto di tutte le circostanze dell'acquisizione, in particolare della documentazione sulla provenienza del bene, delle autorizzazioni di uscita prescritte dal diritto dello Stato membro richiedente, della qualità delle parti, del prezzo pagato, del fatto che il possessore abbia consultato o meno i registri accessibili dei beni culturali rubati e ogni informazione pertinente che avrebbe potuto ragionevolmente ottenere o di qualsiasi altra pratica cui una persona ragionevole avrebbe fatto ricorso in circostanze analoghe».

240. Cfr. art. 12 della Direttiva 2014/60.

241. Cfr. art. 5 della Direttiva 2014/60. L'IMI è stato introdotto con il Regolamento UE n.1024/2012 ed è stato modificato dalla Direttiva 2014/60 con specifico riferimento ai beni culturali.

zioni relative a beni culturali rubati o usciti illecitamente dal loro territorio, nel rispetto della normativa dei dati personali.

Le notevoli modifiche apportate dalla Direttiva 2014/60 in materia di restituzione dei beni culturali usciti illecitamente rafforzano il sistema di protezione e circolazione dei beni culturali in ambito comunitario. Infine, nella direttiva vi è l'esplicito riferimento sia alla Convenzione dell'UNESCO del 1970, sia alla Convenzione UNIDROIT del 1995, laddove se ne raccomanda la ratifica agli Stati membri dell'Unione europea[242].

6. La cooperazione e le rogatorie internazionali: il caso del *Cratere di Eufronio*

Si è detto che il bene archeologico che ha dato l'impulso all'espansione in grande stile del mercato clandestino è stato il *Cratere di Eufronio.*

Firmato da Euphronios[243] come ceramografo ed Euxitheos come vasaio, il *Cratere* è datato intorno al 515 a.C. ed è un capolavoro della ceramica attica a figure rosse su fondo nero. Grande tanto da contenere 45 litri di vino, è uno dei meglio conservati fra i 27 vasi dipinti dall'artista greco. La decorazione del vaso narra la *Morte di Sarpedonte,* uno dei più commoventi episodi della guerra di Troia, celebrato da Omero nel canto XVI dell'*Iliade.* La scena è di una grande potenza espressiva e forza immaginativa: sul lato principale del cratere il principe Sarpedonte, l'eroe figlio di Zeus e Laodamia, ucciso da Patroclo, ha il viso rivolto a terra con il sangue che esce a fiotti da tre ferite. È sorretto da *Hypnos* e *Thanatos,* il *Sonno* e la *Morte,* mentre *Hermes,* conduttore delle anime dei morti, osserva la scena. Sul lato

242. Cfr. par. (16) del preambolo alla Direttiva 2014/60.

243. Eufronio è stato uno dei più importanti ceramografi e vasai dell'antica Grecia. Ha operato fra il VI e il V secolo. a. C. Conosciuto per essere stato fra i primi ad aver utilizzato l'innovativa tecnica a figure rosse, in cui la tradizionale cromia a figure nere su fondo rosso è ribaltata e i particolari non sono più incisi ma dipinti. (M.A. Rizzo, *Euphronios ceramografo e ceramista,* in M.G. Bernardini – M. Lolli Ghetti (a cura di), *Capolavori dell'archeologia. Recuperi, ritrovamenti, confronti. Catalogo della mostra al Museo Nazionale di Castel S. Angelo dal 21 maggio al 5 novembre 2013,* Roma, Gangemi, 2013, pp. 133-145).

secondario del vaso, le figure rappresentano dei guerrieri che si armano. Ai lati altri due guerrieri sono in assetto da battaglia.

Le firme degli autori sono poste alle spalle di *Hypnos* ed *Hermes*. La presenza delle firme associate del pittore e del vasaio indica che Euxitheos riconosceva in questo cratere una delle sue opere migliori. Oltre alle firme, il vaso reca anche l'iscrizione "*Leagros kalos*": "Leagro è bello", che ha fornito un prezioso elemento per la datazione, poiché l'adolescenza di *Leagros*, un personaggio storico ateniese considerato uno dei più bei fanciulli greci del suo tempo, è da collocare nel decennio 520-510 a.C.

Il vaso fu scavato in una tomba della necropoli etrusca di Greppe S.Angelo nei pressi di Cerveteri, nel 1971. Essa fu violata da sette *tombaroli* che rubarono anche altri oggetti in ceramica, oro e bronzo di straordinario valore. Agli scavatori fu dato un compenso di trenta milioni di lire. A seguito di una trattativa, tutti gli oggetti trafugati furono ceduti a Robert Hecht per la somma di 125 milioni di lire (il solo *Cratere* sarebbe stato valutato 53 milioni). Il vaso passò poi a Zurigo nell'atelier di Fritz Bürki, che ne eseguì il restauro. Quello stesso anno Hecht contattò i possibili compratori, fra cui Von Bothmer, responsabile del Dipartimento di Arte Greca e Romana del Metropolitan Museum, che lo fece acquistare dal museo per un milione di dollari. Nel 1972, Hecht lo portò a New York su un aereo partito da Zurigo. Il *Cratere* fu esposto nel prestigioso museo americano dal 1973[244].

La vendita fece scalpore, un reporter del New York Times iniziò a fare domande all'allora direttore del *Met* Thomas Hoving[245], il quale assicurò che il *Cratere* era stato acquisito da un collezionista privato inglese che lo deteneva dall'epoca della Prima guerra mondiale. Hoving, tuttavia, si rifiutò di svelare il nome e le circostanze dell'acquisto. Ma la notizia ormai era di dominio pubblico e cominciarono a sorgere sospetti sull'illecita provenienza del vaso: molti studiosi dubitavano che un vaso di

---

244. F. Isman, *I predatori dell'arte perduta*, cit., pp. 71-72.

245. Thomas Hoving fu direttore del *Metropolitan Museum of Art di New York* dal 1967 al 1977. Gli succederà Philippe de Montebello, che nel 2006 siglerà l'accordo con il Governo italiano per la restituzione del *Cratere* e altri reperti.

Eufronio potesse essere rimasto sconosciuto nelle mani di un collezionista privato per oltre mezzo secolo[246].

Inoltre, uno dei *tombaroli*, quando venne a sapere del prezzo pagato dal *Metropolitan*, pensò di essere stato truffato dai complici. I Carabinieri, che stavano già indagando sullo scavo di Cerveteri, lo convinsero a confessare[247]. Tuttavia, gli inquirenti italiani in quell'anno non poterono ancora provare l'origine del vaso, la malafede di Hoving, né altri elementi che giustificassero una richiesta ufficiale di restituzione. Il *Cratere*, quindi, rimase indisturbato in mostra permanente al *Metropolitan*.

Hoving ancora nel 1988 ricordava che la Convenzione UNESCO del 1970 era stata ratificata dagli Stati Uniti solo nel 1983, quindi l'Italia non poteva pretendere nulla per tutto ciò che era stato esportato illecitamente dal proprio territorio prima di quella data. Inoltre, per le leggi degli Stati Uniti l'acquisto degli oggetti non è considerato un reato purché al Paese interessato sia concesso il tempo per scoprire se risultino rubati o trafugati[248].

La svolta nelle indagini vi fu nel 1995, quando i Carabinieri scoprirono, nel corso di alcune perquisizioni nell'ambito delle indagini sul mercato clandestino d'arte, un organigramma scritto a mano che dimostrava in che modo la rete del mercato clandestino fosse organizzata in Italia e altrove. Il documento riportava chi fosse presente nella gerarchia e come si relazionassero gli uni con gli altri, chi erano gli intermediari e quali legami ci fossero con i mercanti internazionali, i musei e i collezionisti. Inoltre erano indicati un'infinità di luoghi e indirizzi. L'organigramma era un documento eccezionale che evidenziava la trama del mercato nero e la sua diffusione e ramificazione, svelando parecchi nomi che allora non erano noti a chi indagava[249].

---

246. R. Contel – G. Soldan – A. Chechi, *Case Euphronios Krater and other archeological objects – Italy and Metropolitan Museum of Art*, Arthemis, Art-Law Centre, Università di Ginevra, 2012 (https://plone.unige.ch/art-adr/cases-affaires/euphronios-krater-and-other-archaeological-objects-2013-italy-and-metropolitan-museum-of-art#!prettyPhoto[pp_gal]/0/).

247. Comunicato stampa del Comune di Cerveteri del 17 dicembre 2014 (http://www.comune.cerveteri.rm.it/comunichiamo/rassegna-stampa/rassegna-17-12-2014/at_download/file).

248. F. Isman, *I predatori dell'arte perduta*, cit., p. 165.

249. *Ivi*, pp. 182-183.

Grazie al lavoro incessante degli investigatori italiani in collaborazione con le autorità degli altri Paesi interessati tramite rogatorie internazionali, si poté arrivare alla perquisizione dell'appartamento di Hecht a Parigi nel 2001. Lì la polizia scoprì altri documenti che descrivevano lo scavo del *Cratere* nella necropoli di Cerveteri, la sua esportazione dall'Italia e l'inconfutabile prova che Hecht lo avesse venduto al *Metropolitan*[250].

Le autorità italiane poterono finalmente richiedere al museo la restituzione del *Cratere* e di altri capolavori, tramite l'accordo siglato nel 2006 fra il nuovo direttore Philippe de Montebello e il Ministero per i Beni e le Attività Culturali. Secondo l'Accordo, il *Cratere* sarebbe rimasto in prestito al *Metropolitan* fino al 15 gennaio 2008 ed esposto con la dicitura: «*In prestito dalla Repubblica italiana*»[251]. Il documento prevedeva anche la restituzione di quindici argenti dorati originari di Morgantina e quattro vasi attici, che sarebbero rimasti in prestito al *Met* fino al 15 gennaio 2010[252].

A gennaio 2008 il *Cratere* è rientrato in Italia, trentasette anni dopo essere stato trafugato. Dopo essere stato esposto in diverse mostre in giro per l'Italia e per alcuni anni nel Museo Nazionale Etrusco di Villa Giulia, il 18 dicembre 2014 il prezioso reperto è tornato alla terra di origine, ed esposto nel Museo nazionale archeologico Cerite di Cerveteri.

Nella lotta al traffico illecito di opere d'arte è dunque fondamentale la cooperazione fra diversi organismi a differenti livelli, sia nazionali che internazionali. Il lavoro che il Comando Carabinieri per la Tutela del Patrimonio Culturale (e l'analogo Nucleo della Guardia di Finanza) svolge per contrastare il traffico illecito di opere d'arte è incessante e apprezzato in tutto il mondo. Sono infatti considerati i massimi esperti mondiali nella salvaguardia e nel recupero dei beni culturali, della cui collaborazione si avvalgono anche le forze di polizia internazionali. Insieme con la magistratura, i "Carabinieri dell'arte" hanno inferto un colpo mortale alla parte più rilevante del mercato ille-

250. R. Contel – G. Soldan – A. Chechi, op. cit., pp. 2-3.

251. Art. 4.1 dell'Accordo fra il Ministero per i Beni e le Attività Culturali e il *Metropolitan Museum of Art*.

252. Art. 5.2 dell'Accordo MIBAC - *Metropolitan*.

gale internazionale. Ma senza il lavoro coordinato fra inquirenti italiani e stranieri la lotta al traffico illegale sarebbe più difficile. Nel recuperare il *Cratere* e gli altri reperti è stata fondamentale la collaborazione degli investigatori americani e francesi, così come l'apporto della polizia elvetica per accedere ai depositi di Becchina e Medici a Ginevra.

Per un efficace contrasto al traffico illegale internazionale d'arte è necessaria anche l'attività di cooperazione a livello politico. L'accordo fra Italia e USA siglato nel 2001 ha segnato un importante punto di svolta in questo senso. Nel settembre 2017 Italia e Grecia hanno firmato un protocollo d'intesa per l'impegno a una piena collaborazione nel contrasto al traffico illecito di beni culturali. L'accordo prevede uno scambio di informazioni sulla legislazione per la tutela del patrimonio culturale, in particolare in materia di prevenzione di furti, scavi illegali, importazione ed esportazione illecite, restituzione di beni culturali. Tra i diversi impegni assunti, infine, i due Paesi discuteranno il proprio approccio nei confronti di musei o altre istituzioni culturali coinvolti nel traffico illecito del patrimonio culturale e si informeranno reciprocamente riguardo alla comparsa illegale sui mercati internazionali dell'arte di beni che possano appartenere ai rispettivi patrimoni culturali, coinvolgendo in questo le competenti strutture investigative specializzate[253].

---

253. Comunicato stampa del Ministero dei beni e delle attività culturali e del turismo del 14 settembre 2017 (https://storico.beniculturali.it/mibac/export/MiBAC/sito-MiBAC/Contenuti/MibacUnif/Comunicati/visualizza_asset.html_1375925583.html).

Capitolo VII

Il diritto d'autore e la grafica d'arte

Francesca Biundo, Matteo Roiz

1. Riflessioni sul sistema dell'arte

Il sistema dell'arte contemporanea si è notevolmente sviluppato rispetto al passato anche grazie alla rapidissima circolazione di informazioni artistiche attraverso i mass media[1].

La struttura del mercato dell'arte contemporanea nasce in Francia negli ultimi decenni dell'Ottocento. Grandi mercanti come Paul Durand Ruel o Ambroise Vollard sono stati iniziatori e innovatori di questo sistema, diventando punti di riferimento per i mercanti delle epoche successive. Il mercato statunitense, con il tempo, diventa sicuramente il più effervescente e le vendite difatti dimostrano l'enorme potenzialità del sistema americano nel settore dell'arte. Da ricordare Peggy Guggenheim, senza dubbio uno dei personaggi principali per quello che riguarda la formazione del mondo artistico d'avanguardia a New York[2].

In Italia la situazione è differente rispetto ai mercati europei e d'oltreoceano. A causa dell'assenza di strutture mercantili adeguate, per gli artisti italiani divenne estremamente difficile affermarsi fuori dall'ambito locale o nazionale, se non partecipando a manifestazioni all'estero. Il successo di molti artisti italiani, infatti, fu dovuto ad esempio alla loro integrazione nell'ambiente parigino[3].

Le opere d'arte contemporanea, anche nelle loro elaborazioni sperimentali, assolvono principalmente alla funzione estetica ma anche a quella economica, essendo merce e prodotto su cui

---

1. Poli F., *Il sistema dell'arte contemporanea*, 7ª ed., Laterza, Bari- Roma, 2017.
2. *Ibidem*.
3. *Ivi*, p. 32.

investire ed, inoltre, sono motivo di accrescimento del prestigio personale.

Il prodotto artistico non dipende solo dall'artista ma è il risultato di tutte le azioni del sistema dell'arte[4].Per consolidare o meno il successo di artisti e opere, non è importante solo il pubblico ma anche figure come i mercanti e i collezionisti. È necessario, infatti, affiancare alla qualità del prodotto artistico un'ottima strategia mercantile per l'affermazione su mercato del prodotto stesso. Soprattutto per il lancio dei giovani artisti è fondamentale che si adottino vere e proprie strategie di marketing[5].

La struttura del mercato dell'arte contemporanea è molto articolata tanto che è possibile parlare di vari mercati e dividere mercanti e gallerie d'arte in diverse sottocategorie[6]. In base alle opere proposte, ogni gallerista si inserisce in un particolare segmento[7] di mercato ma bisogna tenere presente che, come in tutti i campi, esiste una differenza qualitativa tra le gallerie.

Esistono gallerie minori e di bassa valenza culturale che organizzano mostre personali o collettive a pagamento. Non è prevista alcuna competenza artistica da parte dei partecipanti che, spesso, sono artisti dilettanti. Queste mostre hanno solitamente breve durata in modo da poter favorire il susseguirsi di esposizioni e, di conseguenza, incrementare il guadagno delle gallerie stesse. Queste ultime mettono a disposizione solo uno spazio espositivo e un discreto quantitativo di denaro per pubblicità e cataloghi ma, di fatto, non hanno un rapporto con il vero mercato[8].

Le gallerie di piccola e media importanza sono quelle più numerose e coprono una fascia di mercato molto ampia. Si occupano perlopiù di artisti morti o di vecchia generazione, di artisti dalla reputazione mediocre o nuove proposte artistiche che

---

4. *Ivi*, p. 49.

5. A tal proposito, si rimanda al terzo paragrafo dedicato all'analisi del marketing dell'arte e della cultura.

6. Poli F., op. cit., p.57.

7. Si rimanda al terzo paragrafo dove si parla di segmentazione e posizionamento per approfondire il concetto di segmento in un mercato.

8. Poli F., op. cit., pp. 61-62.

però, data la mancanza di risorse, non possono essere sostenute e valorizzate come dovrebbero[9].

Le gallerie più importanti, invece, sono quelle che si interessano di maestri storici e artisti di fama mondiale. Sono organizzate come vere e proprie aziende culturali e commerciali. I loro clienti sono ricchi collezionisti, banche, società e musei. Sono spesso gallerie storiche che devono mantenere la loro importante posizione negli anni, attraverso strategie di promozione molto sofisticate[10].

Nel sistema dell'arte contemporanea sono presenti anche le fiere dell'arte e le aste. Le fiere sono esposizioni che durano pochi giorni, che coinvolgono un grande pubblico e che vedono gli oggetti artistici esposti in stand. Le gallerie presenti alle fiere sono spesso invitate a tenere conferenze o eventi paralleli alla manifestazione[11].

Nella vendita delle opere all'interno delle aste hanno, invece, un ruolo fondamentale i battitori che, utilizzando varie tattiche, riescono a condurre i prezzi delle opere all'obiettivo precedentemente fissato. Chi vende – ovvero il collezionista, il mercante o la galleria – affida l'opera alla casa d'aste solo dopo un'attenta scelta. Infatti, la concorrenza tra le case d'aste è spietata e queste spesso sfruttano mirate strategie di comunicazione per mantenere alta la propria immagine[12]. In base alle opere ricevute in affidamento, la casa d'aste organizza la vendita. Tutti i partecipanti dovranno registrarsi e la partecipazione potrà anche essere a distanza, online o al telefono[13]. A questo proposito, è importante ricordare un fenomeno, prevalentemente italiano, che ha raggiunto notevoli proporzioni economiche: le aste televisive in onda sulle reti locali. Esse coinvolgono un gran numero di telespettatori, solitamente, lontano dal mondo dell'arte o che non hanno mai frequentato gallerie. Si tratta di un pubblico facil-

---

9. *Ibidem*.

10. *Ivi*, p. 65.

11. *Ivi*, pp. 76-78.

12. SEGNALINI S., *Dizionario giuridico dell'arte: la guida al diritto per il mondo dell'arte*, Skira, Ginevra-Milano, 2009.

13. *Ivi*.

mente ingannabile, pronto ad acquistare opere di bassa qualità a prezzi, in proporzione, abbastanza alti[14].

Il "bisogno d'arte" è la tipica manifestazione del capitalismo avanzato, espressione di una economia speculativa e non più di sussistenza. Gli psicoanalisti suggeriscono un collegamento del fenomeno con il manifestarsi di personalità ossessive, insicure e bisognose di continue conferme del proprio valore[15]. Strettamente legata alla psicologia, infatti, è la motivazione individuale che porta a collezionare, accompagnata da un secondo genere di motivazione che è di carattere sociale.

La passione di chi colleziona arte è continuamente sollecitata da gratificazione e aumento della propria autostima e sicurezza. Il più delle volte, si colleziona per il desiderio di possedere, connesso probabilmente proprio al senso di insicurezza; per il bisogno di mettersi sempre alla prova e questo comporta l'assiduo aggiornamento, la lettura di riviste specializzate; per esprimere se stessi attraverso la propria raccolta. L'attività del collezionista spesso inizia per gioco fino a diventare quasi una necessità psicologica[16].

Sul fronte sociale, invece, l'epoca contemporanea porta a due bisogni contrapposti: l'essere simili agli altri e il differenziarsi. Così in un gioco di omologazione-distinzione, l'individuo si conforma alla massa per essere accettato e allo stesso tempo cerca il modo per emergere in modo singolare.

Un'opera d'arte può essere acquistata per soddisfare bisogni personali, come desiderio estetico o arredare la casa. Il godimento estetico, però, non dovrebbe essere legato al suo possesso; lo stesso vale per l'arredo della propria casa che potrebbe essere decorata con stampe e riproduzioni.

L'opera d'arte, ha un valore economico e risponde a bisogni simbolici e sociali. Non tutti possono permettersi un quadro d'autore, quindi sfoggiare un'opera artistica è oggetto di vanto e prestigio. Il collezionista molto spesso è un commerciante, un

---

14. Poli F., op. cit., pp. 84-85.

15. «Freud riteneva che alla radice di questo atteggiamento stesse una forte tendenza ritentiva, risalente allo stadio anale dell'evoluzione psichica infantile» da Vettese A., *Investire in arte: produzione, promozione e mercato dell'arte contemporanea*, 2ª ed., Il sole 24 ore-libri, Milano, 1993, p. 14.

16. *Ivi*, pp. 18-19.

industriale o un libero professionista che non necessariamente svolge un lavoro intellettuale ma che può disporre di un ingente quantitativo di denaro. L'opera d'arte rappresenta un ottimo mezzo per elevarsi e acquisire maggiore autostima superando complessi di inferiorità culturali che spesso affliggono persone abbienti e, inoltre, essere uno *status symbol*[17].

Le differenze qualitative e quantitative delle gallerie si rispecchiano nella clientela corrispondente. A determinati tipi di gallerie corrispondono fasce di clientela, con particolari caratteristiche di gusto culturale e di possibilità economiche[18]. I piccoli e medi collezionisti[19] cercano in qualunque modo di soddisfare i propri desideri. Alcuni hanno gusti artistici tradizionali e cercano di andare sul sicuro nell'acquisto; altri invece sono collezionisti d'avanguardia, più coraggiosi, amanti delle nuove tendenze che, spesso, possono essere rischiose. Questo tipo di collezionisti trascorrono un lungo periodo di gavetta, fatto di errori dovuti dall'inesperienza. È molto intensa l'attività di scambio e di compravendita con mercanti o altri collezionisti e, inoltre, per comprare un'opera di valore in una galleria, sono frequenti i pagamenti effettuati in parte con altri quadri. Esistono varie forme di collezionismo, quello monotematico derivato da ossessioni maniacali o da altre motivazioni, quello con un taglio storico-critico specifico che prevedere un continuo approfondimento culturale e un tipo di collezionismo che riflette la personalità del possessore nelle opere che acquista. I ricchi collezionisti[20] sono invece coloro i quali, attraverso le loro collezioni, hanno rafforzato il loro prestigio personale ed hanno inoltre favorito la cosa pubblica. Non di rado, con l'intenzione di costruire attorno a sé l'immagine di mecenate, questi grandi collezionisti hanno contribuito ad arricchire il patrimonio artistico della città e della nazione, attraverso donazioni e finanzia-

---

17. *Ivi*, pp 13-18.
18. Poli F., op. cit., p.97.
19. Quando si parla di piccoli o medi collezionisti ci si riferisce a ceti medio-alti e quindi ad avvocati, medici, commercialisti, piccoli imprenditori, commercianti, ecc. Gente, insomma, che ha a disposizione, grande al proprio lavoro, un adeguato quantitativo di denaro adatto all'investimento in arte.
20. Per questa categoria di collezionisti ci si riferisce a grandi imprenditori, uomini d'affari, finanzieri, persone appartenenti all'alta società. Esempi sono Rockefeller, Guggenheim, Gualino, i coniugi Boschi, ecc.

menti a musei e fondazioni. Da motivazioni egoistiche, quali il mantenimento integro della propria collezione, si è giunti a contribuire in maniera importante all'arricchimento del patrimonio artistico pubblico[21].

Da ricordare è il collezionismo aziendale. Con l'ingresso nel sistema dell'arte, singoli imprenditori o le loro aziende sono riusciti ad innalzare il loro prestigio attraverso precise strategie di immagine gestite con logiche manageriali. Oltre all'attività collezionistica queste società stanziano consistenti contributi per sponsorizzazioni di manifestazioni artistiche[22].

I collezionisti non esisterebbero senza gli artisti che realizzano l'opera. L'artista, oggi, è quasi mitizzato dato il valore alto e sublime dell'arte e della sua pura ricerca artistica.

Tra gli artisti e alcuni collezionisti può nascere un vero e proprio rapporto di fiducia e amicizia ma questo non esclude, una volta venduta l'opera, l'impossibilità di conoscere la collocazione o gli spostamenti della stessa. Ciò è alienante per l'artista che vorrebbe sempre mantenere un certo controllo spirituale sull'opera e sulla sua integrità estetica. L'alienazione avviene anche nel caso in cui vi sia troppa pressione da parte del mercato sul lavoro creativo di un artista già affermato che vorrebbe approfondire la propria ricerca apportando novità al suo lavoro ma viene, al contrario, indirizzato verso una produzione ripetitiva, conforme ai lavori che lo hanno portato al successo[23].

Desiderio di ogni artista è certamente quello di trovare successo e poter vivere della propria arte. Per farlo non basta solo il talento artistico, è necessario avere una buona capacità nelle pubbliche relazioni e nell'autopromozione della propria immagine. Ciò può essere messo in pratica attraverso la partecipazione alle mostre o, molto spesso, come si approfondirà successivamente, attraverso l'utilizzo dei social network. Per diventare artisti di successo bisogna, prima di tutto, essere riconosciuti come artisti dai propri pari, cioè da parte dei colleghi coetanei, poi da parte della critica, successivamente è necessario il riconoscimento da parte di mercanti e collezionisti e, infine, dal

21. Poli F., op. cit., pp. 100-102.
22. *Ivi*, pp. 109-110.
23. *Ivi*, pp. 177-178.

grande pubblico[24]. Non tutti però possono godere di tali approvazioni, nel mondo dell'arte la concorrenza è spietata. La preparazione di ognuno fa tanto per intraprendere questa carriera. Vi sono tante tipologie di artisti: quelli autodidatti, coloro che hanno avuto la possibilità di studiare presso le accademie di belle arti, quelli che proseguono la loro attività all'interno delle accademie magari come insegnanti e chi, al contrario, non è assolutamente portato per l'insegnamento[25].

C'è chi pensa che l'arte non possa essere insegnata e chi, al contrario, crede che le conoscenze tecniche siano fondamentali. Il dibattito in merito è molto acceso ma, in riferimento alla grafica d'arte, si può affermare che una adeguata conoscenza tecnica sia fondamentale.

2. Un focus sulla grafica d'arte

La grafica d'arte è la produzione artistica a mezzo di stampa, riprodotta in più copie firmate e numerate dall'autore che ne ha ideato il soggetto ed elaborato la matrice[26].

Il pubblico, molto spesso, tende a considerare le opere di grafica d'arte come un sottoprodotto economico rispetto alle altre tipologie di opere[27]. Spesso ci si avvicina ad esse a causa dell'impossibilità economica di comprare un quadro o un disegno. Questo atteggiamento è molto diffuso e caratterizza un po' tutto il mercato della grafica.

In Italia, il mercato dell'arte è debole e quello della grafica è ai minimi termini[28]. Vi è un settore del collezionismo che si è specializzato nella stampa antica e un altro in quella contemporanea. L'attrazione per le opere grafiche è spesso dovuta alla raffinatezza della tecnica e alla sua complessità che prevede,

24. Vettese A., op. cit., pp. 68-74.
25. Poli F., op. cit., pp. 184-185.
26. Citato da enciclopedia Treccani online: http://www.treccani.it/enciclopedia/grafica-d-arte_(Enciclopedia-Italiana)/
27. Vettese A., op. cit., p. 229.
28. Fanelli F., *Mercato e diffusione della xilografia nella contemporaneità*, in Bindella M., Schiaffini I., Zambianchi C. (a cura di), *Il segno inciso nell'arte contemporanea*, Artemide, Roma, 2017.

talvolta, un lavoro d'équipe. Dilaga, tuttavia, una profonda incomprensione riguardo le tecniche grafiche. Il collezionista si trova spesso in difficoltà, al momento dell'acquisto di una stampa, perché incapace di valutare se il prezzo richiesto sia equo[29] rispetto alla qualità dell'opera.

Inoltre, come già detto, le tecniche grafiche devono essere studiate e approfondite da parte dell'artista che vuole intraprendere la carriera in questo determinato settore.

L'incisione su matrice lignea è detta xilografia. È una tecnica antichissima che ha introdotto il concetto di riproducibilità tecnica, diffondendo un fortissimo legame con la scrittura grazie alla stampa a caratteri mobili. I legni più diffusi per l'incisione xilografica sono il ciliegio, il noce, il melo e, il più pregiato, il pero. Ogni supporto ha caratteristiche proprie, destinate a lavori differenti. Il blocco ligneo viene ricavato dal tronco dell'albero tagliato in verticale, per questo viene chiamato *legno di filo.* Quando invece il tronco viene tagliato perpendicolare alle venature si dice *legno di testa*. Prima di essere disegnato e inciso il legno deve essere preparato. Eventuali nodi e difetti del legno devono, inoltre, essere sostituiti con dei tasselli. Procedimento antico per intagliare la matrice di xilografia è la cosiddetta tecnica del *taglio e contro taglio* che consiste nell'effettuare tagli particolari con il coltellino e la lancetta in modo lento e laborioso.

Questi strumenti, nel corso del Novecento, sono stati sostituiti dalla *sgorbia a V*, strumento che con la sua forma effettua il lavoro di taglio e contro taglio in un unico gesto. Il legno di testa viene solitamente inciso con il bulino, anziché la sgorbia.

Ad oggi vi sono molte tipologie di sgorbie e bulini per incidere al meglio il supporto. Nel blocco ligneo è molto difficoltoso correggere gli errori di incisione. La fase di inchiostrazione prevede il deposito dell'inchiostro sulla superficie della matrice, attraverso l'uso di un tampone o di un rullo. Il legno inchiostrato può essere stampato manualmente, poggiando il foglio e facendo pressione con una stecca d'osso, un cucchiaio o il palmo della mano, o con l'utilizzo di un torchio tipografico. L'artista che più di ogni altro ha portato ai massimi livelli la xilografia su legno di filo è stato Albrecht Dürer. Nel corso dell'Ottocento,ar-

29. Vettese A., op. cit., p. 223.

tisti come Munch, Kirchnerhanno recuperato questa preziosa tecnica. Da ricordare inoltre è la xilografia giapponese, una tra le tradizioni più antiche al mondo che vede tra i tanti esponenti gli artisti Hokusai e Hiroshige.

Nei primi del Novecento il linoleum diventa un supporto alternativo al legno, apprezzato da molti incisori, rifiutato da alcuni xilografi amanti del legno[30].

Mentre la xilografia è una tecnica di incisione a rilievo, le tecniche calcografiche sono a incavo.

In questo ambito confluiscono sia le tecniche a incisione diretta, cioè i procedimenti in cui l'artista scalfisce direttamente il metallo, sia indiretta, ossia con l'utilizzo dell'acido per ottenere degli incavi. Le matrici per questo genere di incisioni possono essere di acciaio, zinco oppure ottone ma il rame è il metallo preferito dagli incisori. In tempi recenti, sono stati introdotti materiali plastici come il plexiglass. Queste matrici metalliche hanno bisogno di una attenta preparazione, vanno pulite, levigate, sgrassate. Prima di incidere, si effettua la bisellatura, ovvero la smussatura dei bordi per evitare che questi rimangano sporchi di inchiostro durante la stampa.

L'incisione diretta si effettua con il *bulino*, che può essere di vari tipi e che lascia un piccolo ricciolo di metallo al suo passaggio, con la *puntasecca*, che è uno stilo d'acciaio che lascia le cosiddette barbe e che rende il segno vellutato, con la *rotella* e il *punzone*.

La maniera nera è un procedimento che consiste nel granire completamente la lastra con uno strumento chiamato *berceau* per poi realizzare la figurazione per mezzo di raschietti e brunitoi, in modo da creare le sfumature chiaroscurali. La stampa è una fase molto importante per capire come si sta procedendo nel lavoro calcografico.

La carta, preferibilmente in cotone, deve essere inumidita. La matrice viene inchiostrata su una piastra termica per mezzo di tampone o spatole. Successivamente, si elimina l'inchiostro in eccesso con la tarlatana e si puliscono matrice e bordi. Dopo di che si posiziona la matrice su un torchio tipografico e si effettua-

30. Mariani G. (a cura di), *Le tecniche dell'incisione a rilievo: la xilografia*, De Luca, Roma, 2012.

no le prove di stato e le prove d'autore. Terminata la tiratura si esegue la biffatura della lastra, ovvero si pone un segno, come un graffio, su tutta la matrice. Eventuali lastre stampate con la presenza di questo segno avranno un diverso valore di mercato perché fuori dalla tiratura ufficiale[31].

La fase di stampa, nell'incisione indiretta, è la stessa, ciò che cambia è il procedimento tecnico iniziale. L'inciso non nasce più dalla pressione diretta di punte metalliche ma è l'esito di una corrosione chimica controllata. La lastra viene rivestita di una vernice acido resistente e, allo stesso tempo, cedevole alla pressione della punta di metallo con cui si realizza il disegno. Le parti di metallo scoperte saranno corrose dall'acido e quindi diverranno cave. La qualità dell'acido utilizzato per incidere è fondamentale. La morsura è un momento delicato e solitamente vengono utilizzati acido nitrico o mordente olandese. L'*acquatinta* è un procedimento tecnico che consiste in una granitura preliminare del metallo, tramite granuli di resina che vengono depositati uniformemente sulla matrice e, successivamente, riscaldati per il fissaggio. Una volta granita la lastra si procede a coprire con la vernicetta le zone che dovranno risultare bianche e si continua verso la morsura, coprendo via via le zone in grigio chiaro, medio e scuro. Le rifiniture sono effettuate utilizzando raschietto e brunitoio. Altri sistemi di incisione indiretta sono la maniera pittorica, il metodo al sale, allo zucchero, la ceramolle.

La *ceramolle* è una tecnica utile per imitare in stampa gli effetti del disegno a matita o per realizzare interessanti texture tramite il *frottage* imprimendo tessuti e materiali diversi sulla cera applicata alla lastra. Quello del *frottage* è un metodo utilizzato soprattutto nel contemporaneo. L'artista inglese Stanley William Hayter è stato un innovatore dell'incisione del XX secolo, con lui la matrice diventa un supporto nel quale sperimentare liberamente il segno e la morsura che, se lasciata agire liberamente e incontrollata, può dare strabilianti risultati come quello della morsura aperta. In fase di stampa Hayter introduce la tecnica della stampa a colori simultanei che sostituisce il sistema tradizionale a più battute. Dopo aver inchiostrato gli incavi, si procede ponendo delle mascherine di plastica sulla matrice e succes-

31. *Ibidem*.

sivamente avviene il passaggio dei rulli inchiostrati sulla lastra. Se ne usano generalmente due, il rullo duro, che inchiostra le superfici non corrose dall'acido e il rullo morbido che, caricato di inchiostro di diversa viscosità, entra più in profondità[32].

Un altro antico metodo di stampa è quello su pietra, la litografia. Anche la pietra, come tutte le matrici, deve essere levigata e preparata per accogliere il disegno, che è effettuato mediante l'utilizzo di matite o altri materiali grassi. Realizzato il disegno si spennella sulla pietra una soluzione che comprende acido nitrico e gomma arabica. Quando la matrice è pronta per la stampa, la superficie viene bagnata con acqua. I segni grassi respingono l'acqua e accolgono l'inchiostro depositato dal rullo. La pietra bagnata respinge l'inchiostro e si può procedere alla stampa nell'apposito torchio litografico. Henri de Toulouse-Lautrec è stato, oltre che un grande pittore, un importante grafico e, attraverso l'utilizzo della litografia a colori, ha raggiunto livelli altissimi realizzando locandine per molti locali parigini.

La serigrafia invece è un metodo di stampa che prevede come matrice un tessuto di poliestere montato su un telaio serigrafico che permette il deposito dell'inchiostro su una grande varietà di supporti, tra cui tessuti come la seta da cui deriva l'etimologia della parola. Questa tecnica si basa sulla impermeabilizzazione del tessuto di stampa, l'inchiostro attraverserà solo la parte di telaio libera. La permeazione dell'inchiostro dalla parte superiore del quadro serigrafico alla superficie di stampa posta sotto avviene tramite una leggera pressione di una barra, definita spremitore o racla per serigrafia, che si appoggia sull'inchiostro e scorre lungo tutto il telaio, permettendo il passaggio dell'inchiostro sulla superficie da stampare. La serigrafia è una tecnica ormai consolidata soprattutto dal punto di vista industriale. Di notevole interesse è però l'utilizzo che Andy Warhol ne ha fatto nel suo lavoro artistico.

La grafica d'arte è stata una tecnica accolta da molti artisti, da Rembrandt, Piranesi, Picasso, a Morandi e così via. L'incisione implica il gesto, il segnare sulla lastra l'attimo, il momento solitario in cui l'artista si trova di fronte la matrice. Il primo impatto

32. *Ibidem.*

non è facile, la paura di sbagliare e non poter rimediare è presente nell'incisore ma, tracciando il segno, il pensiero diventa forma. La mano si fa prolungamento della mente. La stampa implica tutte le regole della riproducibilità ma, oggi, la tecnica incisoria diventa autonoma e gli artisti se ne appropriano per rielaborarla e far nascere opere d'arte per nulla inferiori alle altre forme artistiche.

> Noi siamo soli incidendo: già il primo segnare chiama ed ottiene risposte dalla lastra, dalla materia, dal mondo intorno che rispondono e impongono condizioni. Tra il pensare e il fare e farsi di un segno c'è un tempo che l'incisione dilata nelle diverse prove, e non è solo un tempo d'orologio ma d'anima e pensiero[33].

Le tecniche della grafica d'arte sono antiche e portano avanti una tradizione importante. Gli artisti di oggi sono un ponte tra il passato e il futuro. L'antico coesiste con il contemporaneo, in un suggestivo scambio di linguaggi.

Nell'era del Web molti artisti contemporanei utilizzano le nuove tecnologie per la realizzazione i propri lavori. Altri artisti come gli incisori, invece, rimangono più tradizionali. Tuttavia, questi artisti non possono permettersi di ignorare Internet come canale di distribuzione e produzione. L'attenzione per il segno, la matrice e la tecnica antica, pertanto, non preclude che questi artisti siano figli del proprio tempo ed al passo con esso. Per allargare il loro mercato, gli artisti utilizzano i siti web e soprattutto i social network.

Tantissimi giovani artisti godono di un numero considerevole di seguaci su Instagram o Facebook e le loro pubblicazioni artistiche hanno un largo consenso tra gli utenti.

3. Marketing delle arti e della cultura

Il marketing è un ramo dell'economia che si occupa di indagini di mercato, organizzazione di vendita e commercio di beni e servizi offerti da un'azienda. In altre parole, è il complesso dei

33. Strazza G., *Primo segnare*, tratto da B.M., S.I., Z.C., op. cit.

metodi atti a collocare col massimo profitto i prodotti in un dato mercato attraverso la scelta e la programmazione delle politiche più opportune di prezzo, di distribuzione, di vendita, di pubblicità, di promozione, dopo aver individuato, attraverso analisi di mercato, il potenziale consumatore[34].

Scopo del marketing è l'ottimizzazione del rapporto tra aziende e clienti e la massimizzazione della loro soddisfazione reciproca. Il marketing intende soddisfare un bisogno del consumatore e stabilire con questi un rapporto di fedeltà ai fini di aumentare e ottimizzare i profitti.

Il marketing è una scienza relativamente giovane, nata dallo sviluppo economico e dal conseguente benessere della popolazione. Negli anni Venti il termine "marketing" comincia ad essere presente in libri, studi e pubblicazioni specializzate ma sarà solo negli anni Cinquanta che nascerà il marketing moderno, conseguenza di una maggiore attenzione nei confronti della vendita e del consumatore piuttosto che del prodotto. Nel secondo dopoguerra, il boom economico e l'aumento del potere d'acquisto della classe media favorirono ricerche di marketing su bisogni e desideri dei nuovi consumatori potenziali. La teoria economica del marketing si arricchisce con altre scienze, fondamentali per le ricerche di mercato nei confronti del consumatore, come le scienze sociali e nello specifico la psicologia e la sociologia.

Dagli anni Sessanta il marketing si specializza in svariati ambiti. Philip Kotler contribuì ad avviare processi di adattamento del marketing in contesti specifici, tra cui quello della cultura. Il vero punto di svolta nei riguardi del marketing culturale, però, avviene solo verso la fine degli anni Novant acon la pubblicazione del libro di François Colbert *Marketing delle arti e della cultura*. Il marketing culturale veniva visto in modo ambiguo a causa dell'avvicinamento di due campi fino a quel momento distanti fra loro, quello della cultura e quello dell'economia. Nel mondo artistico e culturale subentrò un lessico specifico manageriale che non si accordava con il linguaggio estetico ed elevato delle arti. Colbert fu il primo in grado di spiegare in modo semplice e

34. Citato da vocabolario online Treccani: http://www.treccani.it/vocabolario/marketing/.

chiaro la particolarità del marketing culturale, aiutando a superare le difficoltà dialettiche tra uomini di management e uomini di cultura[35].

L'artista è una figura fondamentale, senza il quale non esisterebbero le imprese culturali.

Queste variano per dimensione, struttura, settore e possono svolgere una o più funzioni tra produzione, riproduzione, distribuzione, tutela, progettazione, ecc. L'applicazione delle strategie di marketing risulta fondamentale per il successo di un artista o di una galleria. Bisogna però precisare che nel mercato dell'arte operano artisti singoli, che solo in pochi casi sporadici, soprattutto negli Stati Uniti, sono affiancati da agenti, e gallerie che per quanto grandi non possono permettersi strutture di marketing.

Per il singolo artista parlare di strategia di marketing può sembrare assurdo ma nel momento in cui l'artista stampa i biglietti da visita o, ad esempio, manda gli auguri in occasione di una ricorrenza a un critico d'arte, svolge inconsapevolmente un'operazione che può essere analizzata attraverso il linguaggio del marketing[36].

Il marketing culturale è una disciplina viva e in movimento, la cui grande sfida è trovare un equilibrio tra prodotto e mercato quindi in particolare tra autonomia artistica e le esigenze collettive del nostro tempo.

Sono state date diverse definizioni di marketing. Per citarne alcune, si può giungere alla conclusione capendo di cosa tratta effettivamente.

Il teorico del management Peter Drucker diceva: «Lo scopo del marketing è di conoscere e comprendere così bene il cliente da far sì che il prodotto o il servizio gli si attagli in modo tale da vendersi da sé», secondo Philip Kotler, invece, il marketing non era altro che: «un'attività umana diretta a facilitare e realizzare gli scambi».

Ogni strategia di marketing è costituita dal così detto marketing mix, composto dalle "quattro P": prodotto, prezzo, distribuzione (*place*) e promozione. Affinché il marketing sia di

---

35. Colbert F., *Marketing delle arti e della cultura*, 2ª ed., ETAS, Milano, 2009
36. Vettesea., op. cit.

successo bisogna che ci sia l'equilibrio di queste quattro parti. Si crea una sinergia quando l'effetto generale dei diversi elementi è maggiore della somma dell'effetto degli elementi considerati separatamente.

Le parti del marketing mix sono chiamate "variabili controllabili", a differenza della concorrenza che è una variabile semi-controllabile o il macro-ambiente che è considerata una variabile incontrollabile.

È molto importante saper padroneggiare e ottimizzare le variabili controllabili oppure utilizzarle in modo da ridurre al minimo gli effetti nocivi di quelle incontrollabili[37].

Il prodotto è il cardine di ogni azienda. Nel settore culturale, in particolare, costituisce il punto di partenza di ogni attività di marketing.

A differenza del marketing tradizionale dove il punto di arrivo e di partenza è lo stesso, ovvero il mercato, nel marketing di arte e cultura si parte dal prodotto per arrivare al mercato. Il prodotto è qualcosa che soddisfa un'esigenza, un bisogno. Il consumatore richiede un determinato prodotto artistico, ad esempio, per godimento estetico o elevare la propria posizione sociale. È lo stesso artista, però, che realizzando un'opera assolve a una esigenza personale.

L'artista realizza l'opera prima per se stesso, poi rivolge tale prodotto verso il mercato. Parlando di marketing in arte, dunque, per prodotto si intende l'opera e, talvolta, l'artista stesso.

Difatti molti grandi artisti non hanno venduto solamente le loro opere ma anche se stessi e la propria immagine. Lo stesso vale per molte gallerie private che sono state in grado di crearsi un'immagine molto forte e dunque di vendere, oltre alle opere degli artisti, anche il loro stesso *brand*.

Quasi tutti i prodotti hanno un ciclo di vita e, come gli esseri viventi, hanno una nascita, una maturazione e un declino. I bisogni e le preferenze dei consumatori cambiano a causa di diversi fattori come, per esempio, le innovazioni tecnologiche. Un prodotto apparentemente innovativo può essere rapidamente sostituito da un altro. La curva sottostante rappresenta il ciclo di vita del prodotto.

---

37. Colbert F., op. cit.

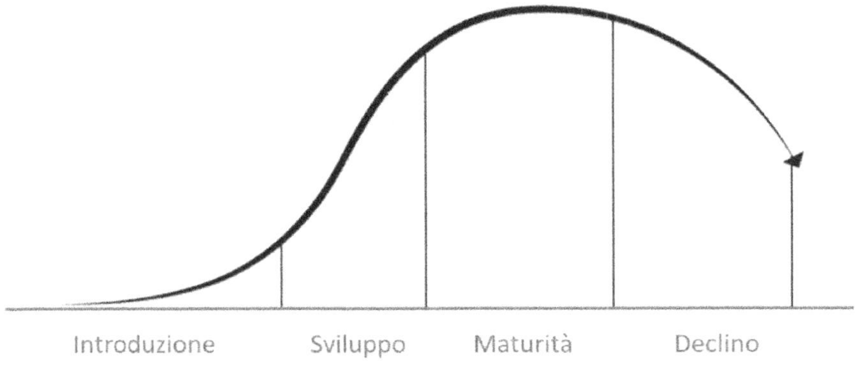

La prima fase è l'introduzione del prodotto su mercato, ovvero il suo lancio e la sua promozione. In questa fase iniziale il prodotto è poco conosciuto e la crescita delle vendite è piuttosto lenta. Se il prodotto incontra il favore del mercato, avviene una fase di sviluppo delle vendite. Segue lo stadio della maturità: il prodotto è stato accettato da tutti i potenziali acquirenti con conseguente rallentamento dello sviluppo di vendite. Dopo la stabilizzazione delle vendite nella fase più alta del ciclo di vita, si ha una fase graduale di declino. Il prodotto diventa obsoleto e le vendite scendono fino ad annullarsi del tutto. A differenza di altri prodotti, quelli artistici possono essere considerati "eterni". Il lavoro dell'artista non subisce la quarta fase del ciclo di vita anzi sarà soggetto a incrementi continui del valore. Chiaramente questo vale per gli artisti più famosi, quelli destinati al declino sono gli autori secondari. [38]

Uno degli elementi più importanti del marketing mix è il prezzo. Ogni prodotto ha un prezzo che comprende vari elementi come, ad esempio, le spese legate al consumo. Quando il consumatore decide di usufruire di un prodotto culturale, che sia una mostra d'arte, un concerto o uno spettacolo teatrale, deve considerare la possibilità di spese aggiuntive che vanno oltre il costo del prodotto in sé e comprendono pasti fuori casa, babysitter, costi per il trasporto ecc. Alcune strategie di marke-

38. Vettesea A., op. cit., pp. 215-219.

ting pongono prezzi differenti nei confronti di vari target al fine di invogliare e favorire gli utenti. Il prezzo, spesso, comunica il valore e la qualità del bene. Consumatori inesperti si lasciano guidare dall'indicatore prezzo. Gli acquirenti più specializzati o appassionati, invece, sono disposti a pagare cifre esorbitanti pur di avere un determinato prodotto. È il caso, ad esempio, delle opere d'arte. L'importo pagato per un prodotto non è necessariamente proporzionato ai costi di produzione o al valore attribuitogli. L'unicità, la fama e il valore simbolico di un oggetto possono accrescere il prezzo che i consumatori sono disposti a pagare. In altre parole, il prezzo giusto non è necessariamente il costo di creazione ma è quello che il consumatore è disposto a pagare[39].

Porre il prezzo ad un'opera d'arte e, dunque, determinarne il valore commerciale, è pratica assai delicata che si effettua seguendo vari parametri. Alcuni considerano la pittura su tela come la più alta arte ma esistono varie tecniche, nella scala dei valori commerciali, che la seguono: gouache, tempera, acquarello, pastelli, disegni, opere grafiche. Oltre alla tecnica, il formato e il periodo di esecuzione (in riferimento a grandi artisti) sono gli altri parametri che possono differenziare il prezzo del prodotto. Solitamente, però, il prezzo si stabilisce seguendo una formula empirica:

$$(\text{cm base} + \text{cm altezza}) \times \text{coeff. Art.} \times 10$$

La somma della base e dell'altezza dell'opera, moltiplicato per il coefficiente dell'artista, e ancora moltiplicato per dieci. Il coefficiente dell'artista varia se l'artista è emergente o se affermato.

Per un artista che non sia emergente ma abbia raggiunto un certo successo critico l'aumento del prezzo corrisponde a un aumento della domanda; chi acquista le opere di quell'artista può ostentare ricchezza, posizionamento sociale, ecc. In altre parole, il prezzo stesso dell'opera diventa prodotto[40].

39. Colbert F., op. cit.
40. Vettese A., op. cit., p. 214.

La distribuzione è l'insieme delle azioni necessarie affinché un prodotto sia immesso su mercato e diventi accessibile al consumatore. La distribuzione comprende diversi elementi: i canali di distribuzione, ovvero le reti o i canali nei quali vanno gestiti e controllati gli intermediari presenti; la distribuzione fisica e cioè gli aspetti logistici di una distribuzione, l'organizzazione, ecc.; infine la localizzazione commerciale, la scelta del punto vendita che è molto importante, la cui posizione deve essere scelta attentamente.

I canali di vendita possono avere un numero variabile di intermediari che si frappongono tra chi produce e chi acquista. Chiaramente maggiore sarà il numero degli intermediari e maggiore sarà il ricarico finale sul prezzo del prodotto. Vi sono diverse modalità di distribuzione: intensiva, che comporta la più ampia distribuzione possibile su mercato; selettiva, riguardante la selezione di pochi punti vendita; infine esclusiva che si basa su uno o pochi punti vendita. La distribuzione esclusiva è il caso delle gallerie d'arte. L'artista si impegna con un'unica galleria in un rapporto di esclusiva che impedisce la distribuzione delle sue opere presso terzi.

In riferimento al settore artistico, la logistica riguarda invece la movimentazione di opere d'arte con annesse problematiche su trasporto, procedure doganali, conservazione ecc.

L'ultimo elemento riguarda il punto vendita e l'insieme delle azioni necessarie per rendere accessibile il luogo. Quando si realizza un'attività culturale, come ad esempio una mostra di opere d'arte, si deve rendere la location facilmente individuabile, raggiungibile con i mezzi di trasporto, dotata di parcheggi adeguati, senza barriere architettoniche, con segnaletica ben in vista ma anche con applicazioni mobili che aiutino l'individuazione dell'evento.

Le nuove tecnologie e Internet hanno modificato, in maniera radicale, i canali di distribuzione dei prodotti e delle attività culturali[41]. Grazie ai social network, infatti, è molto facile venire a conoscenza di un evento artistico, vedere chi attorno a noi ne è interessato e avere sempre il promemoria di data, orario e luogo. L'era di Internet aiuta anche ad avvicinare il pubblico

---

41. Bollo A., *Il marketing della cultura*, Carocci, Roma, 2012.

al prodotto culturale in modo molto semplice. Sono innumerevoli i musei e le gallerie dotate di sito internet: questi siti contengono sezioni dedicate all'informazione generale sulla storia dell'istituzione, sulle attività, sui progetti in corso. Un sito web culturale dovrebbe essere trasparente, efficace, multilingue e dotato, inoltre, di contenuti interessanti e realizzati in base alle esigenze degli utenti[42]. Esistono delle applicazioni per analizzare il pubblico digitale che forniscono indicazioni come l'età, il genere o dati sul traffico web, interessanti per pianificare la strategia digitale[43].

L'ultimo elemento del marketing mix è la promozione. Una volta capito il prodotto da offrire, conosciuti i consumatori e stabilito il prezzo non resta che promuovere il prodotto e comunicare in modo convincente le caratteristiche del programma di marketing. Il fine è stimolare l'acquisto.I quattro distinti componenti della promozione sono: la pubblicità, la vendita personale, la promozione delle vendite e le relazioni pubbliche. Al fine di una buona comunicazione del prodotto, si ricorre all'acronimo AIDA: attenzione, interesse, desiderio, azione. Il linguaggio deve essere chiaro e comprensibile e che faccia riferimento a significati noti non solo a chi produce la comunicazione ma anche a chi la riceve[44]. Elemento centrale, nelle strategie comunicative delle imprese culturali, è costituito dal brand o marca. Il branding può essere considerato come il processo che crea l'identità e l'immagine dell'azienda, del museo o della galleria, e diffonde la notorietà del marchio.

La pubblicità è la divulgazione di un prodotto con lo scopo di indirizzare positivamente il pubblico verso l'acquisto del suddetto. La pubblicità, spesso, viene erroneamente confusa con il marketing; essa ne è invece solo una manifestazione. Ritenuta uno dei più efficaci strumenti della comunicazione aziendale, la pubblicità si basa sull'immediatezza di comprensione, sull'utilizzo di concetti semplici e alla portata di tutti. Esistono diversi tipi di pubblicità: televisiva, radiofonica, stampa su quotidiani e riviste, locandine, poster e pubblicità su internet.

---

42. *Ivi*, p. 103.
43. *Ivi*, p. 106.
44. *Ivi*, p. 92.

Nel settore culturale, a causa della limitatezza del budget, raramente si pubblicizza sui grandi mezzi di comunicazione di massa come la televisione, mentre si ricorre maggiormente a locandine, pieghevoli e riviste. Il rapporto tra prodotto culturale e pubblicità è difficile perché la prima è una realtà più complessa mentre la seconda si basa sulla semplicità e immediatezza.

Il costante aumento di internet ha portato a nuove strategie: l'e-marketing, cioè l'utilizzo di Internet a scopi di marketing diretto, è molto vantaggioso. Le newsletters online giungono direttamente a un target ben specifico. Per questo tipo di comunicazione sarà necessario disporre di una base dati sempre aggiornata, con liste di indirizzi ben conservate e che rispettino le normative sulla privacy e di trattamento di dati personali. Grazie alle strategie del marketing diretto, a volte, attraverso le newsletters vengono applicate delle promozioni, come riduzioni del costo o altri benefici, che invogliano il consumatore a usufruire di quella determinata attività. Dal punto di vista economico l'e-mail marketing è molto meno dispendioso della normale posta o di una telefonata, perché il costo è pari a zero. È, inoltre, immediato; quasi tutte le persone ormai sono collegate ad internet e lo utilizzano costantemente. I consumatori, pertanto, ricevono in tempo reale email informative e pubblicitarie e sono sempre aggiornati su eventi di vario genere grazie ai social. L'inconveniente dell'e-marketing, però, è quello degli "spam", ovvero le e-mail commerciali non autorizzate, che hanno in parte rovinato l'immagine di questa innovativa strategia di marketing[45].

Le relazioni pubbliche riguardano tutte quelle attività che servono a mettere in contatto un'organizzazione con interlocutori importanti, come giornalisti, enti di rappresentanza, autorità pubbliche ecc. L'attività delle relazioni pubbliche ha lo scopo di rafforzare l'immagine del prodotto, mantenere alta l'attività dell'ente e gestire la crisi.

L'ufficio stampa è una delle funzioni delle relazioni pubbliche e si occupa di gestire il rapporto con i media e veicolare informazioni ai giornalisti ai fini di ottenere visibilità gratuitamente. La differenza tra pubblicità e ufficio stampa, infatti, sta

45. Colbert F., op. cit., p. 251.

nel fatto che quest'ultima cerca di ottenere copertura sui vari mezzi di comunicazione senza dover pagare. In molti settori culturali, a causa dei fondi ridotti, l'ufficio stampa rimane il principale canale di promozione dell'organizzazione.

Oggi, nell'era di internet, i blogger specializzati nell'ambito artistico e culturale, e ancor di più gli influencer, stanno diventando i principali interlocutori degli uffici stampa[46].

Il termine marketing deriva dall'inglese *market* (mercato). Il mercato, infatti, è l'ambiente naturale del marketing. Considerato come luogo di scambi, di incontro sociale e conversazione, il mercato è, nello specifico, il luogo dove l'offerta incontra la domanda.

Quando domanda e offerta coincidono perfettamente, si ha un mercato in equilibrio. Tale mercato, tuttavia, può essere considerato quasi utopico.

Gli economisti parlano, pertanto, di mercato a concorrenza perfetta, nel quale il prezzo è determinato dall'incontro tra domanda e offerta, e mercato a monopolio, in cui esiste una sola impresa produttrice che determina il prezzo che desidera, il cui unico ostacolo potrebbe essere la scelta del compratore. Solitamente, però, i mercati si collocano tra questi due estremi.

Nelle organizzazioni culturali il concetto di mercato comprende, generalmente, l'insieme di relazioni con i consumatori finali, i partner, i finanziatori pubblici e i privati.

Il mercato dei consumatori finali è composto da individui che dimostrano interesse verso il prodotto e comprano o usufruiscono del bene. Raramente un prodotto può interessare l'intera popolazione. Possedere una cospicua disponibilità economica non presuppone la fruizione di un prodotto culturale ma spesso l'interesse, l'istruzione o i valori familiari invogliano, ad esempio uno studente, ad avvicinarsi al bene.

Alcune aziende, a causa delle risorse limitate o per la struttura del settore o del territorio, spesso, per vendere i propri prodotti, prendono la decisione di entrare in sinergia con un aspetto particolare del business di un partner. Un partner è un'orga-

46. *Ivi*, pp. 96-100.

nizzazione con cui un'azienda collabora per condividere rischi e successi.[47].

Il settore pubblico gioca un ruolo determinante per il settore culturale. Lo Stato, l'Unione Europea o gli enti locali possono finanziare economicamente le attività artistiche e culturali. Il livello di investimento pubblico in campo artistico varia in base alla tradizione del paese. L'Europa affonda le proprie radici nel mecenatismo ma attualmente, lo stato di crisi economica, non permette un numero così elevato di agevolazioni a favore dello sviluppo culturale.

Il settore privato rappresenta un ulteriore mercato e comprende singoli finanziatori ma anche sostenitori aziendali, sponsor o partner. Gli introiti delle imprese culturali possono aumentare grazie alle donazioni da parte di privati o alle sponsorizzazioni, che favoriscono la buona immagine della azienda sostenitrice.

Il mercato di riferimento dei prodotti culturali è quello del tempo libero. Il settore delle arti, tuttavia, a causa dell'assenza di barriere d'entrata, si presenta come frammentato e vede la presenza di molte piccole organizzazioni. La pressione da parte dalla concorrenza, obbliga le imprese culturali a porsi in una posizione di vantaggio competitivo nel suo mercato obiettivo[48]. Nonostante ciò, il mercato dell'arte oggi è di dimensioni relativamente limitate e dunque esposto all'influenza di numerose variabili, tra cui quelle macroeconomiche e finanziarie.

Il consumo dei prodotti legati al tempo libero o al settore culturale va affrontato in modo differente rispetto agli altri prodotti. Il fine ultimo dei consumatori è quello di soddisfare un bisogno personale. Per avvalersi di un prodotto culturale, tuttavia, si richiedono al consumatore tempo e volontà. Fattori chiave, infatti, sono il tempo e lo sforzo che un consumatore deve impiegare nell'atto di comprare un prodotto: l'acquisto di un particolare prodotto culturale va a discapito della possibilità di fare altre esperienze o usufruire di beni alternativi. La tendenza a consumare questi beni piuttosto che altri varia in proporzione all'età, alle entrate, ecc. Il consumo di questo tipo di prodotti può essere definito "esperienziale" e, a differenza

47. *Ivi*, p. 62.
48. *Ivi*, p. 79.

di altri articoli, questi non possono essere giudicati fino al momento della loro fruizione. L'arte e la cultura, toccano in prima persona le emozioni del consumatore. Per questo è necessario che il marketing manager avvii una attenta analisi psicologica del comportamento dei consumatori.

I consumatori decidono di usufruire o meno di un prodotto in base alle esperienze personali precedenti, al tipo di prodotto o al passaparola. Nella comunicazione culturale, molte volte, il consiglio di amici, colleghi, parenti, blogger si rivela molto più persuasivo che una recensione sul giornale.

Una variabile importante per la fruizione dei prodotti culturali, per la propensione a frequentare musei, teatri, visitare mostre d'arte, è l'esperienza vissuta durante l'infanzia. Educare all'arte e alla cultura è fondamentale per accentuare il coinvolgimento del fruitore. Oltre le esperienze personali e il coinvolgimento, anche la motivazione è alla base dei comportamenti dei consumatori. Questa nasce dallo squilibrio tra lo stato attuale e quello desiderato dell'acquirente e quindi maggiore sarà questo divario, tanto più forte sarà la sua motivazione nell'avvicinarsi al prodotto culturale.

Vi sono, inoltre, dei rischi di natura funzionale, sociale, culturale che compromettono la scelta dell'acquisto di un determinato prodotto. La paura che il prodotto non corrisponda alle proprie aspettative, il timore di non essere accettati dal gruppo o essere discriminati per particolari scelte, l'ansia di non sentirsi a proprio agio in un determinato ambiente culturale, sono alcuni degli ostacoli che si frappongono tra acquirente e prodotto. La forte motivazione può essere in grado di abbattere queste barriere che disincentivano il consumo.

Nello specifico, il rischio funzionale, ovvero la possibilità che il prodotto non soddisfi le aspettative del consumatore, soprattutto nel settore culturale, può essere ridotto tramite la lettura di recensione, pubblicità o ascoltando le opinioni degli amici. Tanto maggiore è il rischio percepito, tanto più alto sarà il livello di coinvolgimento.

Il rischio economico è chiaramente legato al costo di un bene. Più caro è il prodotto e più difficile sarà il processo decisionale.

Sul rischio economico, come già detto, influiscono anche tutte le spese correlate alla fruizione del prodotto.

Uno dei rischi più frequenti in ambito culturale è quello psicologico. Si tratta del rischio che l'acquisto o il consumo di un determinato prodotto non corrisponda all'immagine personale desiderata dal consumatore. Un'ottima strategia di marketing per abbattere questo rischio e coinvolgere il cliente consiste nell'inviargli messaggi che sostengano l'importanza del prodotto e pubblicizzino la crescita culturale legata ad esso.

Mentre il rischio psicologico riguarda la sfera personale, il rischio sociale è legato all'immagine che gli altri hanno dell'individuo. Ciò porta a non usufruire di un prodotto, ad esempio, per paura di essere disapprovati o avvicinarsi ad un altro pur di entrare in un gruppo[49]. Il rischio sociale comprende evidentemente anche la personalità più o meno forte dell'individuo. Alcuni consumatori tendono a imitare i comportamenti dei loro pari o a farsi influenzare nei processi decisionali.

I fruitori di prodotti culturali non sono semplicemente osservatori passivi ma spesso contribuiscono nella creazione dell'esperienza artistica. La loro partecipazione è richiesta in modo fisico e attivo ed anche emotivo.

Una categoria di consumatori che interessa particolarmente il settore artistico, come già detto, oltre agli appassionati visitatori di mostre d'arte, è quella dei collezionisti. L'amore per l'arte e l'interesse verso l'investimento portano un individuo ad acquistare opere d'arte.

La segmentazione è un processo di marketing fondamentale che consente di frammentare un mercato in diversi segmenti. Un segmento è un insieme di consumatori che hanno una percezione simile di un bisogno, accompagnati dalle stesse motivazioni. Individuare e studiare questi sottogruppi, differenti tra loro ma con bisogni in comune, è utile per perfezionare il sistema di offerta e specializzare le strategie di marketing[50].

La segmentazione ha la funzione di condurre l'azienda ad effettuare indagini di mercato approfondite per determinare fino

49. Colbert F., op. cit., pp. 99-102.
50. Bollo A., op. cit., p. 50.

a che punto la domanda è realmente omogenea[51]. La sua seconda funzione consiste, invece, nel fornire una strategia fondata su un'analisi della struttura di mercato[52], definita "posizionamento del prodotto". Il principio di segmentazione può essere facile ma definire i segmenti può rivelarsi più problematico. Non effettuare accurate letture della struttura di mercato può portare a considerare frammentato un mercato che in realtà non lo è o, al contrario, considerare uniforme un mercato costituito da svariati segmenti. Errori di questo tipo posso risultare disastrosi per l'azienda. I segmenti possono comprendere clienti "fedeli", "principianti", "appassionati", "indifferenti", "non-acquirenti", e così via. Definire un mercato con queste descrizioni non è sbagliato ma ne limita la classificazione. I descrittori possono aiutare a classificare e quantificare i segmenti. Esistono diversi tipi di descrittori: geografici, socio-demografici, psicografici, basati sui benefici. Le differenze geografiche spesso comportano differenze culturali, climatiche o ambientali; i descrittori socio-demografici comprendono, invece, l'età, il sesso, il livello d'istruzione, il reddito, la lingua, la religione, la professione, il numero di figli e così via; i valori e le opinioni sono le variabili coinvolte nei descrittori psicografici che, nello specifico, comprendono due categorie ossia il raggruppamento degli individui secondo i tratti della personalità e quello in base all'analisi degli stili di vita; l'ultimo descrittore si basa sulla comprensione dei benefici. Pertanto, maggiore è la comprensione dei benefici specifici che i consumatori desiderano migliore sarà la strategia di mercato[53].

In ambito culturale le variabili più utilizzate sono l'età, il genere, il livello di istruzione, la professione ed anche i desideri e i benefici[54].

Descrivere il profilo di un segmento non è sufficiente, bisogna determinare l'esatto numero di persone per segmento e i rispettivi ricavi potenziali. Un segmento efficace è un segmento che genera profitti. La profittabilità è una condizione necessaria ed essenziale. Affinché si abbia una segmentazione efficace e

51. Colbert. F., op. cit., p. 150.
52. *Ivi,* p. 151.
53. *Ivi,* pp.156-160.
54. Bollo A., *ivi.*

proficua è necessario, inoltre, avere la garanzia, sebbene relativa, che i segmenti rimarranno stabili abbastanza a lungo nel tempo.

Dopo aver individuato e descritto i segmenti, si dovrà scegliere il target, ovvero quei segmenti su cui l'organizzazione ha deciso di investire e quindi realizzare un apposito sistema d'offerta e marketing mix.

Mentre la segmentazione del mercato è un'operazione sostanzialmente analitica, il posizionamento di un prodotto è considerato un concetto strategico. È possibile individuare uno o più target parlando così, rispettivamente, di marketing concentrato e marketing differenziato.

Il primo, la strategia di marketing concentrato, consiste nell'attenzione su un particolare segmento. Questa strategia richiede una eccellente comprensione dei descrittori per capire le preferenze e i comportamenti del consumatore. Le organizzazioni culturali, a causa delle risorse limitate e della missione particolare, ricorrono spesso a questo tipo di posizionamento. Una attenta analisi permette al marketing manager culturale di evidenziare i prodotti concorrenti chiave e quelli alleati potenziali.

Il posizionamento competitivo è, invece, necessario in un regime concorrenziale dove è necessario distinguersi. Le imprese devono considerare di non essere sole nel mercato e il posizionamento, in effetti, riguarda la capacità di differenziazione in un sistema competitivo. Questo tipo di strategia detta anche "differenziazione del prodotto" mira ad offrire al consumatore un beneficio aggiuntivo che porti il prodotto lontano dalla concorrenza[55].

4. Tutela dell'opera d'arte su internet

L'avvento di Internet ha permesso a un gran numero di utenti di pubblicizzare le proprie opere d'arte sui social e mostrarsi a un pubblico sempre maggiore. Non sempre, però, i giovani artisti conoscono i rischi che la pubblicazione digitale di una immagine può comportare e, tantomeno, sono a conoscenza della

55. Colbert F., op. cit., pp. 166-169.

tutela che è prevista per le loro opere d'arte dal momento della realizzazione. Sarebbe pertanto opportuno che ciascun artista conoscesse le nozioni basilari del copyright in riferimento alle opere artistiche.

Di particolare interesse è l'art. 2 della legge sul diritto d'autore che, al comma 4, afferma che sono comprese nella protezione le opere della scultura, della pittura, dell'arte del disegno, della incisione e delle arti figurative similari, compresa la scenografia[56].

Con la parola *incisione* vengono incluse le opere di grafica d'arte come oggetto di tutela, al pari delle altre discipline artistiche. Le incisioni, dunque, che sono sempre state considerate da collezionisti e appassionati di minor importanza rispetto ad altre tipologie di opere d'arte, acquistano adesso dignità in ambito giuridico.

La legge sul diritto d'autore prevede che l'autore o, nel nostro caso, l'artista abbia il diritto esclusivo di controllare le riproduzioni della propria opera, in qualunque forma e con qualunque mezzo esse avvengano.

L'autore ha diritto di controllare[57]:

56. Art. 2, L. 633/41: «In particolare sono comprese nella protezione:1) le opere letterarie, drammatiche, scientifiche, didattiche, religiose, tanto se in forma scritta quanto se orale; 2) le opere e le composizioni musicali, con o senza parole, le opere drammatico-musicali e le variazioni musicali costituenti di per sé opera originale; 3) le opere coreografiche e pantomimiche, delle quali sia fissata la traccia per iscritto o altrimenti; 4) le opere della scultura, della pittura, dell'arte del disegno, della incisione e delle arti figurative similari, compresa la scenografia; 5) i disegni e le opere dell'architettura; 6) le opere dell'arte cinematografica, muta o sonora, sempreché non si tratti di semplice documentazione protetta ai sensi delle norme del capo quinto del titolo secondo; 7) le opere fotografiche e quelle espresse con procedimento analogo a quello della fotografia sempre che non si tratti di semplice fotografia protetta ai sensi delle norme del capo V del titolo II; 8) i programmi per elaboratore, in qualsiasi forma espressi purché originali quale risultato di creazione intellettuale dell'autore. Restano esclusi dalla tutela accordata dalla presente legge le idee e i principi che stanno alla base di qualsiasi elemento di un programma, compresi quelli alla base delle sue interfacce. Il termine programma comprende anche il materiale preparatorio per la progettazione del programma stesso; 9) Le banche di dati di cui al secondo comma dell'articolo 1, intese come raccolte di opere, dati o altri elementi indipendenti sistematicamente o metodicamente disposti ed individualmente accessibili mediante mezzi elettronici o in altro modo. La tutela delle banche di dati non si estende al loro contenuto e lascia impregiudicati diritti esistenti su tale contenuto; 10) le opere del disegno industriale che presentino di per sé carattere creativo e valore artistico».

57. Come previsto dall'art. 13, L. 633/41: «Il diritto esclusivo di riprodurre ha per oggetto la moltiplicazione in copie diretta o indiretta, temporanea o permanente, in tutto o in parte dell'opera, in qualunque modo o forma, come la copiatura a mano, la

- le riproduzioni effettuate a scopo di lucro ma anche quelle effettuate senza alcun lucro;
- le riproduzioni di tutta o soltanto una parte dell'opera;
- le riproduzioni effettuate da un intermediario ad esempio lo stampatore nel caso delle incisioni;
- le riproduzioni effettuate su un supporto diverso o in un formato diverso da quello dell'opera riprodotta[58].

È opportuno ricordare che la L. 633/41 ha abbracciato la concezione dualistica secondo cui il diritto d'autore si compone di due diritti dal contenuto rispettivamente economico e personale[59]. Si riconoscono, pertanto, all'autore i diritti patrimoniali e morali sull'opera realizzata.

La disciplina dei diritti morali[60] protegge gli interessi personali dell'autore.

Il diritto morale è un diritto fondamentale che include:

- il diritto che l'autore venga riconosciuto come effettivo creatore dell'opera, quindi con la possibilità di rivendicarne la paternità;
- il diritto di anonimo;
- il diritto di inedito;
- il diritto di opporsi a qualsiasi modifica della propria opera d'ingegno.

I diritti morali sorgono con la creazione di un'opera, sono inalienabili e non hanno limite di tempo. Tale diritto dura tutta la vita dell'autore e, per la natura strettamente personale dei diritti morali,è da escluderne il trasferimento a un soggetto diverso dall'autore. La perpetuità, tuttavia, è un ulteriore elemento che

---

stampa, la litografia, l'incisione, la fotografia, la fonografia, la cinematografia ed ogni altro procedimento di riproduzione».

58. *Ibidem.*

59. Ubertazzi, op. cit., p. 1512.

60. Gli artt. 20-24 della L. 633/41 si occupano dei diritti morali d'autore. Ulteriori disposizioni sono contenute negli artt. 41, 47, 48, 65, 67, 70, 142 della stessa legge.

caratterizza il diritto morale e difatti dopo la morte dell'autore tali diritti possono essere fatti valere nel tempo dai parenti[61].

La seconda componente del diritto d'autore, ovvero il diritto patrimoniale, non è un diritto fondamentale e si basa sullo sfruttamento economico dell'opera intellettuale. I diritti di utilizzazione economica sono alienabili ed hanno durata limitata nel tempo, a differenza di quelli morali. È, pertanto, importante stabilire la data esatta del decesso dell'autore perché da tale data inizia a decorrere il termine di settanta anni alla fine del quale i diritti patrimoniali si estingueranno.

In Italia, a differenza di alcuni paesi stranieri, non ha avuto seguito la proposta di accordare agli autori una tutela di durata illimitata dei propri interessi patrimoniali[62].

La tutela degli interessi patrimoniali legati alla creazione di un'opera è assicurata nella legge sul diritto d'autore da strumenti giuridici diversi. Il primo strumento è la tutela di esclusiva. Il secondo è il diritto al compenso a fronte di determinate utilizzazioni della propria opera.

Ci si chiede se il diritto esclusivo d'autore si estenda alle utilizzazioni in ambito privato. L'opinione dominante ritiene che il mero godimento dell'opera rimanga fuori dal contenuto del diritto d'autore sia esso strutturato come un diritto esclusivo o come un diritto a compenso[63].

L'autore ha il diritto esclusivo di pubblicare l'opera. Individuare il momento in cui un'opera viene pubblicata è importante sia da un punto di vista economico, perché gioca un ruolo fondamentale nelle politiche e nelle strategie di mercato seguite dalle imprese culturali, sia giuridico, che riguarda appunto il diritto d'autore e la sua durata.

Qualora l'autore muoia senza aver lasciato alcun testamento, la trasmissione di tali diritti sarà disciplinata dalle norme

61. Art. 23, L. 633/41: «Dopo la morte dell'autore il diritto previsto nell'articolo 20 può essere fatto valere, senza limite di tempo, dal coniuge e dai figli, e, in loro mancanza, dai genitori e dagli altri ascendenti e dai discendenti diretti; mancando gli ascendenti ed i discendenti, dai fratelli e dalle sorelle e dai loro discendenti. L'azione, qualora finalità pubbliche lo esigano, può altresì essere esercitata dal Ministro per la cultura popolare, sentita l'Associazione sindacale competente».

62. Ubertazzi, op. cit., p.1606.

63. *Ivi.*

relative alla successione legittima. In questo caso, qualora gli eredi fossero più di uno, il diritto di utilizzazione delle opere deve rimanere unito tra gli eredi per un periodo di tre anni dalla morte dell'autore. Decorsi i tre anni gli eredi possono decidere se rimanere in comunione o dividersi. Gli eredi, inoltre, devono nominare uno tra loro che detenga l'amministrazione e la rappresentanza di tali diritti.

In caso di morte in presenza di testamento, suddetti diritti verranno devoluti secondo le volontà del defunto.

La scomposizione del diritto d'autore in più facoltà non incide sull'oggetto di tutela che è e resta unitario. Pertanto l'autore è titolare di un unico diritto perché unica ne è la fonte[64].

La tutela giurisdizionale del diritto d'autore soggiace a regole molto diverse a seconda che la lesione dell'esclusiva si produca online o offline[65].

Vivere nell'era di Internet consente agli utenti di tutto il mondo una comunicazione sempre più veloce. I documenti digitali possono essere scambiati a costi bassissimi, in numero illimitato, senza danneggiare la qualità delle copie. Questo tipo di condivisione, pertanto, viene utilizzata da un gran numero di persone, artisti o editori che, mettendo in rete le proprie opere d'ingegno, accettano il rischio che queste possano a sua volta essere riprodotte, copiate o elaborate dando origine a un prodotto derivato[66].

Le opere pubblicate su internet, tramite siti web, social network e così via, devono godere di tutela[67].

La tutela del diritto d'autore in Internet ha suscitato il vivace interesse dei giuristi. La rete internet, tuttavia, pone molteplici problematiche di giurisdizione. Internet non è un luogo fisico

64. Dell'Aversana F., *Quale copyright per il mondo del filesharing? Il caso dei social network,* in «Informatica e diritto», 1-2/ 2017.

65. Guidotti R. – Zaccardi G. (a cura di), *Il diritto nell'era di internet: commercio, diritto d'autore, nomi di dominio, fiscalità e sicurezza,* Mucchi, Modena, 2001.

66. Griffo E., *op. cit.*

67. In riferimento alla protezione del copyright e della sua tutela penale potrebbe essere un interessante approfondimento la lettura di Barbarossa A., *Protezione del diritto d'autore nell'opera d'arte,* e Caputo A., *Brevi osservazioni de iure condendo sulla tutela penale del diritto d'autore tra nuove proposte e antichi dibattiti,* in «Rivista di Diritto delle Arti e dello Spettacolo», 1, 2017, pp. 13-16 e pp. 25-36.

ma una rete virtuale che collega tra loro anche le parti più remote del pianeta, creando un nuovo spazio: il *cyberspace*.

Questo fenomeno globale unisce regioni geografiche che vantano, cadauna, sistemi giuridici differenti. Il carattere transnazionale della rete e l'assenza di barriere pongono contrasti e problemi di compatibilità tra le diverse normative nazionali. È necessario, pertanto, coordinare a livello internazionale la legislazione riguardo internet, soprattutto riguardo la tutela dell'opera intellettuale in rete[68].

Il dilemma digitale[69] sottintende una vera e propria contraddizione tra le finalità perseguite con lo sviluppo di Internet e il tradizionale meccanismo di tutela delle opere creative[70].

Storicamente l'esigenza di tutelare il software sorge soltanto ad un certo stadio dell'evoluzione del mercato informatico e cioè nella terza ed ultima fase, tutt'ora in corso, caratterizzata dall'avvento degli *home computer* e di Internet e alla conseguente crescita esponenziale della domanda di prodotti informatici. In questo contesto si fa dunque sentire più di prima la necessità di ricorrere ad una protezione forte ed esclusiva del software[71].

Il primo ordinamento a occuparsi del diritto d'autore in rete è stato quello statunitense, attraverso il *Digital Millennium Copyright* del 1998. In Italia, la necessità di regolamentazione del diritto sul web è stata avvertita in ritardo. L'AGCOM, l'Autorità per le Garanzie nelle Comunicazioni, ha iniziato a lavorarvi solo dal 2010, basandosi ancora sulla legge del 1941[72].

In Italia il diritto d'autore è tutelato attraverso l'azione promozionale, ovvero il sostegno allo sviluppo del mercato dei contenuti mediante campagne informative e alla diffusione dell'offerta legale, e tramite misure repressive, ovvero la lotta

---

68. Griffo E., op. cit.

69. Questa terminologia è utilizzata in riferimento all'analisi delle ripercussioni causate dallo sviluppo delle tecnologie di comunicazione digitale sul tradizionale sistema di distribuzione di contenuti coperti dal diritto d'autore.

70. Dell'Aversana F. (a cura di), *Manuale di diritto delle arti e dello spettacolo*, 2ª ed., PM Edizioni, 2016.

71. Ubertazzi, op. cit., p. 1652.

72. In riferimento a ciò, è doveroso precisare che il quadro di riferimento del 1941 è rimasto sostanzialmente invariato e che le modifiche apportate riguardano l'introduzione di norme a tutela di programmi per elaboratore, ovvero i software, e banche dati.

alla pirateria[73]. È importante, pertanto, che l'AGCOM si adoperi a educare e accrescere la consapevolezza degli utenti in merito all'importanza del copyright in Internet[74]. Tuttavia, le politiche di *enforcement* risultano alquanto critiche, in quanto potrebbero portare alla violazione dei principi costituzionali[75].

La digitalizzazione delle opere ha portato a forme di controllo rigido e, dall'altro lato, al cosiddetto *open source*. Il primo modello reca indubbio vantaggio economico agli autori, il secondo reca ad essi minori introiti.

Le licenze *open source* stabiliscono che il software libero debba essere messo a disposizione del pubblico, utilizzato da chiunque senza restrizioni di alcun genere, e che possa infine essere liberamente modificato, riprodotto e distribuito da chiunque. Nel mondo *open source* è lecita l'elaborazione e, inoltre, chiunque può distribuire il software licenziato. Le licenze *open source* non riguardano i diritti morali. Alcune licenze *open source* parrebbero comunque proteggere gli interessi morali e patrimoniali degli autori del software libero[76].

Alcuni pensano che l'*open source* rechi un danno al diritto d'autore, altri si dimostrano preoccupati per il fatto che il diritto esclusivo sulle opere digitali in rete, riconosciuto all'autore, limiti la natura libera della rete stessa[77].

---

73. Dell'Aversana F., op. cit., p. 215.

74. *Ibidem.*

75. *Ivi*, p. 216.

76. Ubertazzi, op. cit., pp. 1667-69.

77. In merito all'esigenza di trovare un accordo tra tutela del diritto d'autore e libertà in internet è opportuno ricordare un attualissimo dibattito che ha suscitato l'interesse degli esperti di diritto, delle principali piattaforme online, di gruppi editoriali e così via. Si tratta della nuova normativa europea sul copyright, formulata con l'obiettivo di aggiornare le regole sul diritto d'autore nell'Unione Europea, ferme dal 2001 quando internet era molto diverso da quello che è oggi. In particolare, l'art. 11 e l'art. 13 hanno suscitato non poche polemiche. Il primo, anche detto *link tax,* prevede una tassa sui link che riportano in anteprima il titolo e poche righe di un articolo al fine di gratificare economicamente il lavoro editoriale. Il secondo articolo ha, invece, tra gli obiettivi quelli di combattere la pirateria e le *fake news* impedendo agli utenti di caricare su piattaforme online materiale protetto dal diritto intellettuale. Questo atteggiamento limiterebbe la libertà propria di internet e in molti si sono opposti alla normativa sostenendo che, nonostante sia giusto e necessario un provvedimento sul copyright online, non è giustificabile una limitazione della libertà. Il Parlamento Europeo ha inizialmente respinto la proposta di tale direttiva che, tuttavia, è stata approvata durante la nuova sessione plenaria di Settembre 2018 a Strasburgo. Tale decisione non è definitiva e vi è ancora la possibilità che non venga adottata.

In effetti non si può affermare che le opere riprodotte in rete godano di tutela giuridica effettiva al pari delle opere su supporto tradizionale[78].

In altre parole, la digitalizzazione ha dunque messo a confronto due diversi modelli di produzione e diffusione: l'uno che attraverso la chiusura e il "controllo rigido e accentrato" dell'informazione cerca di raddoppiare la tutela del diritto d'autore in ambito digitale, e l'altro che invece si fonda sull'apertura e sul "controllo flessibile e decentrato", la cui duttilità lo rende adatto a consentire modalità di tutela del tutto nuove ed ibride rispetto al passato[79].

In riferimento alle opere d'arte, come già detto, l'avvento delle nuove tecnologie permette agli artisti, o aspiranti tali, di far conoscere ed eventualmente vendere i propri prodotti creativi senza intermediari[80].

La facilità e il costo trascurabile con cui vengono fatti circolare i contenuti digitali mettono prima di tutto in crisi il ruolo classico del distributore quale intermediario. Oggi, tuttavia, c'è un'altra figura di intermediario nel panorama dei contenuti digitali, il provider[81].

Il provider è colui che materialmente veicola i contenuti digitali. Oggi, gli operatori dell'industria culturale si trovano, in un modo o nell'altro, a doversi rapportare con questi nuovi soggetti, che un momento sono accusati di assistere silenziosamente alla circolazione di contenuti protetti, mentre in un altro momento sono considerati come preziosi alleati nella repressione della pirateria.

Il web ha offerto la possibilità a menti particolarmente creative di dare spazio alla propria espressività, la quale, al contrario, sarebbe rimasta limitata tra le mura domestiche senza dar vita a prodotti che, spesso, sono risultati di notevole qualità[82].

Nei social network, piattaforme web che si basano su relazioni a sfondo professionale o personale, la partecipazione attiva

78. Griffo E., op. cit.

79. Ardizzone A.- Benussi L.- Blengino C.- Glorioso A.- Ramello G.B.- Ruffo G.- Travostino C., op. cit.

80. *Ivi*, p. 22.

81. *Ivi*, p. 166.

82. *Ivi*, p. 25.

degli utenti ha un ruolo fondamentale. Quando l'artista carica in rete un proprio lavoro ha prontamente la risposta degli utenti che popolano i social e che possono esprimere consensi, disapprovazione o addirittura condividere e salvare nel proprio *smartphone* o personal computer il lavoro artistico altrui.

L'opera dell'ingegno di carattere creativo deve pertanto essere intesa quale oggetto della tutela della legge sul diritto d'autore su internet.

Come già detto, la grafica d'arte introduce il concetto di riproducibilità. Tuttavia, se con l'avvento della "riproducibilità tecnica" l'opera perde la sua "aura" di evento unico ed irripetibile, con la tecnologia digitale la distinzione stessa tra originale e copia sfuma fino a scomparire. Processo, questo, che mette in discussione il rapporto e la continuità tra l'opera in formato digitale e l'opera dell'ingegno nella sua accezione classica, intesa come segno e "significante" nuovo ed originale, a prescindere dal significato che questa porta[83].

In conclusione, il diritto d'autore pone al centro di tutto l'autore. L'artista è il soggetto debole che deve essere protetto. La legge c'è ed è proprio a favore dell'artista. Quando un artista realizza un'opera, di grafica d'arte ad esempio, deve essere a conoscenza delle tutele disponibili nei confronti della sua opera sia nella realtà virtuale che offline. In merito ad Internet, le norme ci sono ma c'è bisogno degli strumenti. Le problematiche legate alle opere in rete sono tante e complesse. Qualora per una data questione non sia rintracciabile una normativa specifica, si deve sempre ricorrere all'interpretazione giurisprudenziale[84]. Il legislatore attuerà, senz'altro, un intervento chiarificatore[85].

---

83. *Ivi*, pp. 162-3.
84. Griffo E., op. cit.
85. Dell'Aversana F., op. cit.

Capitolo VIII

Pedagogia ed estetica a confronto nella prospettiva dell'economia dell'arte

Evelyn Grazia Nericcio

1. Premessa

La materia che tratteremo nel presente lavoro vuole illustrare come il concetto di *habitus*, introdotto da Bourdieu, abbia dato inizio ad una maggiore sensibilità verso il concetto di mercato dell' "arte". Successivamente sarà affrontato il tema della ricerca pedagogica con il concetto di "apprendimento" e di come possa essere usata nell'educazione sull'arte.

2. Arte nella società e nell'individuo: il concetto di *habitus*

Il concetto di pedagogia artistica può avere una doppia valenza: insegnare l'arte e insegnare attraverso l'arte[1] e sono due realtà pratiche assolutamente inscindibili. Invece, per affrontare il delicato ambito del mercato dell'arte non è sufficiente analizzare i soli aspetti economici, dato che i valori artistici ed estetici, che sono la vera sostanza venduta attraverso l'opera[2] che prende la forma del mezzo, contengono essi stessi un valore di prima grandezza nello stesso ambito economico.

Oggi il mondo dell'arte si apre a un'ibridizzazione di forme e generi. La bellezza e la creatività, categorie fondamentali dell'arte secondo la tradizione idealistica e romantica, trovano nella vita quotidiana nuovi territori da colonizzare. In questo

1. Per approfondire il concetto di "arte" si veda Picozza E., *Tutela e promozione dell'arte e della cultura*, in «Rivista di Diritto delle Arti e dello Spettacolo», 2, 2018, p. 105.

2. Sono costruzioni sociali ed è proprio il contesto sociale a decretare l'apprezzamento o meno dell'opera stessa.

panorama di esteticità diffusa, si costituisce un'intersezione tra due ambiti della creatività storicamente volti l'uno a progettare per l'industria oggetti seriali, utili ed esteticamente gradevoli, l'altro a ideare opere uniche e belle, ma senza scopo. Il nuovo spazio dell'arte è l'ambiente vissuto, dove contemplazione e consumo si intrecciano in un'esperienza sinestetica in cui l'arte può offrire dei servizi ai fruitori. Pertanto la contemplazione disinteressata, tradizionalmente connotativa dell'opera d'arte, viene ora sostituita da un'esperienza a più livelli, una sorta di "consumo contemplativo", poiché la bellezza si può fruire simultaneamente alla soddisfazione di altri scopi[3].

Per comprendere meglio il rapporto tra il concetto di "arte" e il mercato dell'arte, nelle pagine seguenti cercheremo di esplorare la dimensione sociale facendo principalmente riferimento a Pierre Bourdieu[4], sociologo che si è occupato a fondo dei conflittuali rapporti tra classi[5], le cui riflessioni, però, possono risultare feconde anche per il tema che qui ci impegna.

L'apporto fondamentale di Bourdieu alla nostra riflessione è il concetto di *habitus*. Attraverso il termine *habitus* fu effettuata una grande operazione di indagine per mezzo di un questionario, i cui risultati permisero al sociologo di individuare diversi gruppi sociali proprio grazie al loro specifico *habitus* che l'autore definisce con queste parole: "l'*habitus* è, infatti, contemporaneamente principio generatore di pratiche oggettivamente classificabili e sistema di classificazione di queste pratiche. È proprio nel rapporto tra queste due capacità che definiscono

3. Per approfondire questo tema si veda Branchesi L., *Il patrimonio culturale e la sua pedagogia per l'Europa*, Roma, 2006, p. 18.

4. Filosofo e antropologo oltre che sociologo, Bourdieu si occupò di molti argomenti tra cui etnografia, arte, letteratura, pedagogia, linguaggio, costume e televisione. Senza discriminare fra temi nobili o futili, egli fu uno strutturalista critico, aderisce infatti in certa misura, alle tesi dello strutturalismo, secondo cui nel mondo sociale vi sono strutture indipendenti dalla coscienza dell'individuo e dal suo volere, le quali delimitano in modo specifico il comportamento dell'attore sociale. Bourdieu ama definire la propria posizione teorica come "costruttivista strutturalista": a suo avviso, gli individui possono costruire fenomeni sociali tramite il loro pensare e il loro agire, ma tale costruzione avviene sempre all'interno di un'ineludibile struttura che mai può essere rimossa. Per approfondire il concetto di *habitus* e il pensiero di Bourdieu, si veda Bourdieu P., *Campo intellettuale, campo del potere e habitus di classe in Campo del potere e campo intellettuale,* Manifestolibri, Roma, 2002, p. 86.

5. Francucci C., *Il museo come territorio di esperienza*, Corraini, Torino, 2016, p. 46.

l'*habitus*, capacità di produrre pratiche ed opere classificabili, e capacità di distinguere e di valutare queste pratiche e questi prodotti (il gusto), che si costituisce l'immagine del mondo sociale, cioè lo spazio degli stili di vita"[6]. Eppure si parla del concetto che definisce la visione delle cose, sicché e il conseguente comportamento, definito in relazione alla storia individuale o della famiglia, incide sui nostri stili di vita in ogni aspetto[7].

L'*habitus*, dunque, è un concetto che riunisce i caratteri comuni di una classe, un "a priori collettivo" di un gruppo sociale che esso, appunto, è inconsapevole di possedere[8]. Per il suo carattere oggettivo, ne derivano comportamenti specifici e prevedibili che regolano la vita sociale nella sua interezza[9]. È in base a questo principio che, secondo Bourdieu, si plasmano le caratteristiche dei beni prodotti e consumati: l'ambito artistico non fa eccezioni. In questo modo, l'affinità tra la produzione di beni e quella dei gusti favorisce l'allinearsi di domanda e offerta, evitando così le logiche di ricerca e adattamento dell'una nei confronti dell'altra[10]. In sostanza, si parla di un mercato in grado di autoalimentarsi grazie al suo stesso *habitus*: gusti e preferenze simili favoriscono la creazione di prodotti ad *hoc* perché generati dalla stessa matrice[11]. Produrre un bene culturale[12] non presuppone un'imposizione della funzione di produzione, ma

---

6. Bourdieu P., *La distinzione. Critica sociale del gusto*, Bologna, il Mulino, 1983, p. 54. Si osservi che con il termine "oggettivamente classificabili" non si presuppone l'autocoscienza del gruppo ma la possibilità per lo studioso di raggiungere una soddisfacente descrizione sociale.

7. Calvani A., *Principi dell'istruzione e strategie per insegnare. Criteri per una didattica efficace*, Roma, 2011, p. 74.

8. Douglass M., Isherwood B., *Il mondo delle cose. Oggetti, valori, consumo*, Bologna, 2013, p. 81.

9. Per questi concetti si veda Giordano S., *Disimparare l'arte*, Bologna, Il Mulino, 2012, p. 38.

10. Dewey J., *Esperienza, natura e arte*, Milano, Mimesis, 2015, p. 19.

11. Freinet C., *L'apprendimento del disegno*, Roma, Editori riuniti, 1980, p. 75.

12. I beni culturali sono tutti i beni designati da ciascuno Stato come importanti per l'archeologia, la letteratura, l'arte, la scienza, la demologia, l'etnologia o l›antropologia. Si contrappongono, per definizione, ai "beni naturali" in quanto questi ultimi ci sono offerti dalla natura, mentre i primi sono il prodotto della cultura. Il primo riconoscimento ufficiale di "bene culturale" in campo internazionale si ebbe durante la Convenzione dell'Aia firmata il 14 maggio 1954 da quaranta Stati di tutto il mondo e confermata in Italia con la legge del 7 febbraio 1958 (sostituendo per la materia l›articolo 822 del Codice civile del 1942).

piuttosto una simbolica, in quanto ogni prodotto derivante dalla classe in esame è una materializzazione di quel desiderio o inconscio realizzata grazie ad un personale specifico.

Dunque, è su questa base che il processo trova automaticamente la sua convalida, soprattutto, quando questa materializzazione o oggettivazione viene assegnata a gruppi virtuosi in grado di trovare un ampio riconoscimento collettivo[13].

3. La (ri)produzione di gusti e beni nell'arte

Ci troviamo, dunque, in un sistema dominato dal rapporto simbiotico tra gusti e oggetti: se i primi orientano la produzione dei secondi, favorendo i produttori di volta in volta più consoni a soddisfare le richieste del momento, a un cambiamento nella qualità degli oggetti prodotti seguirebbe un cambiamento nei gusti[14]. La concorrenza e gli *habitus* che interessano i produttori li spronerà a concepire prodotti diversi che mirano agli interessi dei diversi consumatori offrendo, così, loro il modo di ricavarne soddisfazione[15].

Le dimensioni del capitale in possesso dei produttori stanno alla base del funzionamento di questo principio di tale affinità funzionale; esse detteranno, inoltre, un'omologia tra le opposizioni che si verranno a creare tra chi è incluso in quel circolo dettato dal capitale[16]. La mediazione del senso di omologia tra beni e gruppi sancirà l'accordo tra classi di prodotti e classi di produttori[17]. Se domanda e offerta si trovano così in equilibrio, nella classe dominante avverranno delle lotte unicamente tese a

---

13. Fiz A., *Investire in arte contemporanea*, Milano, Franco Angeli, 1995, p. 91. Una simile visione permette di tornare a quella associazione del mercato dell'arte-mercato del lusso. Quest'ultimo infatti è quello che più palesemente "si vende" tramite il suo gemellaggio ad una specifica clientela d'*élite*, grazie a quella funzione di classificazione del possessore.

14. Candela G. – Scorcu E., *Economia delle Arti*, Bologna, Zanichelli, 2004, p. 61.

15. Codignola F., *Prodotto prezzo e promozione nelle politiche distributive di arte contemporanea*, Giappichelli, Torino, 2009, p. 45.

16. Busacca B., *L'analisi del consumatore. Sviluppi concettuali e implicazioni di marketing*, Milano, Egea, 1990, p. 97.

17. Dal Lago A. – Giordano S., *Mercanti d'aura. Logiche dell'arte contemporanea*, Bologna, il Mulino, 2006, p. 25.

determinare i criteri portanti di domanda e offerta[18]. Inoltre, la concorrenza per gli emblemi – cioè, secondo Bourdieu, i beni di lusso – imporrà come minimo comune denominatore la corsa alla massimizzazione del rendimento dei possedimenti esclusivi. Per attuare il tutto, la produzione dovrà solo tener fede alla propria logica di distinzione[19].

Passando più in particolare all'opera d'arte[20], infatti, sono gli oggetti contraddistinti da una maggiore carica peculiare ad evidenziare meglio il divario tra una classe e l'altra e la qualità di colui che li possiede, dato che la loro acquisizione prevede tempo e capacità non ottenibili in tempi brevi: si pensi alla lista d'attesa per la compravendita di un'opera importante che sia modellata non sul fattore economico ma su quello dello stile di vita del potenziale acquirente[21]. Se l'acquisto di opere d'arte, a loro volta oggettivazione di un gusto personale, è solo una delle pratiche votate a formare e accumulare capitale simbolico, è anche quella che più assomiglia ad una forma unica di accumulazione, cioè all'incorporazione dei simboli distintivi del potere, distinzione, autorità, cultura[22].

Sul versante degli altri segmenti sociali, la mancanza delle condizioni per l'acquisto non frena la ricerca dell'elitarismo, l'appropriazione si riduce all'individualità, cosicché si arrivano ad apprezzare in modo diverso le cose comuni e apprezzare allo stesso modo cose diverse, tutte strategie che permettono alle classi dominate una qualche forma di esclusività[23]. Le stesse

---

18. Veronese B., *Il capitale della cultura: un valore che genera valore quale driver di sviluppo economico e sociale, Rivista di Diritto delle Arti e dello Spettacolo*, 1, 2017, sostiene che "la creazione e lo sfruttamento adeguato dell'insieme delle risorse ed attività intangibili dell'impresa permette di trasformare l'intreccio di risorse materiali, finanziarie ed umane in un sistema capace di creare valore non solo per la realtà direttamente coinvolta, ma anche per tutti i soggetti esterni portatori di interessi e, comunque, direttamente e potenzialmente toccati".

19. Bergson H., *Saggio sui dati immediati della coscienza*, Milano, Cortina Raffaello, 2002, p. 79.

20. Il capitale culturale è un altro segno distintivo di Bourdieu: si pensa secondo la propria classe di appartenenza. Egli va, però, oltre Marx e individua 4 tipi di capitale: economico, sociale, culturale, simbolico.

21. Poli F., *Il sistema dell'arte contemporanea*, Bari, Laterza, 2011, p. 53.

22. Benjamin W., *L'opera d'arte nell'epoca della sua riproducibilità tecnica*, Torino, Einaudi, 1966, p. 88.

23. Marx K., *Manoscritti economico-filosofici del 1844*, Roma, Editori Riuniti, 1977, Vol. III, p. 72.

sono adottate anche dagli artisti che attraverso di esse traggono quel potere di denominare come opere d'arte degli "oggetti insignificanti"[24]. Combinando i vari segmenti, si delinea così il quadro sociale: il sistema, autonomo, non richiede manutenzione esterna, gli attori che muovono gli ingranaggi sono gli stessi a cui vengono rifilati i prodotti generati e pensati appositamente per loro, perché vengono da loro stessi[25]. L'*habitus* ci fa pensare in un certo modo, desiderare e apprezzare fedelmente le caratteristiche comuni della nostra classe: inconsciamente acquistiamo prodotti commerciali pensati appositamente per noi ma a differenza delle opere d'arte, questi non richiedono una particolare istruzione mentre esse necessitano di competenze e disposizioni adatte per essere apprezzate[26].

Il concetto di *habitus* è, dunque, duttile, può adattarsi sul piano teorico a spiegare il consumo di differenti classi sociali. In quanto categoria socio – culturale apre, dunque, all'interrogativo della sua formazione e propagazione.

L'ambito pedagogico, lo si intende, è così tappa obbligata nel riflettere sulla formazione del gusto. Lo stesso Bourdieu, fedele sempre al suo concetto di *habitus*, si esprime in modo critico sulla scuola[27]. L'alunno, infatti, incontrerà un successo scolastico misurato sul capitale culturale della sua classe di appartenenza[28]. In questo modo, la scuola opera una discriminazione avvantaggiando chi già possiede quelle caratteristiche tramandate all'interno della propria famiglia con l'aiuto anche del capitale sociale[29].

La scuola, sotto questo punto di vista, non lavora per ottenere una mobilità sociale come dichiarerebbe, ma al contrario diventa una macchina per la "riproduzione culturale", conservando in questo modo la struttura preesistente e selezionando

24. Batteux C., *Le belle arti ricondotte a unico principio*, Palermo, 2002, p. 48.
25. Baudrillard J., *Il sistema degli oggetti*, Milano, 1972, p. 93.
26. Giordano S., *Disimparare l'arte*, Bologna, Il Mulino, 2012, p. 105.
27. Vettese A., *Ma questo è un quadro? Il valore nell'arte contemporanea*, Roma, Carocci, 2005, p. 64.
28. Bourdieu P., *La distinzione. Critica sociale del gusto*, Bologna, Il Mulino, 2013, p. 20.
29. Raspi A., *Arte e mercato*, Roma, Artemide Edizioni, 1997, p. 72.

non chi sa, ma chi fa parte di una determinata classe[30]. L'individuo, in generale, agisce all'interno del proprio spazio, può dialogare con coloro che parlano la sua stessa lingua perché è il loro consenso a concedergli il potere[31]: l'*habitus* fornisce questo *background* condiviso[32]. In questo modo, gli interessi specifici del campo possono essere soddisfatti obbedendo alle leggi in vigore in quello stesso campo, soddisfare la domanda non significa compiere una ricerca adatta, ma è l'intrinseca affinità strutturale a permettere l'incontro con l'offerta e il tutto si perpetua in un *loop* continuo a cui siamo soggetti sin da bambini[33].

Per evitare che il classismo sociale dell'*habitus* conduca a un irrigidimento intellettuale dei futuri adulti, occorrerebbe, tuttavia, a scuola, o in qualunque altro contesto didattico, preoccuparsi di familiarizzare i più giovani con i linguaggi e le pratiche dell'arte[34]. Non si dovrebbe, cioè, insegnare chi sono gli artisti secondo un approccio nozionistico, ma cercare di immettere nei processi intellettuali, immaginativi e creativi dei giovanissimi idee, paradigmi, metafore e pratiche simboliche desunti dall'esperienza artistica[35], rendendola viva, presente. Vorrei ricordare l'autorevole convinzione di Arnold Hauser, il quale ci ricorda come di ogni arte con la quale abbiamo un reale rapporto facciamo un'arte moderna[36]. Questo avviene, inevitabilmente, perché le chiavi di lettura con cui guardiamo i materiali che ci arrivano dal passato sono quelli della contemporaneità: per descrivere un avvenimento dell'epoca imperiale romana non usiamo il latino ma la lingua e i concetti dei nostri giorni, e ciò vale anche per i linguaggi visuali e sonori[37]. Legittimare, raffinare e rendere consapevole lo spirito e lo sguardo del nostro tempo è,

---

30. Bourdieu P., *Le disuguaglianze di fronte alla scuola e alla cultura*, in Cesareo V. Sociologia dell'educazione, Milano, Hoepli, 1972, p. 56.
31. Freinet C., *L'apprendimento del disegno*, Roma, Editori riuniti, 1980, p. 88.
32. Spranzi A., *Economia dell'arte*, Milano, Unicopli, 2003, p.33.
33. Rossi G., *Il contro-mercato dell'arte*, in *I mercati dell'arte*, Torino, Allemandi, 1991, p. 23.
34. Pitruzzella S., *L'ospite misterioso. Che cos'è la creatività, come funziona e come può aiutarci a vivere meglio*, FrancoAngeli, Milano, 2008, p. 36.
35. Preta L., *Immagini e metafore della scienza*, Bari, Laterza, 1996, p.15.
36. Hauser A., *Tendenze e metodi della critica moderna*, Einaudi, Torino, 1969, p. 98.
37. Fabbri D. – Munari A., *Strategie del sapere, verso una psicologia culturale*, Milano, Guerini, 1999, p. 34.

dunque, l'unico presupposto per poter cercare di comprendere l'eredità del passato, e questo può significare anche ritagliare e ricontestualizzare le immagini visionarie di Hieronymus Bosch o quelle sublimi di Raffaello Sanzio in un *collage* ispirato alle ardite trasgressioni simboliche di Kurt Schwitters e Hannah Hoch, o utilizzare una frase melodica di Vivaldi per costruire una ballata *pop*[38].

4. L'apprendimento dell'arte

Queste esigenze ideali di sensibilizzazione all'esperienza artistica devono misurarsi, tuttavia, con i più recenti e innovativi orientamenti pedagogici, trovando un punto di equilibrio nell'attenzione posta da entrambi alla crescita personale e intellettuale dell'individuo. Infatti, nella dimensione della *learning society* e nella finalità dell'apprendimento permanente[39], emerge con forza la necessità di un "apprendere ad apprendere" inteso come competenza strategica, trasversale rispetto ai singoli ambiti disciplinari. La finalità prioritaria dell'educazione, nella società della conoscenza, è la formazione di un individuo capace di autoapprendimento e in grado di mobilitare diverse risorse cognitive e affettive per far fronte a una vasta tipologia di situazioni, per giungere alla formazione di un cittadino attivo e consapevole che partecipa alla costruzione della conoscenza e ai processi di cambiamento[40].

Con il termine apprendimento s'intende: "un processo di coinvolgimento attivo nell'esperienza"[41]. Quello che avviene nel momento in cui un individuo vuole attribuire senso al mondo e può comportare lo sviluppo di conoscenze, competenze, comprensione, valori, sentimenti, attitudini e capacità di riflettere. Un apprendimento efficace promuove il cambiamento, lo svi-

38. Lyotard J., *Discorso, figura*, Milano, Mimesis, 2008, p.12.

39. Per approfondire il tema si veda Reddy V., *Che cosa passa per la testa di un bambino*, Cortina, Milano, 2010, p. 58.

40. Tota A. L., *Sociologie dell'arte. Dal museo tradizionale al museo multimediale*, Carrocci, Roma, 1999, p. 93.

41. Taiuti L., *Corpi sognanti. L'arte nell'epoca delle tecnologie digitali*, Feltrinelli, Bologna, 2007, p. 17.

luppo personale e il desiderio di continuare ad apprendere[42]. Si possono distinguere tre tipi di apprendimento, che si alternano nella vita di ciascun individuo:

- *apprendimento formale*: definito apprendimento strutturato per obiettivi formativi, tempi e risorse dedicate. Si svolge nell'ambito di istituzioni scolastiche e formative, è intenzionale dal punto di vista del discente e rilascia certificazioni e titoli ufficiali[43]. L'apprendimento formale ha dominato la riflessione politica, influenzando l'impostazione dei modelli d'istruzione e formazione nonché la percezione generale di apprendimento;
- *apprendimento non formale*: definito apprendimento semi-strutturato, si realizza a partire da attività pianificate che avvengono in ambito extrascolastico, è intenzionale dal punto di vista del discente e non rilascia certificazioni e titoli ufficiali[44]. L'apprendimento non formale viene sottostimato, in quanto questo tipo d'istruzione raramente viene percepita come una formazione vera e propria e i suoi risultati non hanno un valore riconosciuto sul mercato del lavoro[45];
- *apprendimento informale*: si realizza nelle attività quotidiane connesse al lavoro, famiglia e tempo libero, non è né intenzionale, né strutturato o organizzato in obiettivi formativi e non rilascia certificazioni. L'apprendimento informale rischia di essere completamente trascurato benché costituisca la prima forma di apprendimento e il fondamento stesso dello sviluppo infantile. Esso rappresenta una riserva considerevole di sapere e potrebbe costituire un importante fonte d'innovazione nei metodi d'insegnamento e di apprendimento[46].

---

42. Gibbs T. – Sani R. – Thompson P., *Musei e apprendimento lungo tutto l'arco della vita. Un manuale europeo*, Edisai, Ferrara, 2007, p. 61.

43. Staccioli G., *Immagini fatte ad arte. Idee ed esperienze per educare alla comunicazione visiva*, Carocci, Roma, 2000, p. 51.

44. Diodato R., Somaini A., *Estetica dei media e della comunicazione*, Il Mulino, Bologna, 2011, p. 46.

45. De Bartolomeis F., *Il colore dei pensieri e dei sentimenti. Nuove esperienze di educazione artistica*, La Nuova Italia, Firenze, 1990, p. 77.

46. Dewey J., *Arte come esperienza*, La Nuova Italia, Milano, 2007, p. 100.

Queste tre tipologie di apprendimento, in un'ottica di *lifelong learning*, devono essere valorizzate senza soluzione di continuità in un unico contesto[47]. La proposta di apprendimento potrà basarsi inizialmente sui saperi teorici acquisiti in contesti formali, ma prenderà in considerazione anche un apprendimento per problemi critici e concreti attraverso modelli esperienziali a contatto con la realtà della vita quotidiana nel quale si è immersi[48]. È necessario rendere gli individui consapevoli di questo processo di apprendimento costante[49] e definire i dispositivi formalizzati dalle istituzioni con tutto il contesto socio-culturale, portarli in evidenza e riconoscerli[50].

Attraverso i concetti finora espressi possiamo riassumere la prospettiva di apprendimento permanente su quattro principi operativi:

- *impegno personale all'apprendimento*: il discente diviene responsabile del proprio apprendimento[51];
- *impegno sociale dell'apprendimento*: il discente condivide con gli altri le sue esperienze di apprendimento e incoraggia allo stesso tempo gli altri[52];
- *il rispetto all'apprendimento degli altri*: il discente apprezza e riconosce l'apprendimento dei suoi pari in un'ottica costruttiva;

---

47. PAULIS G., *Arte e web*, Caravaggio Editore, Chieti, 2009, p. 33.

48. ROTHKO M., *Scritti sull'arte*, Donzelli Editore, Roma, 2006, p. 85.

49. In merito a ciò, F. M. Sirignano sostiene che «l'obiettivo della cura digitale è quello di consentire lo sviluppo di una interazione consapevole e responsabile tra i processi della mente umana e l'utilizzo delle tecnologie digitali. Diviene, quindi, uno strumento fecondo di educazione all'arte in grado di destrutturare l'abitudine ad apprendere secondo schemi rigidi ed aprendo la mente all'incontro con l'alterità e le differenze che agitano l'odierna società complessa e multiproblematica», da *La responsabilità formativa nella Media Literacy: pedagogia del cinema e cura digitale*, in «Rivista di Diritto delle Arti e dello Spettacolo», 1, 2017.

50. PANCIROLI C., *I laboratori artistici di matrice educativa*, in «Ricerche Pedagogia e Didattica», 5, 2010, p. 97.

51. DALLARI M, *La dimensione estetica della paideia. Fenomenologia, arte, narratività*, Erickson, Trento, 2005, p. 71.

52. ANCESCHI G., *L'oggetto della raffigurazione*, Etas Libri, Milano, 1992, p. 85.

- *il rispetto della verità*: il discente sarà pronto a cambiare opinione rimettendosi in gioco in un processo di acquisizione di nuove argomentazioni mai prese in considerazione[53].

Quando parliamo di apprendimento, dobbiamo anche considerare il concetto di "*self empowerment*", inteso come processo di utilizzo totale delle potenzialità insite nell'individuo che favoriscono la massima realizzazione delle proprie possibilità personali[54]. Il processo di *empowerment* mira a rafforzare la capacità di scelta e autodefinizione della propria vita culturale[55]. Ogni individuo, proprio perché dotato di una sua biografia personale del processo di apprendimento, sarà in grado di sedimentare, rielaborare e far proprie conoscenze e competenze acquisite, attraverso una motivazione e una curiosità che lo porteranno sempre più a coltivare questa ricchezza culturale[56]. In questo senso, è la riflessività che permette all'individuo di generare significati per creare nuove conoscenze che gli permetteranno di porsi domande nuove e di dare un seguito operativo al processo di apprendimento permanente[57]. È la competenza strategica, la chiave che consente la mobilitazione delle risorse del soggetto per apprendere ad apprendere mobilitando la capacità di un agire riflessivo nelle società complesse[58].

Nel 2010 il Parlamento Europeo conferma la proposta della Commissione per una strategia Europa 2020, nella quale promuovere la conoscenza e l'innovazione come motori della nostra futura crescita: le arti, in tal senso, rivestono un ruolo determinante[59].

53. Munari B., *Arte come didattica, Quaderno del laboratorio giocare con l'arte*, n.10, Centro DI, Firenze, 2000, p. 55.

54. De Carli C., *Educare attraverso l'arte*, Mazzotta Edizioni, Milano, 2007, p. 42.

55. Rullani E., *L'economia della conoscenza. Reatività e valore nel capitalismo delle reti*, Carrocci, Roma, 2004, p. 14.

56. Guerra L., *Tecnologie dell'educazione e dell'innovazione didattica*, ed. Junior, Brescia, 2010, p. 22.

57. Frabboni F. – Guerra L. – Scurati C., *Pedagogia, realtà e prospettive dell'educazione*, Bruno Mondatori, Milano, 1999, p. 69.

58. Frabboni F., *Didattica e apprendimento*, Sellerio, Palermo, 2006, p. 101.

59. Dallari M. – Francucci C., *L'idea di Creatività*, in L'esperienza pedagogica dell'arte, La Nuova Italia, Firenze, 2017, p. 134.

5. La ricerca pedagogica sull'educazione dell'arte: spunti di riflessione

L'ambito della ricerca pedagogica, infine, presenta un ambito ancora più complesso, che solo in parte procede in sintonia con il quadro giuridico e con la ricerca estetica, che abbiamo appena delineato e che saranno oggetto di approfondimenti ulteriori[60].

Il punto di vista pedagogico sull'educazione all'arte dà luogo a posizioni divergenti: nel corso del '900, alla luce della riflessione deweyana, dell'ermeneutica e della fenomenologia, si approda ad una nozione di educazione all'arte essenzialmente legata alla formazione di un'esperienza estetica, il cui valore viene delineato a livello soggettivo, ma anche oggettivo e sociale[61]. D'altra parte, solo in tempi recentissimi, quando si parla di educazione all'arte o "a partire dall'arte", si immagina un contatto con l'oggetto estetico visto come esperienza personale, intima ed emozionante, un contatto che può generare sensazioni diverse: dallo stupore alla commozione, dall'apprezzamento alla condivisione[62].

In generale, l'incontro con l'arte costituisce, dal punto di vista educativo, un'occasione di conoscenza di una realtà più complessa[63], di un aspetto del territorio, di una civiltà che va tutelata[64]. L'esperienza dell'arte appare, allora, un'esperienza da elaborare ed interiorizzare, per costituire un passo fondamentale verso la comprensione della realtà che ci circonda. Si sviluppa in questo modo nei soggetti una personalità particolare, un'attenzione verso il bello, una consapevolezza razionale del valore intrinseco delle opere d'arte che si trasforma nel tempo in un approccio diverso nei confronti del mondo[65]. Ci supporta in questo senso l'analisi del pensiero di Gadamer, che formula una definizione

60. Ferraris O., *Il significato del disegno infantile*, Boringhieri, Milano, 2012, p. 85.

61. Cozolino L., *Il cervello sociale*, Cortina, Milano, 2008, p. 23.

62. Piaget J., *Lo sviluppo mentale del bambino*, Einaudi, Milano, 1967, p. 67.

63. Per approfondire si veda Dell'Aversana F., *Diffusione della conoscenza vs. principio di legalità: il ruolo del bibliotecario*, in «Rivista di Diritto delle Arti e dello Spettacolo», 1, 2017.

64. Pitruzzella S., *L'ospite misterioso. Che cos'è la creatività, come funziona e come può aiutarci a vivere meglio*, Franco Angeli, Milano, 2008, p. 31.

65. Rizzolatti G. – Gnoli A., *In te mi specchio. Per una scienza dell'empatia*, Rizzoli, Milano, 2016, p. 90.

di "esperienza estetica", prendendo volutamente le distanze da quella radicale soggettivizzazione che era implicita nell'estetica kantiana e che aveva fatto scuola per un lungo periodo[66].

Nella tradizione soggettivistica di Kant e dei suoi successori, Schiller e Schopenhauer, si era negato ogni valore conoscitivo dell'esperienza estetica, la verità era confinata nel sentimento, nella trascendenza che Gadamer chiama "coscienza estetica"[67]. Questa rappresenta, per Gadamer, la tradizione soggettivistica legata a Kant, mentre il concetto di "esperienza estetica", che proviene dalla tradizione heideggeriana, rappresenta invece l'esperienza della conoscenza e della verità[68]. Il rapporto di verità che si realizza nell'esperienza estetica non ha nulla di provvisorio o di estatico, ma per Gadamer raffigura il rapporto tra noi e l'altro da noi (l'opera d'arte), che arricchisce insieme e, noi e l'altro da noi, nella realizzazione di un momento di "autocomprensione"[69]. L'esperienza dell'arte è, per il filosofo tedesco, un momento di arricchimento: tramite l'opera d'arte entriamo in contatto con il mondo che ha prodotto quel manufatto e anche con il nostro mondo reale e spirituale. L'incontro con l'arte diventa allora esperienza di conoscenza, contatto con la verità anche nel suo divenire storico[70]: diventa un modo di spezzare l'apriorismo sociale del gusto (per riprendere Bourdieu) e di elaborarne uno soggettivo, che esalti e non deprima le preferenze e il significato trasformativo riconosciuto dalla soggettività individuale all'opera d'arte.

Alla luce di quanto accennato, è importante, dunque, che gli enti formativi si adoperino affinché i soggetti possano avvalersi nel loro percorso formativo dell'esperienza della dimensione estetica, sorretti, da una parte, da una legislazione appropriata e, dall'altra, da una teoria pedagogica che tenga conto della specificità e della ricchezza culturale del nostro paese[71]. Soltanto

66. Dallari M. – Moriggi S., *Educare bellezza e verità*, Erickson, Trento, 2016, p. 68.

67. Lodi M., *Il paese sbagliato*, Einaudi, Torino,1970, p. 17.

68. Bertolini P., *Sulla pedagogia fenomenologica*, in F. Cambi, Modelli di Formazione, Utet Libreria, 2004. p. 89.

69. Dallari M. – Moriggi S., op. cit, p. 59.

70. Munari B., *Fantasia. Invenzione, creatività e immaginazione nelle comunicazioni visive*, Laterza, 2017, p. 72.

71. Branchesi L., *La Pedagogia del Patrimonio in Europa*, Franco Angeli, Milano, 2001, p. 16.

dopo aver provato cosa significa "esperienza estetica", infatti, un soggetto può riconoscere nel bene culturale un prodotto simbolo di memoria spirituale e collettiva e utilizzare, allora, l'arte, nella costruzione del sé, nel rispetto della comunità di appartenenza[72]. Risulta chiaro come la categoria della formazione estetica sia influenzata incisivamente da aspetti filosofico-pedagogici, ma anche giuridici, che ispirano e suggeriscono modalità e norme all'interno delle attività formative nelle scuole e nella società[73].

È interessante sottolineare, a questo punto del percorso, attraverso la riflessione estetica, come nel dibattito sviluppatosi intorno a tale questione si siano confrontate le tesi che legano il senso e il valore dell'arte al soggetto, con quelle che invece studiano l'oggetto artistico inteso nella sua unicità e globalità[74]. Nel primo caso, il soggetto è inteso sia come artista, ovvero come colui che produce, opera, comunica, sia come fruitore, ovvero come pubblico che recepisce, decodifica, interpreta, assume una funzione attiva nella quale i valori e i linguaggi dell'arte si agganciano più agevolmente con la storia e con il contesto dal quale traggono la loro essenza e la loro più esplicita natura[75]. Un modello educativo che tenga conto di questo punto di vista, è con tutta evidenza, un modello che varia con il tempo, con il luogo e con la civiltà della quale l'opera d'arte diventa espressione[76].

La filosofia estetica contemporanea ribadisce la storicità del gusto, per cui ogni tempo e ogni luogo nascondono uno specifico senso della bellezza ed esprimono una critica estetica mutevole. È convinzione diffusa che l'oggetto estetico rimanga sempre uguale a se stesso, mentre varia il giudizio estetico su di esso[77]. La definizione dell'esperienza estetica, intesa nelle sue condizioni soggettive, risale al secolo XVIII ed è stata proposta da Emmanuel Kant che ragiona in termini di "soggettività

---

72. CADAMURO A., *Stili cognitivi e stili di apprendimento. Da quello che pensi a come lo pensi*, Unicopli, Milano, 2004, p. 28.

73. DALLARI M. – FRANCUCCI C., *L'esperienza pedagogica dell'arte*, La Nuova Italia, Firenze, 1998, p. 86.

74. MUZI M., *Una pedagogia per il futuro prossimo*, in CAMBI F. – COLICCHI E. – MUZI M. – SPADAFORA G., *Pedagogia generale*, La Nuova Italia, Firenze, 2001, p.42.

75. MUZI M., *Prospettive ermeneutiche in pedagogia*, Unicopli, Milano, 1995, p. 13.

76. SCHLOSSER J., *La letteratura artistica*, La Nuova Italia, Firenz,e 1996, p.102.

77. SETTIS S., *Battaglie senza eroi. I beni culturali tra istituzioni e profitto*, Electa, Milano, 2005, p. 33.

trascendentale" e individua nell'arte proprietà peculiari quali il senso del diletto che accomuna chi la produce e chi ne fruisce[78]. Per Kant l'esperienza estetica è certamente espressione di un sentimento soggettivo, anche se il giudizio di gusto rende partecipe il soggetto di uno stato più universale trascendentale, di appartenenza all'umanità[79]. Più precisamente si esprime Vattimo nell'introduzione al volume "Estetica moderna" nel delineare la nozione di gusto in Kant[80]. Ma di soggetto pensato e descritto nella sua libertà e autonomia occorre parlare anche quando si guarda all'artista, a colui che produce e che guarda la realtà con occhi diversi realizzando opere che nascono dalla sua personale esperienza del mondo[81].

L'artista vuol trasmettere un'emozione, piacevole o spiacevole, non è questo che conta, è importante per lui generare un'esperienza legata ai sensi[82]. Dunque, attraverso la fruizione dell'opera, i soggetti acquisiscono la capacità di sentire, di riflettere, di crescere e maturare in autonomia il proprio giudizio, di raggiungere la conquista e l'armonia interiore attraverso l'arte, che dovrebbe essere il fine ultimo di ogni esperienza educativa[83].

---

78. Montessori M., *Come educare il potenziale umano*, Garzanti, Milano, 2007, p. 10.

79. Xodo Cegolon C., *La pedagogia come ermeneutica del'evento educativo*, in Vico G. (a cura di), *Teorie pedagogiche e dimensioni professionali*, La Scuola, Brescia, 1997, p. 23.

80. Kant E., *La critica della ragione e il problema dell'esperienza estetica*, in G. Vattimo (a cura di), Estetica moderna, Il Mulino, Bologna, 1984, p. 99. Secondo Vattimo, nella *Critica della ragion pura*, Kant impiega il termine "estetica trascendentale" per definire la «scienza di tutti i principi a priori della sensibilità». In quest'opera – che ha come obiettivo l'esposizione delle forme a priori della conoscenza al fine di legittimare l'edificazione di un sapere necessario e universalmente valido giudicando così le ambizioni della metafisica a presentarsi come scienza - l'estetica trascendentale, che tratta dello spazio e del tempo in quanto forme *a priori* della sensibilità, viene completata dalla "logica trascendentale", scienza delle leggi dell'intelletto in generale. Estetica e logica sono dunque due momenti complementari e interdipendenti nella ricostruzione della struttura trascendentale, a priori, della conoscenza. Le forme da esse analizzate – le forme a priori della sensibilità e i concetti puri dell'intelletto – non possono infatti prescindere le une dalle altre: «I pensieri senza contenuto sono vuoti, le intuizioni senza concetti sono cieche».

81. De Carli C. (a cura di), *Arte per la didattica, Vita e pensiero*, Garzanti, Milano, 1990, p. 51.

82. Malavasi P., *Tra ermeneutica e pedagogia*, La Nuova Italia, Firenze, 1992, p. 76.

83. Gennari M., *L'educazione estetica*, Garzanti, Milano, 1994, p. 18.

Capitolo IX

Arte e politica: un connubio inscindibile dal mondo classico all'età contemporanea

Francesca Salvato

1. Una premessa

Fin dalle origini della civiltà umana l'arte[1] è riuscita a conquistarsi un ruolo cardine nella società configurandosi non solo come pura rappresentazione del bello, delle emozioni e dei sentimenti ma, soprattutto, come strumento per veicolare messaggi che sensibilizzassero opportunamente l'opinione pubblica.

Questo studio si propone il fine di ripercorrere le fasi salienti, gli artisti maggiori e le opere che hanno reso concreto il rapporto tra arte e potere evidenziando quanto il connubio tra i due, apparentemente fallimentare, sia invece vincente e continui anche in età contemporanea a produrre risultati di indiscusso rilievo.

1. Sul punto si veda I. Guarnaccia, *Il fenomeno artistico. Una visione d'insieme*, in F. Dell'Aversana (a cura di), *Manuale di diritto delle arti e dello spettacolo*, II edizione, Varazze, 2016, p. 53. «Non esiste una definizione dell'arte nella letteratura giuridica. La concretezza e la pragmaticità del linguaggio giuridico non sono adatte a definire questo ampio concetto, vista la varietà delle sue interpretazioni e delle forme in cui può presentarsi. In assenza di una nozione normativa di opera d'arte, è possibile riscontrare che l'ordinamento italiano fissa un quadro giuridico di riferimento fondato su un doppio livello: a) le norme costituzionali; b) le fonti primarie: in particolare, la legislazione sullo spettacolo dal vivo, le normative riguardanti il diritto d'autore e la tutela e conservazione dei beni culturali e del paesaggio. Tra le opere tutelate dal diritto d'autore rientrano categorie che non hanno nulla a che vedere con l'ambito del fare spettacolo, come le opere della scultura e delle arti figurative, quelle fotografiche, i software e le banche dati, ed altre, invece, riconducibili a tale ambito, quali: opere letterarie, musicali, pantomimiche e coreografiche, audiovisive e cinematografiche».

2. L'arte classica: dalla maestosità del Partenone alla *pax augustea*

La Grecia classica[2] concepiva l'arte come raffigurazione dell'uomo e degli dei con la finalità di esaltare la perfezione delle forme e, di conseguenza, diffondere un tipo di bellezza idealizzato sia mediante la scultura che attraverso la pittura.

Se il *kouros,* ovvero il "ragazzo[3], è caratterizzato da una staticità di egizia memoria, la cui evoluzione nel tempo vedrà una scioltezza dei movimenti che mireranno ad esaltare la plasticità del corpo indissolubilmente legata alla valorizzazione delle virtù, un'opera dalle misteriose origini[4] come *Laooconte e i suoi figli* esprime al meglio la drammaticità dell'evento vissuto dal sacerdote troiano e dalla sua prole, attraverso la torsione quasi innaturale del corpo che annulla la consistenza del marmo e si tramuta nella morbidezza della carne.

Per quanto attiene all'architettura, nell'età periclea il volto di Atene subisce una profonda trasformazione che trova la sua ragion d'essere nel Partenone, il tempio dedicato ad *Athena parthenos,* un omaggio alla divina protettrice della città in un momento denso di sconforto per i Greci impegnati nello scontro contro il nemico persiano, ma anche un'esaltazione della vittoria finale che vede il rinsaldarsi dell'egemonia greca[5].

La scultura ellenica ci ha regalato pregevoli esempi come quelli citati ma in ambito pittorico le fonti in nostro possesso scarseggiano, pur se capolavori come *La battaglia di Isso*[6] compensano il rammarico per le opere perdute: nonostante i gravi danni riportati sul lato destro, la maestosa opera realizzata mediante la tecnica del mosaico ci restituisce nella sua interezza il *pathos* scaturito dallo scontro tra il valoroso sovrano macedone Alessandro Magno ed il timoroso re persiano Dario che si arrende dinanzi alla sconfitta.

Di contro, in epoca romana il fine ultimo degli scultori non era quello di raffigurare l'idealizzazione di un volto, bensì quel-

2. M. Kemp, *L'arte nella storia,* Bollati Boringhieri, Torino, 2015, p. 16.
3. *Ivi,* p. 18.
4. *Ivi,* p. 22.
5. C. Orrieux, P. Schmitt Pantel, *Storia greca,* Il Mulino, Bologna, 2003, p. 242.
6. M. Kemp, *op. cit.*, p. 24.

lo di porre al centro dell'attenzione le emozioni, le esperienze di vita, le gioie e i dolori fissandoli sul viso come se fossero vivide pennellate su una tela fatta di carne. È il caso della celebre scultura che dovrebbe raffigurare il giurista Gaio Trebazio Testa[7] con il quale Cicerone ebbe una fitta corrispondenza in Gallia nel 54 a. C.: le rughe del viso si imprimono nel marmo restituendoci una dettagliata carta geografica dell'esistenza di un uomo lontano dalla nostra epoca ma vicino al nostro sentire.

L'età imperiale che ebbe inizio con Ottaviano Augusto vide un ampliamento dell'edilizia pubblica, sia a Roma che nelle province, fervore che proseguì anche con la dinastia giulio-claudia e con i Flavi[8]: un'opera su tutte, che appare doveroso citare, è l'*Ara Pacis Augustae,* celebrazione autentica della *pax romana* che mira ad esaltare le gesta dell'imperatore partendo dalla vicenda del progenitore della *gens Iulia,* Enea. La collocazione stessa dell'opera si propone la finalità di porre in risalto la natura divina di Augusto il quale scelse il Campo Marzio affinché il suo monumento propagandistico potesse sancire il perfetto connubio tra la natura umana e quella divina.

Al contrario, Traiano spostò l'attenzione sui propri successi in ambito militare[9] come si evince innegabilmente ammirando i rilievi della celebre *Colonna* in marmo risalente al 113 d.C. Le due vittoriose campagne condotte contro i Daci si sviluppano lungo 29 metri, come se un immenso libro di storia venisse srotolato costantemente dinanzi ai nostri occhi.

3. Gli influssi orientali e il declino di un impero: le influenze dell'arte bizantina sulla politica

L'arte bizantina si contraddistinse soprattutto per una mentalità conservatrice dal punto di vista formale. Contrariamente a quanto si possa credere, la produzione artistica di questo periodo non è riconducibile soltanto a Bisanzio ma si estende anche ai restanti territori dell'impero, giungendo fino alla città di

7. *Ivi*, p. 25.
8. G. Becatti, *L'arte dell'età classica*, Sansoni, Milano, 2004, p. 364.
9. *Ivi*, p. 366.

Ravenna. Costruita nel 522, la *Basilica di San Vitale* è un edificio tardoantico che presenta un'innegabile matrice orientale[10]. La ricchezza cromatica dei materiali e il raffinato gusto decorativo la accomunano a *Santa Sofia:* Giustiniano e la consorte Teodora insieme alla corte sono collocati in due grandi riquadri, quasi a rappresentare un'improvvisa apparizione. In realtà, l'imperatore non si recò mai nella città emiliana ma la valenza simbolica della sua presenza e l'importanza del suo rango oltrepassano le barriere geografiche.

4. Il Rinascimento tra esaltazione del potere e mecenatismo

Il Rinascimento, epoca in cui avvenne una riscoperta dei valori artistici e culturali di cui il mondo classico si era fatto precursore, vide operare figure di spicco che incarnavano al meglio quel sentire come Giotto di Bondone[11], pittore particolarmente amato dal noto mercante Enrico degli Scrovegni. L'artista citato è emblematico per due ragioni: la classe dirigente di allora era guidata proprio dai mercanti e dai banchieri mentre le suggestioni dell'antichità tornavano ad affascinare per l'attualità dei loro insegnamenti. Non ci appare scontato ribadire che il periodo artistico più florido per il nostro Paese sia stato proprio quello, secoli in cui l'Italia ha accolto l'incarnazione stessa del concetto di arte come testimoniano i nomi di Brunelleschi, Masaccio, Donatello e molti altri, in una gara senza esclusione di colpi che non elegge un unico vincitore bensì pone gli artisti sul medesimo piano e ne valorizza la creatività nelle sue molteplici forme.

Donatello in particolar modo si servì dell'arte antica[12] per soddisfare le richieste civili ed ecclesiastiche che gli giungevano. Il *Monumento equestre in bronzo per Erasmo de Narni,* meglio noto come il Gattamelata, si allontana completamente dai modelli precedenti: il generale reca in mano il bastone del comando po-

10. Sul punto si veda anche V. Lazarev, *Storia della pittura bizantina,* Einaudi, Torino, 2012.
11. M. Kemp, *op. cit.,* p. 50.
12. *Ivi,* p. 54.

nendo l'accento sul dominio veneziano nei confronti della città di Padova. Il capo del militare si rifà ai modelli romani mentre il busto è avvolto da un'armatura di gusto medievale con decorazioni di stile classico. Il destriero che sembra avanzare maestoso non appare meno imponente del condottiero: lo zoccolo del cavallo poggia impercettibilmente sul globo donando un'ariosa leggerezza al gesto che, in realtà, cela un'ingegnosa risoluzione strutturale della statua. Un'opera che dialoga con l'antichità e con lo spazio circostante, pertanto è irrinunciabile il parallelo con la *Statua equestre di Marco Aurelio* la cui copia si erge maestosa al centro della piazza dei Musei Capitolini.

Nonostante menzionare Leonardo richiami alla mente soprattutto i suoi celebri dipinti avvolti da una luce particolarissima e da un'atmosfera quasi impalpabile dovuta alla sapiente tecnica dello sfumato, il presente lavoro si concentra principalmente sui legami tra arte e politica nel corso dei secoli, pertanto ci appare imprescindibile citare il leonardesco *Monumento a Francesco Sforza*[13]. Originariamente l'incarico fu affidato al Pollaiolo cui subentrò Leonardo per motivi sconosciuti ed i bozzetti preparatori mostrano che, all'inizio, l'artista vinciano proseguì lungo la falsariga del suo predecessore. Il monumento, dalle dimensioni imponenti, superava del doppio quello destinato al Gattamelata ma non ebbe la medesima fortuna. L'opera di Leonardo vide una lunga elaborazione degli studi per la fusione in bronzo che, però, non fu mai portata a termine. L'obiettivo finale, decisamente troppo azzardato persino per un talento come Leonardo, si sgretolò miseramente ed il bronzo destinato alla statua fu utilizzato per i cannoni mentre il modello in terracotta divenne il bersaglio favorito dei militari francesi di Luigi XII, nuovo dominatore di Milano dopo gli Sforza. Una pagina dolorosa nella produzione artistica di Leonardo che, tuttavia, non oscura minimamente la sua fama.

I testi di arte ci tramandano principalmente le committenze religiose ricevute da Michelangelo ma è opportuno menzionare un lavoro meno noto risalente al ritorno dell'artista a Firenze. *La*

13. Sul punto si veda anche A. Bernardoni, *Leonardo e il monumento equestre a Francesco Sforza*, Giunti, Firenze, 2007.

Battaglia di Cascina[14] avrebbe dovuto trovare la sua collocazione ideale nella sala del Maggior Consiglio e la committenza rivelò l'acme della rivalità tra Michelangelo e Leonardo. L'opera mirava a celebrare uno scontro che vide la vittoria dei fiorentini sui pisani nel 1364, un episodio che ben sposava le finalità propagandistiche della sala. L'affresco non venne ultimato e nemmeno il cartone preparatorio è giunto a noi, l'unica salvezza è rappresentata dalla copia di Aristotele da Sangallo che immortalò la parte centrale del bozzetto: le figure nude sono colte in movimento ma se l'artista vinciano pone l'accento sullo scontro armato, la principale finalità di Michelangelo è l'esaltazione del corpo umano, macchina perfetta, emblema stesso della presenza divina in natura.

Associare la città di Firenze agli *Uffizi* non appare affatto errato se si considera la ricchezza espositiva che può vantare il celebre palazzo fiorentino. L'edificio in esame fu progettato dal Vasari e la sua costruzione ebbe inizio nel 1560. Il fine della sua realizzazione è indubbiamente da ricercarsi nella volontà di sottolineare il potere ed il prestigio dello stato mediceo. Due lunghi corpi di fabbrica procedono in parallelo e collegano Piazza della Signoria con la riva dell'Arno. Ideato per diventare sede della burocrazia amministrativa, vide ben presto il secondo piano destinato alle raccolte d'arte dei Medici, quasi a suggellare il rapporto intrinseco tra politica e cultura.

5. Trionfo dell'architettura e opulenza delle corti: l'arte del Seicento al servizio del potere

Nei primi anni del Seicento la famiglia Medici diede il via ad una consistente riorganizzazione del territorio toscano: se a Livorno fu realizzato un porto, la città di Siena fu trascurata mentre Firenze mantenne il suo primato nella sfera di interesse della famiglia dei banchieri.

Gli edifici di quest'età saranno inseriti con discrezione nella mappa architettonica già stilata nei secoli precedenti, si cercherà

14. Sul punto si veda anche E. Camesasca, *Michelangelo pittore*, Rizzoli, Milano, 1966.

infatti di abbellire realtà consolidate come Piazza della Signoria collocando statue e fontane con velati richiami politici. Questi anni, insomma, rafforzano la concezione che l'arte sia un'ottima alleata dei granduchi.

Il fervore politico dell'epoca non fu un'esclusiva dell'Italia ma trovò esempi validissimi anche nel resto d'Europa. Rubens dipinse *Le conseguenze della guerra* intorno al 1640 dietro commissione del granduca Ferdinando II de' Medici ed il quadro affronta il delicato tema della Guerra dei Trent'anni[15]. L'intera composizione sembra dirigersi verso destra: nel dipinto troviamo il dio Marte avvolto in un mantello che viene trascinato via dalla Carestia e dalla Pestilenza. Al contempo, Venere cerca inutilmente di placare l'amante mentre una donna, collocata dinanzi al tempio di Giano, lancia urla verso il cielo. La civiltà è completamente stravolta: Marte calpesta un libro e Armonia crolla rovinosamente al suolo tra un groviglio indistinto di corpi. La produzione artistica di Rubens fu copiosa e gli valse un tale prestigio che uno dei suoi allievi, van Dyck, ereditò i contatti del maestro quando si trasferì in Inghilterra nel 1632.

In ambito artistico il Seicento si distinse principalmente per la volontà di sottolineare l'opulenza delle corti e, in tal senso, quella spagnola non fece alcuna eccezione. *Las Meninas* di Velázquez[16] mostra in modo innegabile il prestigio conferito all'artista da parte di Filippo IV e della sua famiglia: il pittore ritrae se stesso intento nella realizzazione di un dipinto di dimensioni notevoli mentre all'interno della sala è immortalata l'Infanta Margarita Teresa accompagnata dalla sue damigelle. Non è chiaro se lo sguardo dei protagonisti sia rivolto verso l'osservatore o se sia indirizzato a qualcuno che sta varcando la soglia dello studio, presumibilmente i sovrani. Quel che è certo, però, è che l'interpretazione del quadro si presta a molteplici ipotesi, tutte ugualmente ricche di fascino. L'opera fu talmente apprezzata che, a distanza di soli tre anni dal termine della sua realizzazione, Velázquez entrò a far parte dell'Ordine di Santiago e si tramanda che la croce rossa sia stata aggiunta dal pittore stesso sul petto dell'autoritratto citato.

15. M. Kemp, *op. cit.*, p. 84.
16. *Ivi*, p. 87.

Pertanto non appare errato affermare con convinzione che, così come era accaduto nell'Antica Roma, nel corso del XVII secolo si ritornò alla ritrattistica per porre in rilievo il proprio *status* sociale, una pratica nella quale amava indulgere soprattutto il ceto borghese.

6. Le regge di Versailles e Caserta nell'impronta della monarchia europea

Il Seicento sancì anche la nascita delle prime embrionali megalopoli europee[17] che si consolidarono nel secolo successivo, di conseguenza fu necessario avviare un'elaborata riorganizzazione urbanistica che tenesse conto della crescita demografica, di un'adeguata difesa militare dei territori e di un'opportuna celebrazione del monarca.

La Francia di Luigi XIV, il celebre Re Sole, si contraddistinse per progetti audaci il cui esempio più illustre è certamente costituito dalla reggia di Versailles, una dimora dal fascino leggendario. I lavori durarono circa cinquant'anni e partirono dall'ampliamento della collina dove era situato il castello originario. Attorno ad esso sorsero nuovi edifici all'interno dei quali trovarono collocazione gli uffici governativi ma anche luoghi destinati alla cultura, come il teatro, o al nutrimento dello spirito, come la cappella. Lo scopo finale era l'opulenza, l'esaltazione della propria condizione non solo dinanzi agli occhi dei contemporanei ma, soprattutto, dei posteri.

Sembra doveroso a questo punto menzionare la Reggia di Caserta, capolavoro architettonico del Sud Italia che all'aspetto scenografico unisce il rigore delle forme geometriche.[18] La realizzazione della residenza fu fortemente voluta da Carlo III di Borbone: i disegni del Vanvitelli immaginarono il palazzo come il perno centrale da cui si sarebbero poi dipanati giardini sconfinati. Un progetto ambizioso che fu proseguito dal figlio

17. A. Gady, *Édifices royaux, Versailles: Transformations des logis sur cour*, in A. Gady (a cura di), *Jules hardouin-Mansart 1646–1708*, Éditions de la Maison des sciences de l'homme, Paris, 2010, pp. 171–176.

18. Sul punto si veda anche G. M. Jacobitti – A. M. Romano (a cura di), *Il Palazzo Reale di Caserta*, Electa, Napoli, 2003.

dell'artista; un'opera che, a distanza di oltre tre secoli, continua a meravigliare per la sua maestosità.

7. Il mito di Napoleone: luci ed ombre di un dominatore

L'assolutismo illuminato vide i sovrani impegnati in una serie di riforme volte a risolvere i consistenti problemi economici e sociali dello stato. La società fu protagonista di profondi cambiamenti e la scienza ed il razionalismo scientifico trovarono terreno fertile per insediarsi.

Complice anche la riscoperta delle antiche Pompei ed Ercolano, sommerse dall'eruzione del Vesuvio del 79 d. C., tra il XVIII ed il XIX secolo la pittura fu oggetto di un nuovo interesse; un caso particolare è quello di Jacques-Louis David, artista che venne in contatto con i capolavori dei grandi maestri del Rinascimento durante il suo soggiorno italiano. L'entusiasmo per l'avvento del dominatore francese conquistò anche David il quale decise di immortalare Napoleone in un celebre dipinto[19] intitolato *Bonaparte valica il Gran San Bernardo*: il generale è raffigurato mentre valica il passo in groppa al suo cavallo rappresentato con le zampe anteriori sollevate, un accorgimento che fornisce dinamismo all'intera composizione. David si inserisce perfettamente nello spirito di rievocazione nostalgica del mondo antico, concepito come dispensatore di forme più che di virtù civili.

L'età napoleonica fu caratterizzata da trasformazioni improvvise che interessarono tutto il territorio europeo. La Spagna rappresentava il limite occidentale entro il quale si mosse Napoleone e lo svecchiamento della monarchia locale fu ampiamente condiviso da Francisco Goya[20], artista che deve la propria fortuna al sovrano Carlo IV. Il fervore di Goya nei confronti di Napoleone, però, ebbe breve durata: agli inizi di maggio del 1808, infatti, una rivolta antifrancese fu fronteggiata in modo estremamente cruento e le lotte che ne scaturirono durarono

19. L. De Nanteuil, *32. Bonaparte franchissant le Grand Saint-Bernard*, in *David, Les Grands Peintres*, Cercle d'Art, Parigi, 1987, pp. 134-135.

20. M. Kemp, *op. cit.*, p. 118.

ben cinque anni. Nel 1814 gli invasori francesi furono definitivamente sconfitti e Goya, mediante la propria arte, ritrasse l'insurrezione spagnola contro il "Tiranno d'Europa": un'opera incisiva che prendeva il nome dalle fucilazioni del 3 maggio 1808. Mai un artista si era spinto fino a tanto: una luce fioca illumina uno sparuto gruppo di rivoltosi trascinati poco lontano da Madrid per essere trucidati mentre i soldati, la cui unica caratteristica è la disumanità, puntano i fucili contro le vittime. Una scena che immortala uno specifico episodio storico ma che potrebbe adattarsi ad ogni epoca per l'intensità dei sentimenti umani palesati.

Mentre la Spagna era agitata da tumulti contro il dominatore francese, Canova realizzava[21] una colossale statua di Napoleone raffigurandolo come *Marte pacificatore*, un'opera che sancisce inequivocabilmente il dominio francese sul territorio italiano. L'artista disprezzava di certo il committente a causa del giogo imposto alla città di Venezia, di cui lo scultore era originario, ma il lauto compenso mise a tacere anche la voce della coscienza.

La scultura avrebbe dovuto prendere il posto del *Laocoonte* ma ciò non accadde mai perché Napoleone non amò affatto l'opera canoviana, pur se le motivazioni ci appaiono sconosciute: la raffigurazione del politico e generale francese si rifà al superbo ideale maschile di matrice greca e la superficie marmorea presenta una particolare morbidezza.

L'Ottocento si concluse con una crisi che toccò ogni livello della cultura e della società europee, il divario tra la classe operaia e quella borghese raggiunse il suo apice sconfinando nella violenza e nell'esasperato nazionalismo; l'esaltazione della guerra appariva l'unico valore possibile.

8. Il Novecento e il fascismo: l'antica Roma seduce Mussolini

L'ultimo secolo del primo millennio si aprì con una drammatica crisi, lo abbiamo annunciato, ma le arti figurative e la letteratura seppero trarre nuova linfa da questi tumulti. L'espressionismo, il cubismo, il futurismo – solo per citare alcuni

21. *Ivi*, p. 121.

filoni – appartenevano alle cosiddette *avanguardie storiche* che proponevano un radicale rinnovamento.

James Ensor fu uno degli esponenti principali dell'espressionismo: secondo l'artista belga, il nemico principale era rappresentato dalla borghesia, culla del conformismo e della grettezza. L'isolamento nel quale Ensor decise di confinarsi fu alquanto produttivo e si concretizzò nella denuncia dei costumi obsoleti e dell'ipocrisia. *L'Entrata di Cristo a Bruxelles* non tradisce alcuna finalità spirituale[22] in quanto l'artista desidera porre l'accento sul sospetto che avvolge il protagonista del dipinto e su coloro che lo circondano.

Una tensione pervasa dal gusto barocco è invece ravvisabile nelle opere di Oskar Kokoschka[23], in particolar modo ne *La sposa del vento*. Il dipinto risale al 1914, anno in cui l'antico continente era sferzato dalla Grande Guerra: i due amanti in balia delle nubi simboleggiano inequivocabilmente l'Europa, mentre l'ondata di violenza si insinua nelle sue viscere.

La spinta eversiva, però, è da ricondursi sicuramente al futurismo nato grazie al letterato Filippo Tommaso Marinetti[24]. Il suo *Manifesto del futurismo* risale al 1909 e dal momento in cui venne pubblicato sulle pagine de *Le Figaro* l'eco che produsse raggiunse schiere di giovani artisti. Il fulcro di questo movimento consisteva in un rinnovamento completo che investì le arti, la società e persino la politica, un mutamento necessario direttamente connesso al nuovo mito del progresso industriale. Come nel caso dell'espressionismo, anche il futurismo mirava a ridicolizzare il conformismo borghese attraverso specifici incontri in cui il pubblico era direttamente coinvolto a scopo dimostrativo.

I futuristi si schierarono nettamente a favore dell'interventismo bellico ma il furore del movimento era già in declino anche se una larga parte della critica ha evidenziato stretti legami tra il futurismo e la nascita del fascismo, soprattutto nei suoi aspetti volti al nazionalismo.

---

22. Leonard, Mark e Lippincott, Louise (1995), *James Ensor's Christ's Entry into Brussels in 1889: Technical Analysis, Restoration, and Reinterpretation*, Conservation and Art History Art Journal, pp. 18–27.

23. P. Girace, *Artisti contemporanei*, Ed. E.D.A.R.T, Napoli, 1970, pp. 155-156.

24. Sul punto si veda anche F. Maramai, "*F.T. Marinetti. Teatro e azione futurista*", Campanotto, Udine, 2009.

Il clima di violenza di cui era pervasa l'epoca si evince dal dipinto di Carlo Carrà intitolato *I funerali dell'anarchico Galli*[25]. La vittima perse la vita nel corso di alcuni tafferugli verificatisi durante uno sciopero a Milano: per sua stessa ammissione, Carrà raccontò che la drammatica scena lo aveva colpito nel profondo, tanto da indurlo a dichiarare che il posto dello spettatore dovesse essere al centro del quadro.

È giusto sottolineare che sovente, nel corso dei secoli, l'arte si è caratterizzata per il suo forte impegno sociale ed un'opera emblematica, un simbolo quasi del Novecento, è sicuramente *Guernica* di Pablo Picasso[26]. Il dipinto, risalente al 1937, era in aperto contrasto con il fascismo che proprio in quegli anni stava esplodendo. Picasso scelse di abolire i colori utilizzando esclusivamente il bianco ed il nero, cromie emblematiche per presentare l'angoscia e la tragedia di cui l'opera è pervasa. L'essenzialità della scena pone l'accento sulle vittime innocenti del bombardamento della città di Guernica da parte dei franchisti nel corso della guerra civile spagnola. Il quadro ebbe un notevolissimo successo, soprattutto tra quegli artisti che si prefiggevano l'obiettivo di denunciare i sistemi dittatoriali e la conseguente privazione di qualsiasi libertà espressiva.

Il ventennio che intercorse tra i due conflitti mondiali si caratterizzò per il totale distacco dal passato e per il ruolo attivo che detenne l'arte. Anche i mezzi di comunicazione vennero investiti da questo rinnovamento: l'editoria, la fotografia, il cinematografo divennero meri strumenti della propaganda dittatoriale.

Ci sembra opportuno focalizzare la nostra attenzione in modo particolare sul fascismo e sull'attrazione che l'antica Roma seppe esercitare sul movimento, soffermandoci su alcune delle teorie dedicate a questo rapporto. Uno dei primi ad individuare gli stretti legami tra il fascismo e la romanità è stato il filologo classico Luciano Canfora[27]: secondo lo studioso, il mito di Roma serviva a legittimare il tratto caratteristico del sistema dittatoria-

25. P. Girace, *Artisti contemporanei*, Ed. E.D.A.R.T, Napoli, 1970, pp. 125-127.

26. Sul punto si veda anche F. Galluzzi, *Picasso*, in *Vita d'artista*, Giunti, Milano, 2002.

27. A. Tarquini, *Il mito di Roma nella cultura e nella politica del regime fascista: dalla diffusione del fascio littorio alla costruzione di una nuova città (1922-1943)*, in «Cahiers de la Méditerranée», 95, 2017, pp.139-150.

le, ovvero la sua forte antidemocrazia. Il modello imperiale fu utilizzato per dimostrare che i legami dell'Italia con le proprie colonie erano improntati ad un rapporto puramente pacifico. Inoltre, il ritorno alla romanità era per i fascisti indice di una modernità da abolire per ripristinare i valori di antica memoria.

Di opinione contraria è un altro studioso, Andrea Giardina, il quale ritiene che il fascino dell'antica Roma consistesse principalmente nella ricerca della disciplina e non nella semplice difesa della gloria.

A partire dal 1921, quando il movimento assunse i caratteri di un partito politico, la romanità divenne uno dei tratti distintivi del fascismo: Mussolini decise che ogni 21 aprile dovesse essere celebrato il Natale di Roma e persino il sistema del partito venne ridefinito secondo lo schema utilizzato dalle organizzazioni militari romane. I gagliardetti con il fascio e le aquile, il corpo di polizia suddiviso in squadre, il saluto con il braccio teso sono alcuni dei rimandi più noti alle suggestioni di epoca romana. Impossibile dimenticare il fascio littorio che trovò la sua collocazione su ogni edificio governativo, nel 1926 venne dichiarato simbolo dello Stato e chiunque avesse voluto servirsene avrebbe dovuto chiedere una particolare autorizzazione.

I luoghi simbolo della romanità dovevano emergere, pertanto fu abolito gran parte del centro storico di Roma per dare opportuno rilievo ai mercati di Traiano, al foro di Augusto e a quello di Cesare, successivamente furono intrapresi i lavori per la riqualificazione di Largo di Torre Argentina: nell'arco di pochi anni fu realizzata la strada che, tuttora, collega piazza Venezia con il Colosseo. La finalità del nuovo centro storico era quella di porre in risalto la potenza fascista e l'obiettivo prevedeva necessariamente l'esaltazione di un passato glorioso nei confronti del quale la propaganda mussoliniana nutriva ben poco interesse culturale.

Gli intellettuali dell'epoca appoggiavano le velleità del movimento: un caso interessante è costituito dal pensiero dell'archeologo Giulio Quirino Giglioli che, in occasione delle celebrazioni per il bimillenario dalla nascita di Augusto, definì il duce «un genuino discendente di sangue degli antichi romani».

In seguito alla decisione di candidare Roma all'Esposizione Universale del 1942 nacque l'esigenza di costruire un quartiere periferico in città per accogliere opportunamente i rappresentanti provenienti da ogni angolo del mondo. La sezione italiana della mostra sarebbe stata dedicata alla storia della civiltà romana ed avrebbe poi costituito il nucleo principale della nuova Roma fascista: passato, presente e futuro si sarebbero uniti indissolubilmente. Il nuovo complesso prevedeva un'arteria principale, denominata via Imperiale, che da un lato conduceva al centro della città e dall'altro giungeva ad Ostia. Le strette connessioni tra la modernità e le antiche vestigia incarnavano al meglio il progetto immaginato da Mussolini. La realizzazione dell'EUR vide la partecipazione dei migliori architetti dell'epoca che diedero vita ad una città eterna proiettata però nella modernità. Una visione totalitaria che avrebbe esaltato perennemente la potenza di Roma.

9. L'*existencilism* di Banksy: la street art come denuncia sociale

A partire dagli ultimi anni del Novecento nel panorama artistico mondiale ha cominciato a diffondersi con sempre maggiore insistenza il nome di Banksy, un autentico fenomeno alimentato soprattutto dalla sua identità del tutto misteriosa[28]. Per cercare di risolvere l'enigma legato all'artista è stata coinvolta persino Scotland Yard, anche se l'esito delle indagini è stato negativo, ma stabilire quale sia la sua identità non appare così importante poiché le sue opere sono alquanto esplicative. Denuncia sociale[29], condanna dei conflitti, immigrazione sono alcuni dei temi prediletti da Banksy il quale, attraverso i graffiti, comunica il proprio punto di vista. Nel 1998 dà vita ad un festival di street art[30] a Bristol e nel 2003 approda in Israele dove

28. https://www.ilsole24ore.com/art/banksy-e-l-arte-provocare-non-ci-importa-chi-e-ma-quello-che-fa-AEb4pcKG.

29. Sul punto si veda anche L. F. GILARDINO, *Banksy: un comunicatore sociale*, Università degli studi di Torino, 2010.

30. Sul punto si veda M. PODAGROSI, *Street art: conseguenze giuridiche della realizzazione di opere su superfici altrui*, in «Rivista di Diritto delle Arti e dello Spettacolo»,

raffigura un ragazzo che riceve un mazzo di fiori da parte dei palestinesi. Dalla strada ai musei il passo è breve, Banksy infatti interviene su riproduzioni di quadri famosi e li attualizza inserendo elementi che stimolano la riflessione in chi li osserva. Le sue opere compaiono all'improvviso e accade che trascorrano giorni prima che le forze di polizia si accorgano di queste incursioni artistiche.

Il 2005 è un anno fondamentale per Banksy poiché risalgono ad allora i ben noti graffiti in Cisgiordania, così come il celeberrimo disegno che ritrae una bambina che vola verso la libertà trainata da un gruppo di palloncini, mentre nel 2008, durante la gravissima crisi finanziaria che costrinse alla disoccupazione oltre due milioni di americani, comparve magicamente a Soho un ratto di dimensioni gigantesche abbigliato come un operatore finanziario di Wall Street.

Al di là di ogni speculazione legata al mercato dell'arte, ciò che ci interessa indagare è l'autentica essenza delle sue opere e cosa lo spinge a crearle. Dall'artista francese Belk Le Rat sembra che Banksy abbia acquisito la tecnica dello stencil[31]: al contrario di quanto si possa credere, l'artista britannico prepara i propri disegni in laboratorio e successivamente li ritaglia assemblandoli. Questa tecnica gli consente di essere estremamente veloce e di far perdere sempre le proprie tracce. Appare naturale chiedersi a quale corrente artistica appartenga Banksy. È l'artista stesso a classificarsi come *existencilist*, un audace gioco di parole nato dai termini *existencilism* e *stencil*. E per quanto riguarda la sua reale identità? Lo abbiamo già detto, non vi è alcuna certezza a proposito del suo nome, ma secondo molti si tratterebbe di Robin Cunningham, artista di strada residente a Bristol.

1, 2018, p. 109.

31. *Ivi*, p. 111. Ulteriori spunti sul tema in LORENZA GIORDANI, *5-Pointz: risarcimento milionario per le opere di* street art *distrutte. Quale soluzione alla luce del diritto italiano?*, in «Rivista di Diritto delle Arti e dello Spettacolo», 1, 2018, p. 61.

10. Conclusioni

Questo studio ha cercato di ripercorrere, in modo sicuramente rapido e non del tutto esaustivo, il saldo legame che unisce l'arte alla società, alla politica e al potere. Certo, l'arte è per sua natura creatività, diletto, esaltazione delle forme e ricerca armonica del colore, mentre il compiacimento fine a se stesso accende un barlume destinato a spegnersi di lì a poco.

Pur nella sua consistenza effimera e nella poca valorizzazione a cui l'uomo ha cercato di relegarla soprattutto negli ultimi decenni, la voce dell'arte ci appare forte per la sua capacità di abbattere i muri dell'ignoranza e per la dolce violenza con cui spalanca gli occhi di chi la osserva. Strumentalizzata e abusata da molti, oseremmo dire troppi, in realtà essa ha saputo plasmarsi a seconda del proprio padrone e delle epoche storiche. È stata strumento e mezzo potente, confinata in un angolo e poi esaltata. È stata serva e signora, è stata ammirata ed invidiata, ma la bellezza che la caratterizza e la mutevolezza delle sue forme ha attraversato i secoli e non ha mai incontrato tramonto.

In questo evidenziamo la lungimiranza di sovrani, dittatori, uomini che hanno detenuto il comando dagli albori della civiltà fino ai nostri giorni: circondarsi di artisti e abbracciare il mecenatismo ha posto chi comanda e chi esegue in un rapporto di *do ut des:* l'esaltazione del potere suggella le epoche ma l'immortalità dell'arte non è soggetta alle ferite del tempo e non conosce la banalità delle mode.

Non ci sembra affatto azzardato affermare che l'estro creativo di menti illuminate possa configurarsi come un elemento sostanziale per diffondere messaggi importanti, per stimolare riflessioni che oltrepassino la semplice apparenza, perché l'involucro affascina e cattura ma il significato intrinseco e il fine che conduce l'artista a creare costringono ad uno studio più attento, privo di qualsiasi pregiudizio, aperto a significati nascosti che sfuggono ad uno sguardo superficiale.

La mera esecuzione artistica e l'opera fine a se stessa possono soddisfare un piacere fugace, mentre l'arte scaturita dalla riflessione è uno strumento efficace, che oltrepassa le ere e sconvolge le menti. Oggi come ieri.

Gli autori del volume

Claudia Barcellona è avvocato del Foro di Catania. È Socia esperta SIEDAS (Società Italiana Esperti di Diritto delle Arti e dello Spettacolo).

Francesca Biundo si è laureata presso l'Accademia di Belle Arti di Roma in Pittura e Grafica d'Arte. È stata Assistente alla Cattedra di Incisione-Grafica d'arte presso l'Accademia di Belle Arti di Roma e assistente di laboratorio di Serigrafia presso l'Accademia di Belle Arti di Wroclaw (Breslavia) in Polonia. Attualmente è docente di Pittura e Disegno presso l'Accademia di Belle Arti Mediterranea di Ragusa. In qualità di artista ha all'attivo numerose mostre. È Socia ordinaria SIEDAS (Società Italiana di Esperti di Diritto della Arti e dello Spettacolo) dal 2018.

Giovanna Carugno, dopo la laurea in Giurisprudenza e in Discipline musicali, ha conseguito il dottorato di ricerca in Diritto comparato e processi di integrazione presso l'Università della Campania. Socia SIEDAS (Società Italiana di Esperti di Diritto della Arti e dello Spettacolo) dal 2017, è attualmente docente di Diritto commerciale presso l'Università degli Studi di Roma "Foro Italico" e docente di Diritto dello spettacolo presso i Conservatori di Pavia, Venezia e Vicenza.

Arianna Cordeschi si laurea in Didattica e Comunicazione dell'Arte presso l'Accademia di Belle Arti di Roma con una tesi in Economia e mercato dell'arte. Ha proseguito gli studi in Storia dell'arte presso l'Università degli Studi di Roma "La Sapienza", dove si sta specializzando con un curriculum a indirizzo contemporaneo.

Fabio Dell'Aversana è assegnista di ricerca senior presso la Scuola Superiore Meridionale - Università degli Studi di Napoli "Federico II" e docente di Diritto delle arti e dello spettacolo nei Conservatori di Musica e nelle Accademie di Belle Arti. Dirige la Rivista di diritto delle arti e dello spettacolo ed è il Presidente di SIEDAS (Società Italiana Esperti di Diritto delle Arti e dello Spettacolo).

Carla Ippolito si è laureata in Didattica e comunicazione dell'arte presso l'Accademia di Belle Arti di Roma, discutendo la tesi in Economia e mercato dell'arte. Precedentemente ha conseguito la laurea magistrale in Scienze Politiche presso l'Università degli Studi di Salerno.

Angelica Lama è laureata in Giurisprudenza presso l'Università degli Studi di Napoli "Federico II". Ha conseguito, presso il medesimo Ateneo, il Master in "Ergonomia" e il Master in "Direzione, management e coordinamento delle strutture sanitarie, sociali e socio-assistenziali territoriali". Cultore della materia in Diritto privato presso l'Università degli Studi di Cassino e del Lazio Meridionale, è autrice di pubblicazioni in materia di diritto dello spettacolo e diritto dello sport. È abilitata all'esercizio della professione forense.

Annaluce Licheri è un avvocato specializzato in diritto d'autore e della proprietà industriale e Socia esperta SIEDAS (Società Italiana Esperti del Diritto delle Arti e dello Spettacolo). È docente nel Master "Food & Wine" organizzato dalla Luiss Business School e nel Master in "Diritto privato europeo" presso l'Università degli Studi di Roma "La Sapienza".

Evelyn Grazia Nericcio, filologa e pedagogista, è redattrice per "Arti e Spettacolo" e Socia ordinaria SIEDAS (Società Italiana Esperti del Diritto delle Arti e dello Spettacolo). Collabora con famose testate, con importanti realtà universitarie e accademiche italiane e straniere.

Angela Patalano è dottoressa in Giurisprudenza presso l'Università degli Studi di Napoli "Federico II". Ha conseguito un Master di II livello in Diritto della concorrenza e dell'innovazione presso la LUISS Guido Carli di Roma. È risultata vincitrice di una borsa come *visiting scholar* presso alla Queen Mary University of London con una ricerca sulle implicazioni giuridiche scaturenti dall'*artificial intelligence* sul diritto d'autore cinematografico.

MATTEO ROIZ è un avvocato specializzato in proprietà intellettuale e diritto d'autore. È consulente di realtà operanti nel settore cinematografico e audiovisivo.

FRANCESCA SALVATO si è laureata in Filologia, Letterature e Storia dell'Antichità presso l'Università degli Studi di Salerno. È giornalista iscritta all'Ordine dei Giornalisti della Campania. È vicedirettore di "Arti e Spettacolo" e ricopre l'incarico di addetto stampa per SIEDAS (Società Italiana Esperti di Diritto delle Arti e dello Spettacolo).

MARIA ROSARIA SANTANGELO è un avvocato specializzato in diritto delle arti e dello spettacolo. Si occupa anche di diritto societario e delle successioni, prestando la propria assistenza a favore di privati ed enti. Fa parte del network legale Axiis ed è Segretario Generale SIEDAS (Società Italiana Esperti di Diritto delle Arti e dello Spettacolo).

CLAUDIA TOZZI ha conseguito il Diploma accademico in Comunicazione e didattica dell'arte presso l'Accademia di Belle Arti di Roma, discutendo la tesi in Economia e mercato dell'arte. Collabora con "Spazio Arte SU Gallery", uno spazio per l'arte contemporanea del Teatro Sala Umberto di Roma. Ha recentemente realizzato due progetti di allestimento per la mostra "Pulsazioni" presso il Mattatoio di Roma e per la mostra "Kontamina" presso il Teatro India di Roma.

Made in the USA
Las Vegas, NV
12 April 2026

45215200R00162